价值爆点

牛股挖掘利器

江海 著

四川人民出版社

图书在版编目（CIP）数据

价值爆点：牛股挖掘利器 / 江海著. —成都：四川人民出版社，2017.7（2021.4重印）
（江氏操盘实战金典）
ISBN 978-7-220-10193-9

Ⅰ.①价… Ⅱ.①江… Ⅲ.①股票投资-基本知识 Ⅳ.①F830.91

中国版本图书馆CIP数据核字（2017）第136671号

JIAZHI BAODIAN NIUGU WAJUE LIQI
价值爆点：牛股挖掘利器
江 海 著

出 品 人	黄立新
策划组稿	王定宇
责任编辑	何佳佳
封面设计	李其飞
版式设计	戴雨虹
责任校对	梁 明
责任印制	王 俊
出版发行	四川人民出版社（成都槐树街2号）
网 址	http://www.scpph.com
E-mail	scrmcbs@sina.com
新浪微博	@四川人民出版社
微信公众号	四川人民出版社
发行部业务电话	（028）86259624　86259453
防盗版举报电话	（028）86259624
照 排	四川胜翔数码印务设计有限公司
印 刷	成都蜀通印务有限责任公司
成品尺寸	185mm×260mm
印 张	13.5
字 数	219千
版 次	2017年7月第1版
印 次	2021年4月第5次印刷
印 数	18001-25000册
书 号	ISBN 978-7-220-10193-9
定 价	48.00元

■版权所有·侵权必究
本书若出现印装质量问题，请与我社发行部联系调换
电话：（028）86259453

证券投资的新篇章

北京大学中国金融研究中心证券研究所所长　吕随启

我与江海老师相识已经7年,他在股市中已有16年多的职业投资经验,拜访过十几位中国股市中的前辈,跟随其在股票投资上的授业恩师8年,加上自己的自律、勤奋,因此在证券投资上取得了非凡的成绩。从2011年到现在一路走来,2011年7月20日、2011年10月17日、2014年7月24日、2015年6月12日……对大盘每次的变盘点都能够提前做出精准预判。

我们早在几年前就有约定,如果江海老师出版股票投资的书,我一定会为他作序。因为我见证了中国股市一次又一次的涨跌起落,见证了中国股民在这条道路上所走的弯路,甚至有的人走向了万劫不复的深渊,伤害了自己、伤害了家庭、伤害了周围的朋友。江海老师愿意将他所学、所知、所悟向中国股民公开,对于整个证券市场都是值得庆幸的好事。更让我欣慰的是,江海老师会将其所学的证券投资知识通过"江氏操盘实战金典"丛书毫无保留地向读者传授。

曾经和江海老师开玩笑时问道:你的这套交易体系已经足够让您轻松地在这个市场中如鱼得水甚至平步青云,为什么还整天不辞辛苦地奔波于全国各地讲课,每天工作时间都超过14小时?他回答:我个人以及我的家庭在这个市场中都不会为财富发愁,我也可以通过我的财富去帮助更多需要的人,但是授人以鱼不如授人以渔,凭一己之力又能帮助多少人呢?我愿意通过讲课的方式将我们交易体系的知识传授给有缘人,愿意帮助他们在这个市场中成长,一方面是将我们交易体系的知识进行传承,成就更多的人一起把爱传递开来;另一方面"法布施得智慧",生命不息、学习不止,这是我的人生信条,也是我愿意站在讲台上为证券投资传经布道的原因,启迪他人,修炼自己。

中国证券市场还在不断发展和完善的过程中，上市公司的数量会不断增多，交易规则会不断完善，投资的难度越来越大，如果不通过有效的学习把自己变得更加专业，就很可能让自己变成任人宰割的羔羊。"江氏操盘实战金典"丛书在经典技术分析的基础上，充分结合了A股市场的特性，从多方位对股票价格的运行进行分析，而且充分考虑到不同水平投资者的需求，由浅入深，充分结合案例进行深度解读。证券投资不是一招一式就能做到稳定盈利的，更不是按照自己的思维方式去预测股价，一定是在对技术有了全方位的研究之上，熟悉了股价运行的结构和逻辑后，才能够"悟"到的。在丛书中，作者会经常提到主力思维的重要性，培养散户养成这种思维方式，建立自己的交易模型，并且需要严格执行，不妄测市场，而要跟随趋势。

K线是证券投资的基础，是进入证券市场的第一堂课，《买在起涨——K线组合利器》对各种K线形态进行了量化的定义，每个形态背后多空资金是如何博弈的、散户的思维方式和主力的思维方式有何不同、同一个形态在股价运行的不同位置出现时的不同含义等问题，都进行了深度解读。在传统的技术分析中，从K线图中只能解读到高开低走等有限的信息，《买在起涨——K线组合利器》颠覆了这种红买绿卖表象的分析方式，而是从多空博弈的角度解读了股价运行的逻辑。

涨停板是最吸引投资者的一种股价快速上涨的技术形态，因为它可以带来最丰厚的投资利润。从统计学和概率论的角度来说，风险和收益之间是对称的，获得更大的收益就要面临更大的风险，但是对于理解股价运行逻辑的人来说，好的投资机会一定是在承受小的风险的同时能够带来更大的收益。《涨停聚金——短线操作利器》是针对不同位置的涨停板进行透彻分析，深度剖析什么位置的涨停板最具有小风险大收益的投资机会。

趋势是打开证券投资的一把钥匙。这把钥匙在这个市场中已经传递了近百年，但是能够正确使用这把钥匙打开证券投资这把锁的人却屈指可数。每一位能够正确使用这把钥匙的人都付出了无数的努力，所以都不会轻易讲出它的核心在哪里，更不愿意将其公之于众。《趋势为王——波段操作利器》是我读过的证券投资类书籍中关于趋势、波段讲解比较透彻的一本，它将道氏理论、波浪理论、时间周期理论等多种定性的理论进行定量分析，一层一层地揭开了股价运行的内部结构，是投资者实现同市场对话的一本难得的好书。

虽然盘口是股票交易中的最小单位，但是它决定了任何一种行情机会的转变，更是主力资金同散户进行互动的最直接"战场"。投资者经常能够从盘口中看出当下主力是在建仓、拉升还是出货，但是结果却是事与愿违，股价的真实方向和判断的主力意图是相反的。这就需要投资者上升到人性和博弈层面，切实结合股价运行位置等要素进行综合分析，才能准确地发现主力运作行径。这是市场上众多盘口书籍不能解决的问题，而正是《庄散博弈——盘口识庄利器》这本书最大的亮点。

均线对于交易的辅助作用非常大，但是均线的参数该如何设置，不同的均线参数会直接决定交易的结果。实际上均线和K线的阴阳一样，只代表市场运行过程中的一种表象，均线背后的真实意义才是最具有研究价值的。《黑马在线——均线实战利器》立足于从面到点、从整体到局部的分析方式，建立了均线分析之前的位置要素分析模式，跳出"均线参数"的谜团，更注重主力行为和趋势分析，回归价格结构的本源进行分析。

我对《价值爆点——牛股挖掘利器》的感触最大。证券市场不仅有股价的起起落落，更有其背后人性的明争暗斗。西方传统的价值投资经典在A股上难免水土不服，但是在理论支撑的基础上结合A股的特色，更容易形成一套战无不胜的交易系统。如果说"江氏操盘实战金典"丛书的其他几本偏向于对"术"层面上的讲解，那么《价值爆点——牛股挖掘利器》则是百尺竿头更进一步，将整个体系的投资精髓上升到了"法"和"道"的层面。

我对国际金融研究得比较多，中国的金融市场和证券市场正在蓬勃发展，严格监管更是为它的健康发展提供了新的机遇，在这个过程中会有无数优秀的投资个体、投资机构快速发展。"江氏操盘实战金典"丛书一定会为想要在中国证券市场快速发展的进程中取得优异成绩的您插上双翼，助您快速起航，搏击证券投资的苍穹。

2017年6月1日

前　言

时间如电光火石般擦肩而过，从我拜访过褚时健老人家后决定带着责任感和使命感将整个江氏交易体系发扬光大的那天起，已两年有余。在这两年里，江氏交易体系日渐完善，最重要的是整套体系将在中和应泰这个平台上生根发芽，让更多的普通投资者、职业投资者知道江氏交易天机（"江氏操盘实战金典"的操作体系，已获得国家注册商标）、认可江氏交易天机，是这个平台成就了我们团队，成就了每一位因为中和应泰而结识的股民朋友。

非常感恩中和应泰的王圣雄总经理，他让我们整套体系在全中国乃至世界上留下了踪迹；也非常感恩中和应泰的每一位同人，是你们在背后的默默付出，才有了江氏交易体系团队成员的光环。在我们"江氏操盘实战金典"系列之四、之五、之六再版之际，我和我们团队所有成员对中和应泰的每一位同人表示最诚挚的谢意！

信任、宽容、感恩和爱自己，这四个词语是这篇前言我要阐述的核心内容。它们是我的人生信条，是我们团队每一位成员的人生信条，也真诚地希望它们可以给因本书结缘的您带来对生活、对证券市场的感悟。

>>信任

信任是我有今天成就的种子，是我能保持执着地走在这条路上的源泉。我相信这个市场是有规律的，而且一定有人通晓这个规律，所以我不断地去寻觅那个可以把我真正带入这个市场的贵人，直到我认识我的授业恩师。八年时间里，我坚定不移地跟随在恩师的身边，我用别人想象不到的勤劳和汗水不断地学习和精进，夜以继日地走近这个市场、探索这个市场，数不清多少个不眠之夜、记不得阅读过多少本书籍，我留下了一本又一本的笔记后，坚定而稳健地迈开每一步脚印。

对一件事情感兴趣不难，难的是可以持之以恒地做同一件事。数年来坚持不懈的能量都来自我对恩师的信任和在这条道路上走下去的决心。所以我对我的操盘手学员、弟子的要求也是一样的，当你全然地相信、全然地接受时，证券投资的大门才会真正为你打开。

>>宽容

感恩恩师对我每一次错误的宽容，更是这样的品质让我感受到一名投资大师的心胸和格局。宽容不只是对身边的人，也包括身边所发生的一切好的、坏的事情。像宽容自己一样宽容身边的每一个人，宽容市场给予你的每一次亏损，宽容每一个诽谤你的人。因为学会宽容，遇事我才会更加平和；因为学会宽容，我有更成熟的心态面对市场的千变万化；因为学会宽容，我结识了更多来自五湖四海的朋友；因为学会宽容，我们江氏交易天机的家人们越来越紧密地团结在一起。

>>感恩

如果你还没有体味到"感恩"这个词的奥妙和能量，那么，真心地建议有缘的读者朋友用心地去实践，你就会发现生活发生的微妙变化。因为感恩，我的生活减少了抱怨、多了美好；因为感恩，才会在逆境中寻找到希望。对美好的事物感恩很容易，然而精彩的人生属于那些对挫折也心存感激的人。感恩证券市场成就了亿万投资者，感恩主力资金辛勤地运作才让我们有获利的机会，感恩每一次刻骨铭心的往事让我们变得更加坚强、更加勇敢。

>>爱自己

当信任、宽容、感恩成为你生活的一部分，你会时刻被正能量包围着，渐渐地发现自己也在发生变化，越来越光彩照人，因为在践行信任、宽容和感恩的同时，我们自己才是最大的宠儿。爱自己不是买最贵的衣服，不是住最漂亮的房子，不是开最豪华的车，而是不断增长自己内心的平和以及洞察万物的能力。只有自己，才是我们能够拥有的全部，自己看到阳光，才会感到整个世界充满阳光。爱自己不是自私，而是爱周围一切的开始。

股市是最好的修行场所！但是所修的不仅是技术，更是我们躁动不安的心。如果证券投资还没有带给你快乐，请你去修行信任、宽容、感恩，并爱自己，这才能够让你在这个市场中，无论是精神还是物质都会变得富足。

"江氏操盘实战金典"目前一共出版了六本书，完成了对江氏交易天机雏形的构建。我相信，以后我的学生们会有更出色的书陆续出版，会从各方面诠释江氏交易这套庞大的体系。本次三本书的精彩之处在于：

《庄散博弈》诠释了主力资金和散户资金通过盘口进行对抗的全过程，精彩、通透是本书的特色。本书从股价运行全局的位置讲到盘中量价形态的变化，全面解读主力是如何通过盘口在低位取得筹码，在高位出货变现。在A股市场上进行投资，如果能够识别下跌是洗盘还是出货，就可以解决强势牛股上涨时的持仓问题，这是在市场中有着多年股龄的老股民都没有办法解决的问题。本书就是以主力思维为出发点，通过解读盘口中资金驱动下的量价变化，来判断主力的真实意图，进而达到拉升前进场、出货前离场的目的。

《黑马在线》是结合证券市场趋势理论、波浪理论等重要的经典理论，结合A股独特的主力运作模式，对股价运行的位置进行详细阐述的一本书。高手套在低位，新手套在高位，这是对位置的重要性最直接的诠释，也就是说，高手和新手最大的区别就是对位置的认识。市场上讲证券投资的书琳琅满目，但是能够真正道明股价运行位置的少之又少，而本书将会为投资者解决买进后大亏的问题。

《价值爆点》是最符合A股市场的简单实用的基本面的一本书。对于欧美国家一些经典的价值投资方式，一定要结合A股的特性，才会使基本面研究具有重大意义。任何一只牛股的爆发都离不开基本面的配合，有的是因为上市公司良好的运营和发展，有的是行业性利好造成的产业链联动。然而基本面的数据和信息灿若繁星，投资者需要用一双慧眼，从这些繁星中找到最明亮的那颗。本书就是将财务分析进行流程化，强调分析时要关注哪些数据，市场上的消息在股价不同位置是实质性利好还是利空，上市公司通常会采用哪些"讲故事"的方式和投资者进行博弈……

开卷有益，欢迎大家和我们的团队一起，在证券市场中成长、前行！

2018年1月31日

小 序

距离上次写小序刚好时隔一年，一年的时间对于一个人的一生来说不算太长，但是决定每个人一生命运的，也就是那么几个一年的时间。有些炒股经验丰富的投资者，十几年来见证了股价的涨涨跌跌，然而账户收益却差强人意，虽然对市场也有领悟，却始终不能形成一个有效的交易系统。但是一旦遇到高手指点，多年沉淀下来的盘感和经验会让自己对市场有全新的领悟，操作上也会取得突破性的进展。和大部分投资者相比我是幸运的，一进入这个市场就遇到给自己指路的人，遇到一个和自己一起前行的团队。

如果上一次写小序时还是在对这个市场全面地了解和认知阶段，那么最近的一年则是同市场进行深度接触并将理论用于实战的阶段。无论哪一位投资者，在市场中都需要这个过程：学习理论、参与实战、总结归纳、修正理论、再参与实战、再总结归纳……就像一块璞玉，在反复雕琢的过程中，有敲击的痛苦，有成形的喜悦，无论发生什么，无论问题多少，终点只有一个——琢玉成器。无论是我们体系中卓越的学员、操盘手，还是每个能够站在行业巅峰位置的人，都要经历这样的过程。

每个人的一生中都会遇到无数的贵人，但是他们在你的身边出现的方式会有很大差别，有的是以导师的方式为你指引方向，有的是以敌人的方式让你更加坚强，有的是以亲人的方式给予你无限的关爱和温暖，有的是以伙伴的方式与你并肩前行……只有心怀感恩，才能接纳来到我们身边的每一位贵人，才能接纳万物，才能视万物皆为大自然的恩赐。因为接纳和包容，世界才会在你心中显得无比美好，苦味在你口中才会变得甘之如饴。

感恩一路走来陪伴在身边的恩师和学长，是你们的包容和谅解让我在证券市场上日渐成熟，虽然在前进的道路上难免磕磕绊绊，但是每一次踏过荆棘，都让我们凝聚得更紧；每一次冲云破雾，都让我们更坚定地一起走下去。感恩江氏交易天机的创始人、我的老师江海先生，是他夜以继日的付出，才使整套交易系统日臻完善，也是他对我的谆谆教导，让我在证券投资之路上少走了无数的弯路！

随着我们投资者教育事业的不断发展，有越来越多的80后、90后加入我们的行列，有的要成为操盘手，有的要成为投资培训讲师，越来越年轻的队伍让我们感受到了无限的朝气和希望。在这个和平、幸福的年代，我们在一起共同奋斗，每个人生命的意义会被重新编码。老师、老师的老师、老师的老师的老师……他们秉承着"前人栽树后人乘凉"的信念不断奉献，使得知识不断被传承、被超越，适应一代又一代变迁！感恩运道使然，让我成为江氏交易天机团队的一员。

我们这套证券投资的交易系统能够应对牛熊，不仅适合想在市场中有所斩获的普通投资者，也适合要以其为生的交易员，还适合掌管大资金的操盘手。整套体系以主力思维、趋势思维、强者思维、风险思维和逐利思维为指导方向，继承了证券市场众多经典投资理论的精华，贯穿着江海老师数十年个人和机构的投资经验，大到基本面研判、小到分时盘口解读，处处围绕市场的内在根本结构和A股市场政策、资金主导的特殊交易机制，帮助投资者有效识别不同的行情机会，系统、理性地实现避险逐利的投资目的。

在"江氏操盘实战金典"丛书的《庄散博弈》《黑马在线》《价值爆点》即将出版之际，预祝更多有缘人因为这套丛书而与我们结识，因为江氏交易天机而受益！

曲君洁

2017年6月1日

目　录

导　读 001

第一章　价值投资的误区 011
　　第一节　技术派和基本派不是水火不容而是取长补短 011
　　第二节　价值投资适用于A股吗 012
　　第三节　价值投资的思维方式 015
　　第四节　巴菲特的十大经典投资哲学 020
　　思考题 029

第二章　像主力一样思考 030
　　第一节　好奇心和求知欲 030
　　第二节　什么是主力思维 032
　　第三节　提高非投资类的修养 042
　　第四节　形成交易模型 044
　　思考题 048

第三章　谁引爆牛熊 049
　　第一节　A股的牛熊轮回 049
　　第二节　货币政策和财政政策 054
　　第三节　美林投资时钟 058
　　第四节　融资融券余额 061
　　第五节　沪港通和深港通 063

第六节　永不衰败的次新股 065
　　思考题 075

第四章　行业轮动 076
　　第一节　行业轮动的本质 076
　　第二节　季节性行业轮动 077
　　第三节　传统行业的没落和朝阳行业的崛起 084
　　思考题 100

第五章　数字也可以赚钱 101
　　第一节　现金流的黄金八条 102
　　第二节　利润表的黄金八条 123
　　第三节　资产负债表的黄金七条 135
　　思考题 138

第六章　讲故事的工具 139
　　第一节　市值管理 140
　　第二节　优秀的管理团队 144
　　第三节　增持与减持 147
　　第四节　股东分析 150
　　思考题 169

第七章　创业板曾经的翘楚——乐视网 170
　　第一节　乐视网是一家做什么的公司？ 170
　　第二节　曾经的辉煌 174
　　第三节　如今的没落 187
　　思考题 190

思考题答案 191
后　　记 192

导 读

笔者被无数次问过,价值投资是什么?价值投资在A股市场是否管用?当然笔者也曾经被这个问题困扰过很久。但是值得庆幸的是,经过了数年甚至是十几年的摸索,在这个市场上,笔者渐渐地能够感觉到价值投资的脉络、灵魂到底在哪里。价值投资是大黑马启动的引爆点!

真正的大牛股必须要满足两个条件:一个是体现在技术形态上,说明主力已经高度控盘,市场筹码比较稳定;另一个就是要有重大利好消息来点燃市场人气,引爆上升趋势。很多技术派的投资者经常陷在一个误区中:为什么选到了形态非常好的股票,买进去之后横盘震荡就是不涨?

本书所要讲述的内容就是围绕这个问题,延承江氏交易天机的主力思维模式,从市场上纷杂的信息中提炼对交易最有价值的精华部分,实现投资者自己抓取"内幕信息"、买在起爆点的目的。

笔者常和学员交流:股市就是故事。无论是上市公司还是幕后可以影响股价的人,都在做同一件事情:和市场中所有投资者讲故事。上市公司每一个发出来的公告,都是经过了充分准备的,公告的原文,都会至少提前一个月准备好,到底在什么时候让投资者看到公告的原文会随着股价、市场人气的变化来确定。

无论是重大财务数据,还是公司的战略发展,都是在向市场的参与者传递一种预期:公司未来会怎么样?进而刺激参与的人采取投资行为。但是因为每一位投资者对信息的解读不一样,就会直接导致对后市的预期不同,这也就是市场随时能够达成交易的原因，尽管交易的结果经常是散户买在了最高点，卖在了最低点。在导读中，给投资者准备了股市中三个精彩的案例，目的就是要让大家对股市中的故事有个全新的认识。

故事一：百年大计——雄安新区

2016年的牛皮市让整个市场弥漫着疲惫萎靡的气息，虽然一带一路、国企改革等热点概念轮番炒作，可是很难触动市场普涨。2017年上半年依然维持牛皮市的格局，热点概念的轮换和捕捉成为成就投资者收益曲线的核心要素。

2017年4月1日，新华社发布重磅消息"中共中央、国务院决定设立河北雄安新区"。随后雄安新区的消息在全国蔓延，对房价最敏感的中国人第一反应就是冲到河北去买房。恰好是清明假期，不少投资者放弃了休假连夜奔赴河北，一个又一个房屋中介通宵接待，然而很快就收到了监管的政令：杜绝炒房行为！这一禁令给炒房团的热情泼了一大盆冷水，也让一些投资者对清明小长假后雄安新区板块的走势产生了稍许怀疑：可能雄安新区板块很难走出当年上海自贸区板块的走势。但是，机会往往就在犹豫间稍纵即逝。

导 读

4月3日周一港股正常交易，金隅股份H股当天最高的涨幅达到了45%，根据A股与H股的联动效应，完全可以断定，金隅股份A股在4月5日开盘必然会以一字板的走势强势归来。虽然雄安新区确定和上海自贸区确定时的市场环境有所不同，但是国家级的重点区域利好必然会引起市场主流资金的炒作，整个雄安新区板块必然向好。

从金隅股份港股前期的走势中可以看出，前期的上涨波段已经有资金在不断进场，市场人气在增加，就在雄安新区重大利好公布前两周，股价走出了持续下跌的走势，连续的小阴线将股价回踩到决策线，但是得到了决策线强有力的支撑。

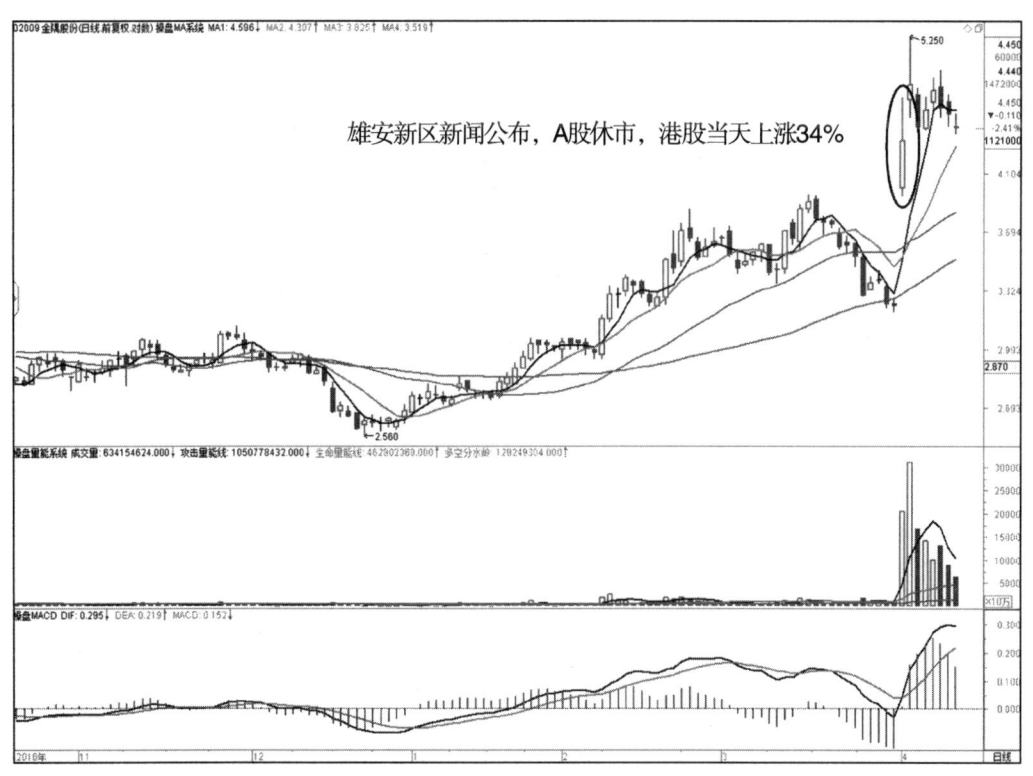

金隅股份（02009）港股2016年10月~2017年4月日K线走势图

金隅股份A股的前期走势没有港股强势，但是整个坐底期间股价重心不断抬高。从K线的变化上也可以看出，主力资金的控盘度较高，最重要的是在底部区间出现了标志性的长上影线和长下影线，在起爆之前股价已经进行了充分的蓄势。但是和港股一致的是，在启动之前股价依然萎靡，K线振幅较小，以强势横盘的方式实现了蓄势和洗盘的双重目的。

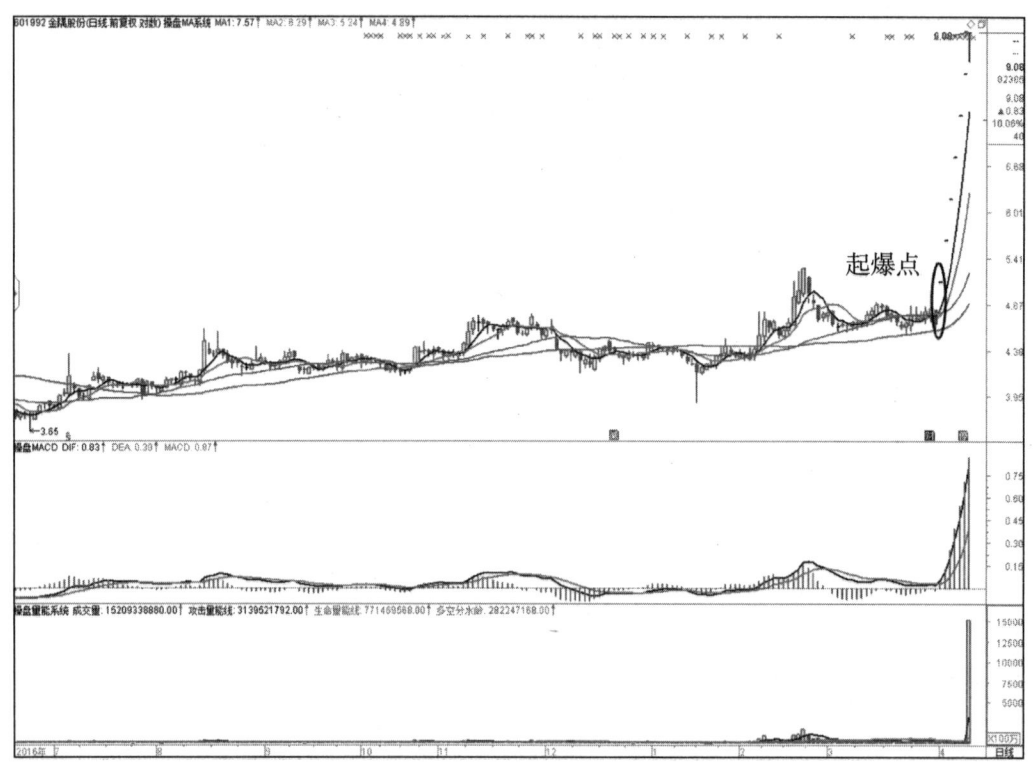

金隅股份（601992）A股2016年6月~2017年4月日K线走势图

号称"百年大计"的雄安新区让京津冀的股票扬眉吐气。在通达信软件中，整个雄安新区板块共62只股票，2017年4月5日之后的3个交易日中，整个板块出现一字板的股票数量超过20只，有12只连续6个一字板，直到监管部门要求停牌。雄安新区利好出台的第一天带动了整个市场的走强，但是后期市场的热情却很难维持，场内存量资金开始调仓换股，呈现了大盘走弱、雄安更强的分化。

下图是雄安新区板块指数的整体走势，上涨启动后，每个交易日板块整体涨幅达到了8%，在市场中走出了一枝独秀的极端强势上涨。

导 读

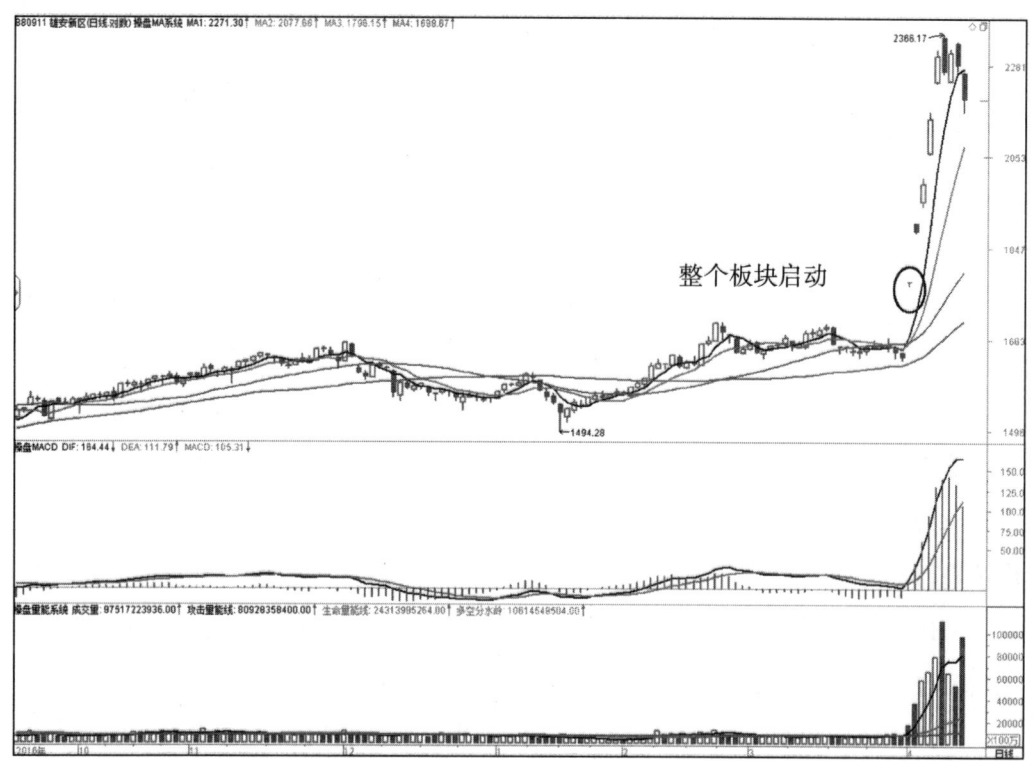

雄安新区（880911）2016年9月~2017年4月日K线走势图

特别提示

都是一字板怎么买入？在市场出现重大题材后，如果能够判断某些个股后期必然会有强势上涨时，要在看盘当天最早的时间以涨停板的价格委托买入进行排队，以期待有投资者离开时自己可以进场。不同证券公司允许的最早买入时间不一样，有的证券公司当天收盘后就允许进行下个交易日的挂单，有的则是需要在开盘前半个小时，允许的时间越早才能保证排队越靠前，买进去的概率才会越大。确定整个雄安新区板块要启动后，4月5日凌晨可以将雄安新区板块几大发展规划对应的龙头股全部涨停板挂单，只要次日能够成交，不到两周的时间实现翻一倍的涨幅也是非常可观的。

故事二：卖酒公司研制乙肝疫苗的弥天大谎

大部分有10年以上股龄的投资者看到这个标题就知道要分享的是哪只股票了：重庆啤酒。曾经因为乙肝疫苗事件在A股中名噪一时的重庆啤酒，如今已经物是人非，让曾经参与的投资者几多欢喜几多愁，从300亿市值的辉煌到连续6个跌停板的悲哀，失足的不只是普通投资者，还有机构投资者。股市是揭示赤裸裸人性的场所，虽然一次又一次风起云涌，但是仍然改变不了迷茫、贪婪、恐惧的交替。以史明鉴方可知兴替，让我们一起回忆一场历经17年兴衰的血泪史。

重庆啤酒17年大事记：

· 1998年12月，重庆啤酒以1435万元收购佳辰生物52%股权，正式介入乙肝疫苗项目的开发。

· 1999年12月，重庆啤酒以496.8万元的价格受让了360万股佳辰生物股权，之后又投入了603万元资金，同时增加长期投资603万元。

· 2000年年报显示，重庆啤酒持有佳辰生物70%股权，并陆续投入资金8107万元。

· 2001年2月，佳辰生物增资扩股，重庆啤酒对其增资491.69万元，将持股比例由70%增至93.1%，这些资金均被投入到乙肝疫苗的研发当中。

· 2005年12月12日，重庆啤酒将佳辰生物5%股权赠予乙肝疫苗联合研发方——中国人民解放军第三军医大学教授吴玉章；另将3%股权赠予该项目教授边疆。至此，其对佳辰生物的持股降至85.1%。

此后，因乙肝疫苗概念，重庆啤酒股价从2005年的最低点6.45元，到2011年最高涨至83.12元，已经完全脱离了一般啤酒股的股价范围。

· 2010年6月18日，嘉士伯啤酒公司以40.22元每股的价格，合计23.8亿元收购重庆啤酒12.25%股权，使其持股比例增至29.71%。2011年12月的连续跌停板已跌破增持价，令其账面浮亏达6.98亿元。

· 2011年12月7日，重庆啤酒公告称疫苗临床数据显示效果不佳，最后的窗户纸被捅破，股价遭遇连续9个跌停，投资机构损失惨重，尤其是当年持股10%以上的大成基金。

· 2011年末，重庆啤酒对佳辰生物的长期股权投资账面价值高达9488万，这笔长期股权投资在2012年末悉数计提了资产减值准备。

·2012年5月底，重庆啤酒宣布不再申请单独用药组3期临床试验，并不再开启新的单独用药组2期临床研究。

·2013年3月18日，嘉士伯啤酒公司通过嘉士伯基金会控制的分别持有重庆啤酒12.25%和17.46%股份的嘉士伯啤酒厂香港有限公司和嘉士伯重庆有限公司合计持有重庆啤酒29.71%的股份，为第一大股东，也成为新的实际控制人。接下来，嘉士伯通过以每股20元的要约收购的方式，对重庆啤酒取得了绝对控制权，总计持有重庆啤酒60%的股权。

·2014年10月11日~2015年4月7日，重庆啤酒集团通过二级市场全部减持了剩余的4.95%重庆啤酒股份。这位乙肝疫苗的昔日奠基者和原实际控制人，就以这样一种静悄悄的方式告别了重庆啤酒。

·2015年4月18日，重庆啤酒的经营情况仍然严峻，嘉士伯决定让重庆啤酒佳辰生物停止生产性业务。

·截至2015年6月末，重庆啤酒对该公司的应收账款为1.92亿元，按照46.96%的比例计提了9022.8万元的坏账准备。同期，佳辰生物营收为260.91万元，净利润亏损1340.89万元。

下图是重庆啤酒在公布乙肝疫苗研制失败前的高位横盘走势，收敛三角形的形态和放量向上突破，配合基本面的重大利好，让很多专业和不专业的投资者通通"中枪"。短暂的停牌之后，爆出惊天利空，股价应声倒下，站岗接盘者一次次接近绝望和崩溃的边缘。好听的故事就像白骨精一样迷得投资者神魂颠倒，殊不知精彩背后隐藏着巨大的黑暗。重温经典案例，切忌让血的教训在我们身上重演，与大家共勉！

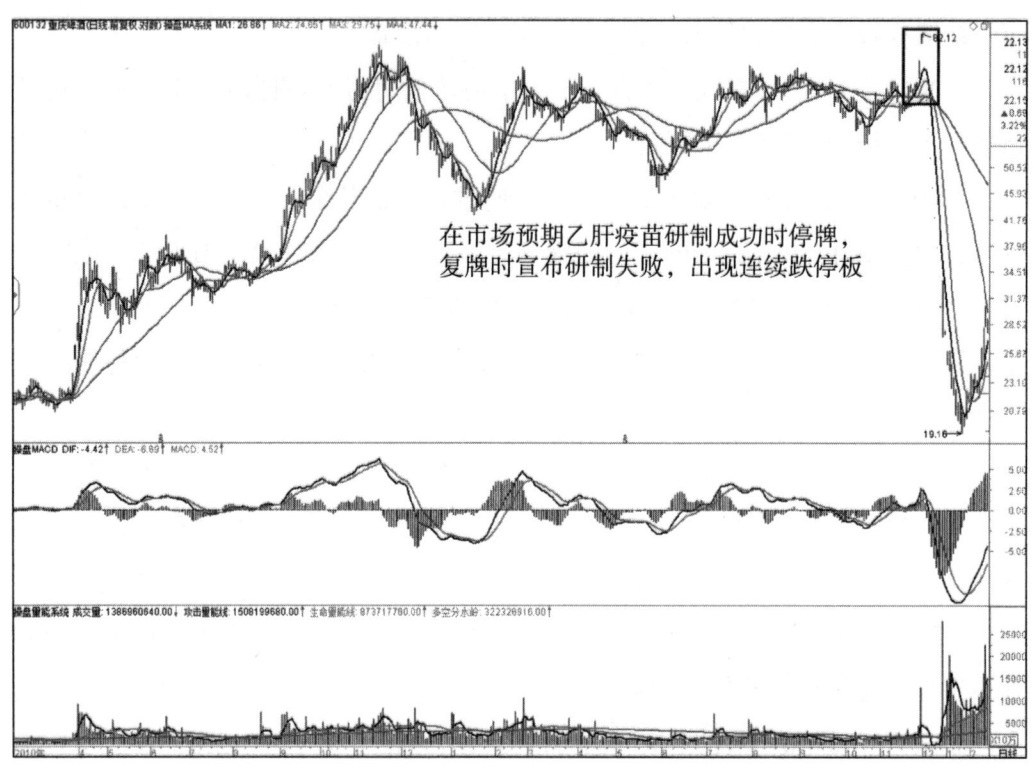

重庆啤酒（600132）2010年3月~2012年2月日K线走势图

! 特别提示

基本面的热点会催生一只又一只大牛股，几乎每只大牛股的背后都有一个精彩的故事，故事的精彩不在于故事表面的起起伏伏，更在于下一个情节的转折，跟随主力的关键就在于洞察下一个情节的转折。

故事三：曾经为国护盘的满目疮痍

在"江氏操盘实战金典"丛书中，会不断提到2015年"股灾"，一次又一次地揭开曾经不堪的记忆，目的很简单，就是希望有缘人在过去的失败中总结经验，做一个明白的投资人：亏钱的事实没有办法改变，可以改变的是知道为什么亏钱后不再让悲剧重演。

笔者做过简单的调查，很多投资者在5178点前后都是已经逃出来了的，一方面大家相信股价不会无休止地涨，另一方面市场上很多股评家也开始提示风险。所以很多在"股灾"中结局非常凄凉的投资者是毁于抄底，不小心被套在第二轮和第三轮杀跌。

下图是5178点前后上证指数的走势，5178点之后下跌的动能远远强于前期上涨的动能，2015年6月15日之后整个市场的股价快速下滑，偶尔出现一根阳线让坚信牛市还存在的投资者勇敢地抄底去了，但是殊不知一轮牛市已经结束，市场进入了下跌的熊市。A股普通投资者有个很大的共性——在别的领域都很出色，但是一旦来到证券市场中，记忆力就变得像鱼一样只有7秒钟，下一次买入时基本忘记了上次操作时亏损的原因是什么。

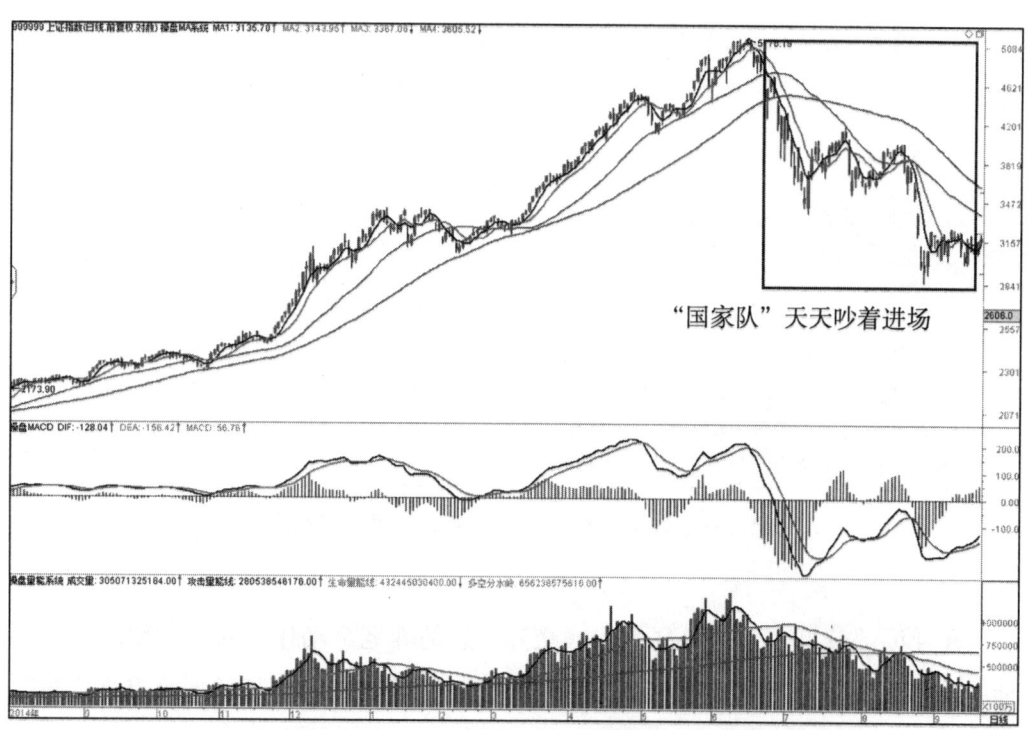

上证指数（999999）2014年8月~2015年9月日K线走势图

在牛熊的转折位置，市场上最大的利好是养老金入市护盘。下图是2015年6月30日公布的逾万亿养老金将要入市的信息，在2015年6月下旬、7月和8月，不断有大资金入市的风声，可是市场就是不买账。"国家队"表明了救市的立场，小散们大受鼓舞，纷纷"为国护盘"，但是发现无论是过万亿的养老金还是小散们的一致救市都对大盘的下跌回天乏术。

牛市绝对不是救出来的，而是市场内在结构规律形成的必然结果。在市场中只有5%甚至更少数的人是通晓这种规律的，可惜他们是不会为散户服务的。当市场上铺天盖地地出现了利于大多数普通投资者的信息时，它的准确性是非常值得怀疑的，哪怕这个消息发布者的公信力再高。

养老金入市方案终破茧 逾1万亿元可望入场

2015年06月30日 06:16　证券日报　收藏本文

养老金入市方案终破茧 逾1万亿元可望入场

专家表示，10个养老金结余逾千亿元的发达省份有望率先启动委托投资模式

■本报记者　左永刚

《证券日报》记者获悉，6月29日，财政部公布《基本养老保险基金投资管理办法（征求意见稿）》（以下简称"征求意见稿"），向社会公开征求意见。

征求意见稿提出，各省、自治区、直辖市养老基金结余额，预留一定支付费用后，确定具体投资额度，委托国务院授权的机构进行投资运营。其中，投资股票、股票基金、混合基金、股票型养老金产品的比例，合计不得高于基金资产净值的30%。人力资源和社会保障部发布的数据显示，截至去年年底，全国基本养老保险基金累计结余已超过3.5万亿元，据此测算，可用于上述投资的资金逾1万亿元。

2015年6月30日公布逾万亿养老金入市的重磅利好

在导读部分只和大家分享下牛熊交界位置的养老金动作，对于货币政策等其他有助于调节证券市场的工具会在笔者的助理曲君洁即将出版的《股市立论与财富革命》一书中详述。

导读是想告诉投资者，当你跳出K线图，会发现证券市场还有更多的精彩，这份精彩是需要你有过人的智慧、丰富的阅历和运筹帷幄的魄力才能够体验到的，而本书就是要帮助你推开这扇精彩的大门。

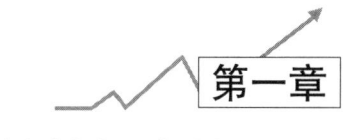

第一章
价值投资的误区

市盈率低的股票比市盈率高的更有投资价值；这只股票持仓半年多了亏了30%，不过没关系，因为我做的是价值投资；这是一家亏损的上市公司，业绩不好不能做……如果这些是你对价值投资的理解，那么你还处在价值投资的迷雾中，对于什么是价值投资还没有认清，更难以通过价值投资实现获利！

第一节　技术派和基本派不是水火不容而是取长补短

在A股的大圈子里，交易员谈话的第一个问题通常都是"你是价值投资还是技术分析"。这个问题往往会让两位交易员相互水火不容，笔者的助理提到有一次她面试两位交易员，大家进行了初步介绍言明一个是追随趋势的技术派，一个是价值投资的基本派后，两个人还没有开始争论，但是相互的不屑和鄙夷已经溢于言表了。

市场中沉淀下来的投资者，有的偏向于技术面，觉得基本面都是骗人的，有的偏向于基本面，觉得技术面是天方夜谭，然而只有真正把某个方向研究透彻之后才能对其下定论。在江氏交易天机中，笔者始终坚持基本面和技术面相结合，也就是通常所说的"两条腿走路"，这才是在这个市场中可以长足发展的前提条件，但是这里所倡导的基本面与技术面和投资者通常对市场的理解还是有所不同。

首先，本书要让大家对于基本面有个基本的认知：基本面选股，技术面择时。基本面是从面的角度把握大局和趋势，技术面是从线或点的角度寻找买卖点，两者一脉相承且能够取长补短，是建立完善交易体系不可缺少的"两条腿"。

第二节　价值投资适用于A股吗

提到价值投资，投资者的第一反应就是巴菲特。A股投资者中崇拜专研巴菲特的人非常多，但是至今也没有发现有哪位因为沿用巴菲特的理论在A股证券市场中造诣高深的，原因很简单，你不是巴菲特！

首先探讨的问题是：价值投资适合A股吗？有的投资者理解买入好的上升公司就是价值投资，好的上市公司的标准就是财务健康、运转正常、收益稳健增长，那么A股最具有价值投资意义的应该是中国石油和几大国有银行。但现实是，A股中市值大、业绩好的股票基本属于垄断性行业，这些大象们通常都能直接影响大盘走势。

图示案例

下面第一幅图是中国石油从2007年上市到2017年10年间的日K线走势图和对应时间上证指数的走势图，虽然两者的走势各有特色，但是有着一个最大的共性：从2007年年尾进入下跌，衰败的时间长达8年。在2015年的牛市末期，上证指数整体上涨幅度和8年前的高点只差1000点，距离不足20%，但是中国石油距离8年前的高点还有30元的差距，相差200%的空间。

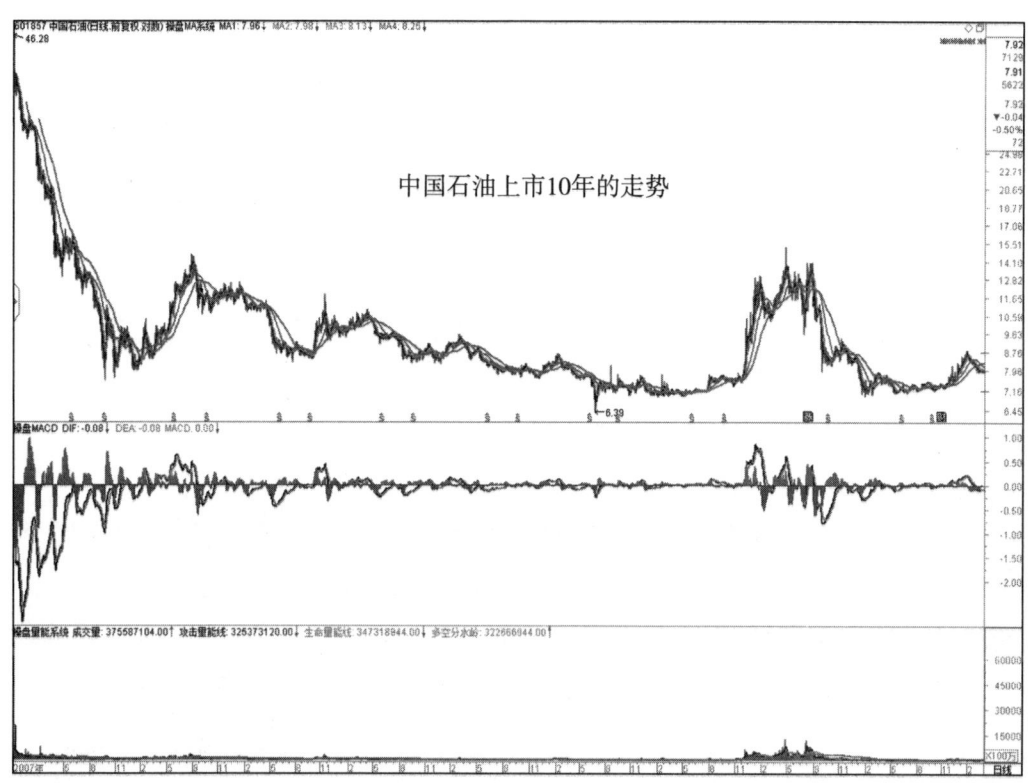

中国石油（601857）2007年4月~2017年3月日K线走势图

通过在相同时期上证指数和中国石油走势的对比可以看出，在2014年和2015年的牛市中，中国石油的走势远远弱于市场平均水平。中国石油是一家有价值的上市公司，但是缺少投资价值，因为它具备未来的价差难以确定的特点，一方面是其行业发展的瓶颈期，另一方面盘子太大导致它的涨跌会直接影响大盘的走势，而A股大盘的走势更多的是跟随政策。

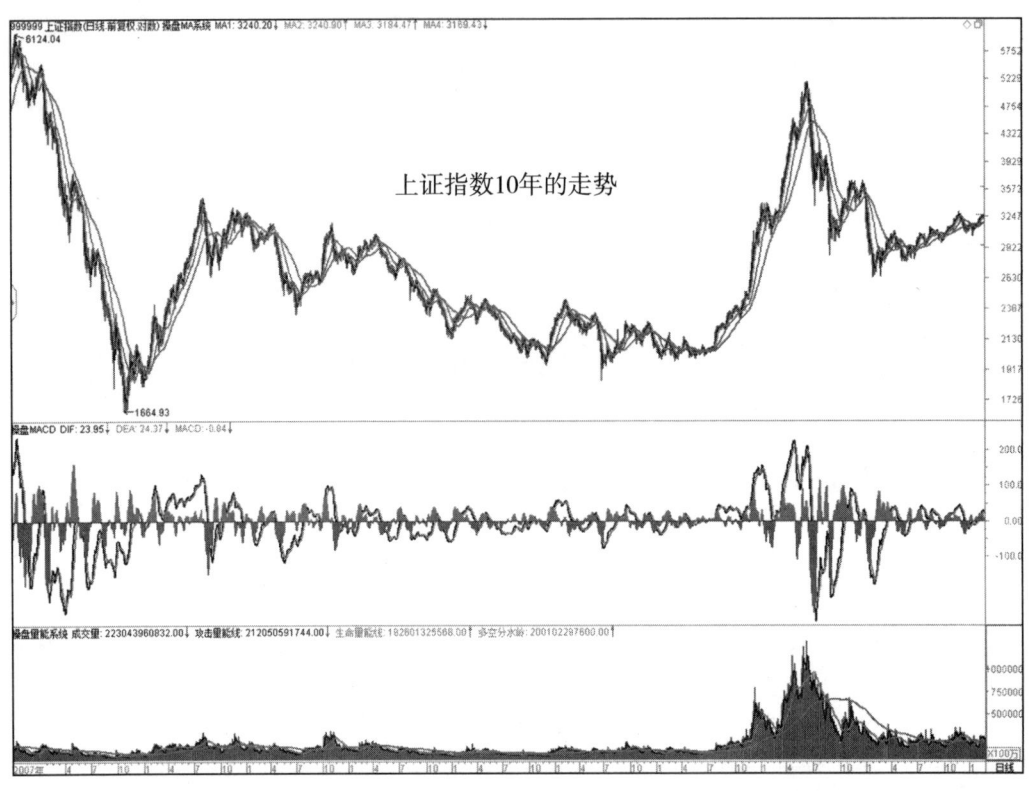

上证指数（999999）2007年11月~2017年3月日K线走势图

中国石油2017年3月27日的市值为12822.48亿元，占上海证券交易所整体流通市值255500亿元的5.0186%，中国石油上涨1%，上证指数将上涨1.4个点左右，通常50亿元左右市值的股票上涨10%对上证指数的贡献度只有0.05个点。同其他市值较大的上市公司一样，当大象起舞时对于大盘整体走势影响非常大。

不是巴菲特的理论不好，而是我们在解读的时候容易出现误差，同时市场和巴菲特都在变，我们不能揪着一个方向不放。执着是好的，但是当碰到南墙时还不知变通，就会直接导致学习的效果大打折扣。巴菲特的投资模式可以让他有如此的成就一定有其值得学习的地方，关键是要结合投资者各方面的情况来选取适合A股市场和投资者自己的那部分。

第三节 价值投资的思维方式

无论做什么决策，逻辑思维都是非常重要的，只有合理的逻辑思维方式才能够保证我们的投资决策是有效的，是可以长期盈利的。偏好技术派的投资者往往是通过技术形态选股后再去看一只股票的基本面，偏好基本面的投资者往往是通过基本面选股后再去找买卖点。每位投资者对某个方向研究的深度不一样，其决策的流程自然会有所不同，但是在江氏交易天机中更偏向后者，因为从基本面到技术面才是从面到点的过程，只要保证大方向没有错，买卖点上的差错是可以调节的。

在江氏交易天机中整个投资决策流程是：宏观分析→行业分析→主题分析→财务分析→交易分析。

1. 宏观分析

对于普通投资者来说，宏观分析和我们的工作、生活相距较远，但是完全可以通过知识层面的拓展来实现知识面和格局的提高，当我们把一部分时间从柴米油盐中剥离出来去研究历史、政治、军事、国际关系等，就会发现生活中多了一份精彩。宏观的分析更多的是从人类发展的历史进程中寻找规律，尤其是在出现了证券市场后，美国、欧洲等相对成熟的证券市场的发展对于我们研判A股在大局上的走势是非常重要的。在此给读者推荐一本书《资源革命》，讲述的是近代史中几次重要工业革命对经济发展的影响。

对于A股来说，政策是必然要解读的，每一次领导换届、每年人大会议的召开、国家对地区发展的支持等，都是推动每次行情的重要导火索。

2. 行业分析

不同的行业在不同的发展阶段，其核心驱动因素与竞争要素是在不断变化的，尤其在当前互联网与全球化的时代，行业兴替变化的速度更是迅速。比如快速发展的人工智能，或许会让我们在未来不再需要身份证，每个人的瞳孔就能代表自己的身份，机器对人瞳孔识别的速度可以用毫秒甚至微秒来计算；无人驾驶已经开始进入我们的生活，或许以后人们不再需要考驾照，上车后只要设定好终点，车子自己会识别路线、避开其他车辆同时保证以最快的速度到达目的地；人类的基因密码早已经被破译，又或许在未来人类可以根据自己的需求选择基因，高一点、长寿一点、去除癌症基因……未来会有很多新兴行业兴起，当然也会有更多行业走向没落，在投资过程中，选中了朝阳行业的上市公司，即使它是最差的一家也不会有太大的风险，但是即使选中了没落行业的龙头也很难有很好的发展。

序号	细分行业	股票数量	序号	细分行业	股票数量	序号	细分行业	股票数量
1	软件服务	152	21	互联网	45	41	农业综合	25
2	电气设备	144	22	农药化肥	45	42	银行	25
3	元器件	134	23	家用电器	42	43	仓储物流	24
4	化工原料	133	24	塑料	40	44	普钢	24
5	专用机械	115	25	全国地产	39	45	汽车整车	24
6	汽车配件	103	26	影视音像	38	46	商贸代理	24
7	通信设备	97	27	生物制药	37	47	文教休闲	24
8	建筑施工	77	28	广告包装	35	48	造纸	23
9	化学制药	73	29	小金属	34	49	供气供热	22
10	区域地产	71	30	工程机械	33	50	铝	22
11	中成药	70	31	火力发电	33	51	水泥	22
12	机械基件	66	32	电脑设备	30	52	出版业	21
13	电器仪表	56	33	煤炭开采	30	53	医药商业	21
14	环境保护	55	34	综合类	29	54	水力发电	20
15	服饰	54	35	证券	28	55	白酒	19
16	半导体	53	36	家居用品	27	56	玻璃	19
17	食品	51	37	其他建材	27	57	路桥	19
18	医疗保健	51	38	装修装饰	26	58	染料涂料	19
19	百货	47	39	钢加工	25	59	航空	18
20	纺织	45	40	化纤	25	60	多元金融	17

序号	细分行业	股票数量	序号	细分行业	股票数量	序号	细分行业	股票数量
61	港口	17	81	乳制品	10	101	公共交通	6
62	矿物制品	17	82	橡胶	10	102	林业	6
63	石油开采	15	83	船舶	9	103	摩托车	6
64	饲料	15	84	纺织机械	9	104	农用机械	6
65	园区开发	15	85	汽车服务	9	105	石油贸易	6
66	铅锌	14	86	石油加工	9	106	软饮料	5
67	水运	14	87	特种钢	9	107	机场	4
68	运输设备	14	88	渔业	9	108	电器连锁	3
69	种植业	14	89	公路	8	109	商品城	3
70	旅游服务	13	90	焦炭加工	8	110	铁路	3
71	旅游景点	12	91	其他商业	8			
72	铜	12	92	空运	7			
73	超市连锁	11	93	批发业	7			
74	红黄药酒	11	94	啤酒	7			
75	化工机械	11	95	日用化工	7			
76	黄金	11	96	陶瓷	7			
77	机床制造	11	97	新型电力	7			
78	酒店餐饮	11	98	保险	6			
79	水务	11	99	电信运营	6			
80	轻工机械	10	100	房产服务	6			

3. 主题分析

任何一个行业中的公司都会有其主打的方向,也就是公司的核心竞争力,没有核心竞争力的公司很难形成绝对的定价权,从而就不会有较高的毛利率,自然也就不会有吸引人的业绩回报。所以明确了未来朝阳行业后要确定的就是各公司的战略布局及其在行业产业链中的地位,这样才能更好地把握行业走势的轮动。

序	主题名称	均涨幅	加权涨幅	龙头股	最大涨幅	上涨比例	股数	天数	类型
1	杭州亚运会	-2.49	-1.41	滨江集团	1.69	28.57	7	586	重大活动
2	北京冬奥	-1.40	-2.76	万方发展	2.96	31.82	22	616	重大活动
3	体温检测仪	-1.29	-0.56	华工科技	0.00	0.00	4	1464	医疗
4	肾透析	-0.78	-0.40	蓝帆医疗	2.86	57.14	7	1652	医疗
5	干细胞技术	-0.92	-0.29	复星医药	2.97	22.22	9	1679	医疗
6	植入器械	-2.00	-1.46	乐普医疗	-0.87	0.00	4	1540	医疗
7	辅助生殖技术	0.31	0.05	长春高新	1.70	33.33	3	1532	医疗
8	即时检验(POCT)	0.08	-0.11	利德曼	4.41	37.50	8	1469	医疗
9	阿糖胞苷	-1.03	-1.28	海正药业	-0.23	0.00	4	393	药品
10	麻精药	1.17	1.48	复星医药	2.97	100.00	7	900	药品
11	瘦素	-1.03	-1.16	翰宇药业	0.00	0.00	3	101	药品
12	抗生素	-0.67	-0.97	莱美药业	3.54	12.50	8	1650	药品
13	抗流感新药	-0.42	0.26	恒瑞医药	1.44	50.00	6	1471	药品
14	抗肿瘤	-0.40	-0.12	莱美药业	3.54	31.82	22	1631	药品
15	血液制品	-0.40	0.03	沃森生物	1.71	50.00	8	2168	药品
16	多肽类	-0.39	-0.49	益佰制药	1.78	28.57	14	1679	药品
17	牛磺酸	-2.16	-2.20	健民集团	-1.80	0.00	2	2188	药品
18	冬虫夏草	-0.29	-0.10	益佰制药	1.78	28.57	14	1672	药品
19	肝素钠	-0.27	-0.27	沃森生物	1.71	28.57	7	1665	药品
20	糖尿病治疗	-0.25	0.12	复星医药	2.97	39.29	28	1671	药品
21	紫杉醇	-0.22	-0.48	莱美药业	3.54	33.33	9	1671	药品
22	抗衰老药物	-1.08	-0.50	海王生物	-0.33	0.00	2	1498	药品
23	乙肝	-0.17	0.30	智飞生物	2.22	43.75	16	1590	药品
24	独家中药	-0.16	-0.11	片仔癀	5.81	45.00	40	847	药品
25	禽流感药物	-0.44	-0.47	华润三九	2.23	36.36	22	1672	药品
26	单抗药物	-0.10	1.45	复星医药	2.97	40.00	5	1211	药品
27	呼吸道药物	0.08	-0.01	华润三九	2.23	40.00	5	1534	药品
28	板蓝根	-0.45	-0.22	科伦药业	0.91	40.00	5	1476	药品
29	艾滋病防治	0.08	-0.03	博腾股份	2.29	54.55	11	1603	药品
30	儿童药物	-0.65	-0.87	江中药业	0.91	50.00	4	1511	药品
31	藏药	-0.62	-0.77	智慧能源	0.13	40.00	5	1672	药品
32	青蒿素	-0.34	0.43	复星医药	2.97	25.00	8	1667	药品
33	医保目录调整	-0.44	-0.14	新光药业	4.94	31.03	58	53	药品
34	首仿药	0.52	0.58	长春高新	1.70	72.73	11	613	药品

医疗医药行业对应的投资主题

4. 财务分析

上市公司会用财务数据客观地展现公司经营管理成果，在上市公司不会作假和刻意隐瞒的前提下，我们相信财务数据会公正地反映一家上市公司的运营和发展能力。

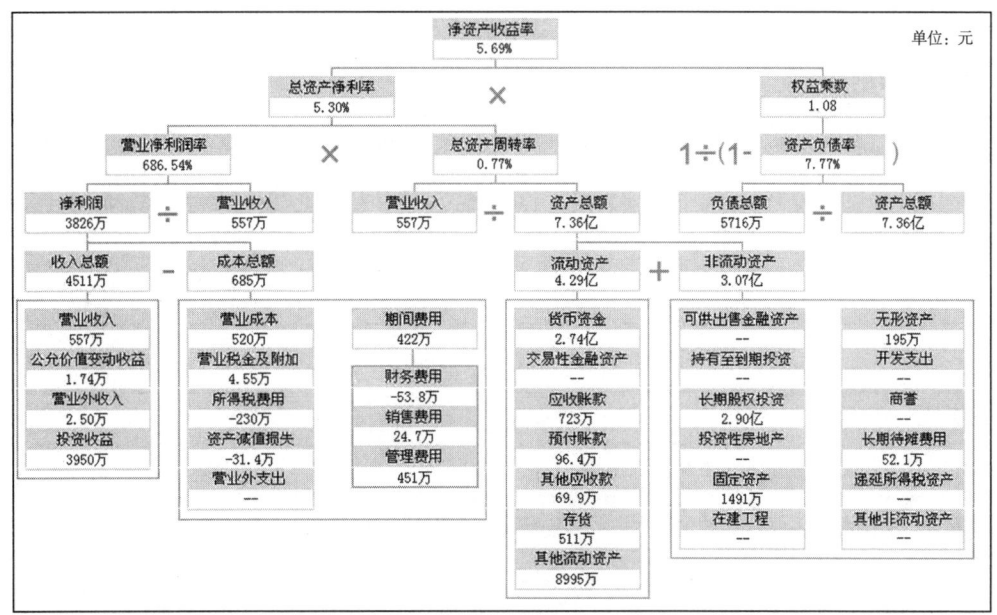

杜邦分析体系示意图

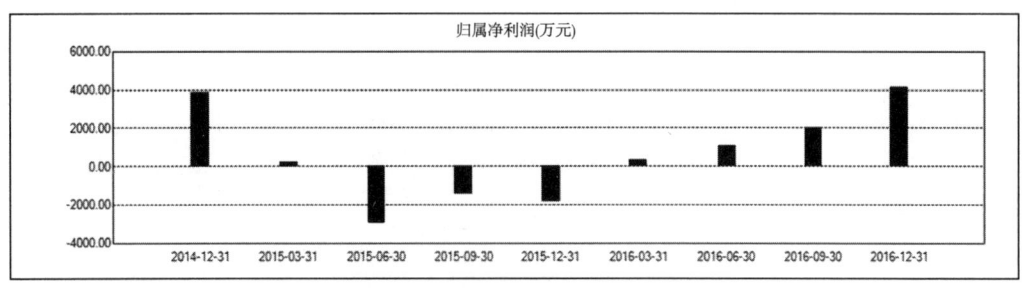

净利润走势图

前面的四个分析方向是从K线外进行盘面分析和选股的过程,这四种分析不是独立的,而是相互验证、相互影响的,是研究一家上市公司是否具有投资价值时不可或缺的。

5. 交易分析

交易分析就是回到了技术分析层面来确定买卖点,虽然技术分析在整个分析流程中只占了一个方面,但在实际交易过程中是对交易结果影响最大的一个环节,所以在"江氏操盘实战金典"丛书中只有本书是偏重基本面的介绍,其他书籍都是为了帮助大家全面地了解主力思维和量价关系的变化，进而制定更适合自己的交易模型。

一个完整的交易分析过程包括趋势分析、主力行为分析、交易机会的识别、进场点的确定、仓位管理和止盈止损，任何一个环节的缺失都会给交易埋下很大的黑洞。

总体环境			□9分以上 □7~9分 □6~7分 □4~6分 □4分以下			
行情机会		□一级行情 □二级行情 □三级行情 □四级行情		下单周期	□60分钟 □15分钟 □5分钟	
建仓形态			□粘打磨 □空中加油 □拉高建仓 □拉高打压建仓 □茶杯 □圆弧底 □其他			
主力操盘阶段		□建仓 □打压观察 □冰冻期 □预热 □试盘 □拉升 □洗盘 □出货				
买入理由		波浪	均线	量能	K线	MACD
	大周期					
	主周期					
	小周期					
止损条件			□固定止损_____	□移动止损条件 1._____		
				2._____		
				3._____		
止盈条件			□固定止盈_____	□移动止盈条件 1._____		
				2._____		

简易交易分析模板

第四节　巴菲特的十大经典投资哲学

市场上关于巴菲特投资哲学的书籍很多，笔者总结了十点被A股投资者最为重视且在实盘中也最具有指导意义的投资观点进行详细介绍，以保证投资者在实战时能够更充分地运用到A股的实盘交易中。

1. 找杰出的公司

找杰出的公司也就是找好的公司，那么好的标准是什么？任何一个行业的公司都有成长型和成熟型之分，很明显巴菲特所谓的杰出的公司是偏向成熟型的，这类公司已经完成了规模的扩张阶段，开始稳健经营、讲究诚信、分红回报高，股价可避免巨幅波动，且实现长期的增值。但是这个对杰出公司的定义在A股适用范围非常小，分红在A股的上市公司中鲜有耳闻。公司要真的能够进入稳健发展的成熟期，才会有更多的资金用于分红。

A股上市公司中能够进入成熟稳健发展阶段的并不多，众所周知的当属贵州茅台。近几年，家用电器板块的成熟和稳健发展也造就了几家杰出的公司，像格力电器、美的集团、老板电器等。随着中国经济的健康发展，会逐渐沉淀一批又一批的优秀上市公司，整个A股市场也会向成熟的、以关注上市公司价值为主的投资市场转变。

在此要特别强调成长型公司，在巴菲特的主流投资哲学中是不关注这类公司的，但是这类公司也会带来可观的收益。因为还在发展期，在蕴藏巨大机遇的同时也会存在风险，比如像导读中的重庆啤酒，这就需要投资者辩证地看待这个问题，这涉及和市场中所有参与者博弈的问题，也是本书中要着重分析的。成熟的上市公司稳健，但是能够带来可观利润的一定是成长型公司。

2. 少即是多

在对股民的培训中，给股民最大的投资误区就是"不要把鸡蛋放在同一个篮子里"。笔者有位同学分享，为了规避风险，他持仓股票最多的时候有60多只。60多只股票有多少只是做了充分分析和调查，能够让你有足够信心坚定持有的呢？最严重的问题是，在大盘上涨的时候这60多只股票不会同时上涨，但是一旦大盘出现系统风险开始下跌时这60多只股票可能会一块儿下跌，根本没有办法实现避险。

无论什么大行情，当你总结一年的交易结果时会发现，真正给你带来收益的就是那么一两次交易，对于操作周期短的投资者可能会稍多一些。笔者对学员的要求是，1000万以下的资金最多操作4只股票，操盘手的要求是只操作一只股票。原因很简单，当你只有一只股票可以操作时，你会花足够的精力去研究它各方面的信息，进而确定其是否具有操作价值，当你对一家上市公司的了解非常深入时再去买卖它的股票，所具有的信心是完全不一样的。

3. 压大赌注和高概率事件

投资是一件既需要能力又需要勇气的决策，既要有判断是否具有投资机会的能力，又要有在看准机会时大胆出手的勇气。在牛皮市和震荡市减少仓位是正常的，但是如果大盘系统风险已经解除，在遇到板块连动的行业龙头时是一定要加大仓位的，大环境较差时的机会本来就不多，看准了一定要重仓出手。

A股牛短熊长的特征很容易让投资者在牛市来临时还后知后觉，很难改变熊市轻仓的操作模式，确认牛市的要素成立后一定要大胆加仓甚至满仓。卧薪尝胆漫长的数年，机会好不容易来临时必然要果断出击。

这一点不只体现在对市场机会的识别上，也体现在对看好的公司配置更大的仓位上。巴菲特的投资组合有45只股票，但是仓位前10的股票达到了总仓位的90%。

4. 要有耐心

巴菲特有一个说法，少于4年的投资都是傻子投资，他认为市场中给出的好的投资机会不多，尤其是好的公司的形成不是一朝一夕能够实现的。这一点很多投资者理解为价值投资就是长线投资，其实是存在很大误区的。首先，交易确实需要耐心，今天买入要求明天就是涨停板本身就是一种痴心妄想，如果怀着这种心态去交易只会让你的交易失误连连。我们做过实验，当交易频率降低后成功率会大幅上升，最重要的是投资者不会像频繁交易时那样浮躁。

本书所介绍的价值投资绝对不是4年操作一次，基于巴菲特的杰出公司标准所选择的股票只适用于我们资产配置的中长线部分，中线和短线所依据的价值投资选股标准则是完全不同的，所有要遵守的操作时间会发生改变，这是后文要详细展开的重点。

5. 不要担心短期价格波动

巴菲特绝不会预测股价什么时候会上涨，他坚信的是，既然一个企业有内在价值，它就一定会体现出来，只是时间早晚的问题，所以过度关注短时间的涨跌是不明智的，也没有必要。江氏交易天机整套体系交易更偏向于投资式投机，很显然重点放在了投机上，因为我们做的是股价上涨和下跌的价差，而不是单纯地关注公司价值的高低，我们投资标的的选择一定是具有投资价值的。当然，不是所有具有投资价值的上市公司都会有好的投机机会，操作时我们可能要放弃没有投资价值但是出现了好的投机机会的上市公司。

对于要放弃的这种情况也是要综合来看，只要在技术分析的交易系统能够把控的范围内还是会操作的，但是一旦脱离了技术分析的交易系统所能把控的一定要坚决放弃。

在我们的交易体系中依然强调不要担心短期价格的波动，但是这个短期是相对的，如果操作的是30分钟级别的波段行情，就不要担心5分钟级别的波动，操作的是日线上的波段行情，就不要担心15分钟级别的波动。关于不同行情级别的划分请参阅"江氏操盘实战金典"之《趋势为王》一书。

6. 稳中求胜

要记住"股灾"惨痛的教训，最重要的是要尽量避免掉进"股灾"的漩涡中，因为可能前期缓慢地累积了一定的利润，但是踩中一次地雷就会让前期长时间的积累荡然无存。虽然更多地关注风险会让投资者在市场中畏首畏尾，但是要明确证券市场不是赌场，它帮我们实现的是稳定盈利，而不是一夜暴富。只要在市场中长久生存就不缺少翻身的机会，但是一旦遇到一次踩踏事件就很可能让你一辈子都没有翻身的机会。

巴菲特的投资策略对牛熊并不是非常敏感，一方面管理资金较大，调仓换股比较困难，另一方面他关注的是更长期的发展而不是一两年的走势，加上他配置的投资组合具备应对大盘不同环境下走势的能力，所以巴菲特可以减少对牛熊的关注，但是我们不可以。

A股证券市场并不是非常成熟，无论是个股还是大盘都会出现大幅波动的走势，在下降趋势形成时不及时离场可能不只要面对利润回吐的风险，更多的是巨幅的亏损。对于A股投资者来说要求会更高，具有中长期投资机会的股票本来就少，及时有幸参与其中也很难不被洗出来；如果操作的是短期投资机会的股票，就必须培养自己研判短期趋势转折的能力。

7. 简单、传统、容易

巴菲特认为股市是没有风险的："我很重视确定性，如果你这样做了，风险因素对你就没有任何意义了。股市不是不可捉摸的，人人都可以做一个理性投资者。"当我们的心不跟着股价的波动而波动时，就说明我们离市场的根本结构越来越近，离实现快乐炒股、稳健盈利不远了，但是很多投资者陷入了一种在这个市场中追求完美的误区中，总是想买在最低点、卖在最高点，但现实是不可能的，而投资者却经常为这种不可能的事情焦虑、郁闷。

当对交易的要求降低后，才能够真正地感受到市场的简单、容易，对于巴菲特提倡的传统在江氏交易天机中要辩证来看，我们更要求投资者选择满足社会发展需求的、处于成长期且公司实力雄厚的上市公司，它们往往更具有爆发力。

8. 保住本金

巴菲特曾经说过，他的投资哲学有三条核心原则：第一条是保住本金，第二条是保住本金，第三条是记住前两条。江氏交易天机也非常提倡这个观点，用两组最简单的数字来说明：如果你的账户亏损了50%就需要赚100%才能回本，而亏50%远比赚100%容易得多。市场上很多投资模式倡导的是小亏大赚，原则上是没有问题的，但是实际操作时的结果更多的是小亏，小亏最后出现大亏。因为前期连续的小亏已经让账户资金出现了不少回撤，投资者的心态已经发生变化，本来原来的模式是没有问题的，但是几次小亏后会诱导投资者开始修正策略，可是此时修正后的策略往往会更加急功近利，结果就是出现了大亏。

解决这个问题的办法就是杜绝小亏，争取大赚。虽然听起来好像不可能，但是这是我们对操盘手的标准要求，在10次交易中前9次没赚多少但是并没有出现亏损，在第10次的时候大赚，这是一种既能够保证操盘手心态平和又不会增加账户获利压力的一种方式。能够达到这个标准说难也难，说简单也简单，难是因为要经过充分的学习和训练才能够做到，简单是因为只要按照我们的交易体系照做就可以。

9. 一鸟在手胜过百鸟在林

2000年网络股高涨的时候巴菲特没有买进，因为他相信这是投机家恶意炒作的泡沫，终会有爆破的一天，当时很多人对巴菲特的投资理念产生了怀疑，但最终事实证明巴菲特是对的。

巴菲特不参与网络股的炒作是没有问题的，因为他看不懂，他只操作自己能够看得懂的传统行业。有的投资者沾沾自喜，那我是不是比巴菲特还厉害，我在中国网络股的那波行情中是斩获颇丰。我们与巴菲特不同的是，他能够坚持看不懂的绝对不参与，我们却是什么都想参与，做对了是自己技术好，做错了是市场的不对。无论是翻倍的网络股，还是抗跌的传统股，只要能够形成自己的交易模式并持之以恒地坚持，才是王道。我们经常犯的错误是本来已经捉到了一只不错的鸟，但是看到百鸟林后就把手上的鸟放飞了，然后去捉更好的，殊不知在我们寻找更好的鸟的时候被我们放飞的那只可能已经变成了凤凰。

10. 不迷信华尔街，不听信股评家

有了前面投资模式的铺垫，对于"不迷信华尔街，不听信股评家"应该不难理解，只要找到自己的投资模式，去操作自己了如指掌的股票，就不需要进入乱花之中让自己的双眼被迷住。作为在证券市场传道授业之人，最开心的事情无非是学员告诉笔者，他不再需要老师来给他提示风险、推荐股票了。当你能够屏蔽周围任何一个人给你的投资建议时，你的交易模式正在成熟，只需要稍加改善就会成为巴菲特。在证券市场中，巴菲特渐渐成为一个代名词，不是代表要管理多少的资金、拥有多少的财富，而是在这个市场中能够真正地摸索出一条属于自己的路，不再畏惧牛熊，可以从容应对市场上各种血雨腥风。

格局驿站

作家格拉德威尔在《异类》一书中指出："人们眼中的天才之所以卓越非凡，并非天资超人一等，而是付出了持续不断的努力。一万小时的锤炼是任何人从平凡变成世界级大师的必要条件。"他将此称为"一万小时定律"。

所以在很多行业里，大家认为专业人士的一个基本标准就是经验丰富、从业

时间长。笔者的助理提到，她出去谈事情会把自己的年纪说大10岁，因为年纪到了，经验有了，人家就觉得即使你不是专家也离专家不远了。但是，很多时候我们都被这种简化的思维方式蒙蔽了，做一辈子保安的人所用的时间远超过一万小时，但是他没有成为保安界的专家；做一辈子出租车司机的人所用的时间也超过了一万小时，但是他也没有成为出租车专家。

时间的积累固然重要，但是有的事情所用的时间不到一万小时也可以成为专家，有的事情所用的时间远远超过了一万小时也很难成为专家。比如A股市场中股龄超过10年的老股民大有人在，但他们并没有成为股市的专家，因为学习的方向错了。

股市120

2016年11月24日，重庆的张女士询问：我对价值投资研究较深，尤其是对巴菲特和格雷厄姆的全套理论都有所学习，3年左右的时间年化收益基本稳定在20%左右。2015年上半年身边的朋友都能获取几倍的利润，我买的白酒是垫底的；2015年下半年他们到处借钱填窟窿，我还剩下了20%的盈利。虽然整体是比较好的，但是如果能够在熊市初期卖掉收益会更好，看到江海老师出的书籍中有提到过研判牛市见顶的方式，感觉用几条趋势线就可以研判，真的是这样吗？我该如何学习？

【回答】

首先恭喜张女士，你的收益情况已经战胜了80%以上的A股股民了，盈利的起起落落不算什么，只有确定落袋的才是真正的收益。

关于牛熊的划分，趋势线非常重要，但并不是全部，更多需要的是对更大趋势转换的把握，也就是道氏理论中的基本运动以及国家政策的配合、市场资金的流动等综合来看。技术分析对交易的辅助作用非常大，但是它有着一个天然的劣势，就是很多时候是否有效确实需要后期的走势来进行验证，也需要后期的验证再来不断地调整和修正。交易不是简单的1+1=2的过程，更多需要的是随市场而变的洞察力。

酿酒和家用电器行业属于传统的、相对成熟的板块，其特点就是牛市中涨幅小、熊市中抗跌，如果选择的标的未来发展健康，从长期来看是会获得可观的收益的，这也是巴菲特选择杰出股票的重要原因。

2014~2015年的牛市中，上证指数从2000点上涨到5178点，整体涨幅达到了1.5倍，但是酿酒板块只上涨了1倍，还没有达到市场平均水平，属于非常典型的拖后腿的表现。在牛市中，场外资金积极进场，但是进场的资金更偏向于有主力资金积极炒作的个股，因为这样的股票非常活跃，进场会出现涨停板，而酿酒和家电板块就不一样，因为行业较为成熟很难形成诱人的炒作题材，涨幅自然会落后。

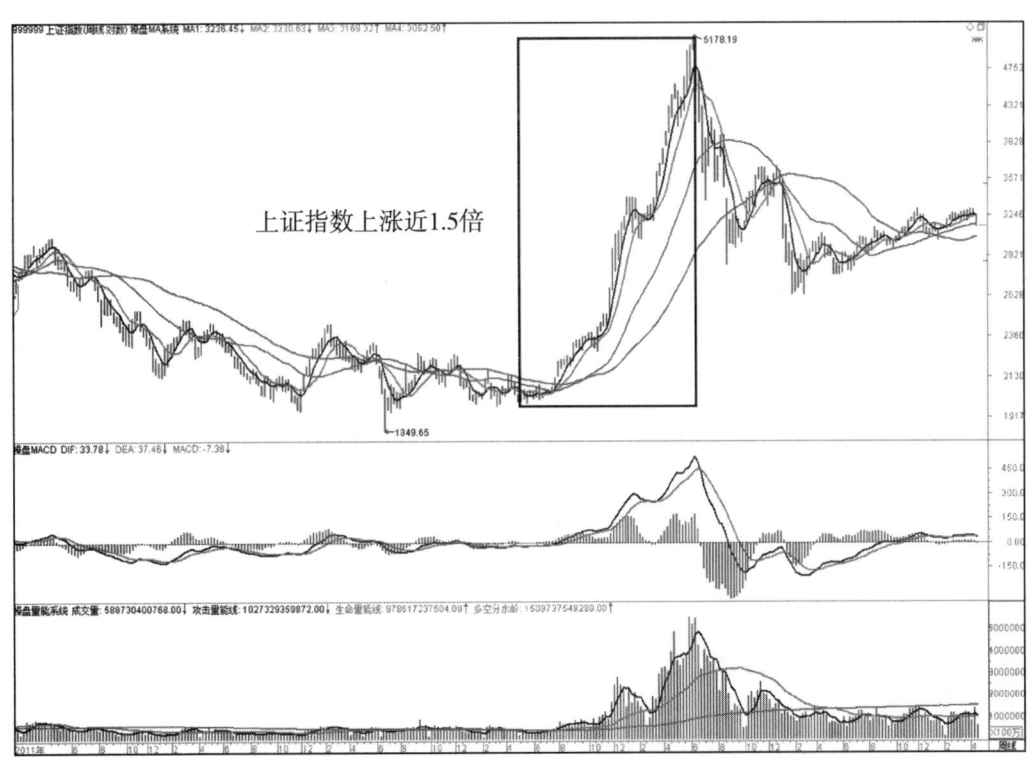

上证指数（999999）2011年3月~2017年4月周K线走势图

从酿酒板块牛市后的走势中可以看到，酿酒板块在3轮"股灾"中下跌的幅度在前期上涨波段的1/2左右，且在最后一次"股灾"中并没有创新低，而市场中其他股票大多在最后一次"股灾"彻底回到了"解放前"，所以在盘面上就可以看到酿酒板块的强势，在后期的牛皮市中，酿酒板块更是强势，直接超过了前一轮牛市的高点，且后期持续创新高。在牛皮市和熊市中一定要关注前期牛市中涨幅较少的成熟行业，它们在未来的牛市中一定会有出色的表现。

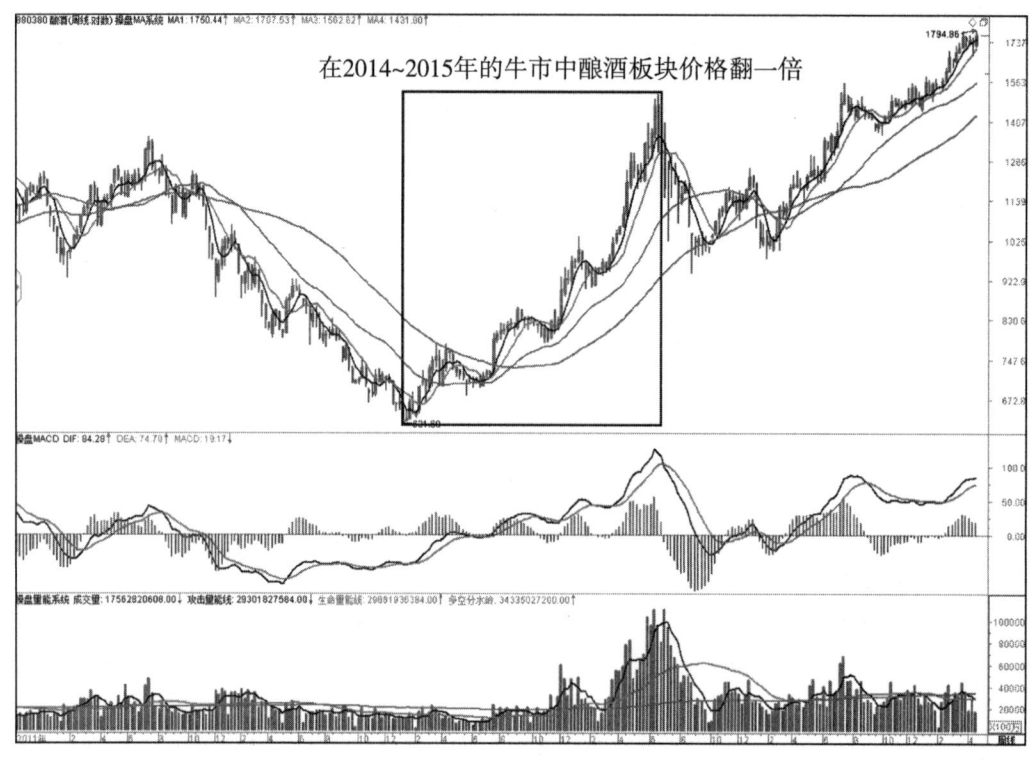

酿酒（880380）2011年1月~2017年4月周K线走势图

! 特别提示

美国有可口可乐，中国有贵州茅台。美国人可口可乐是刚需，中国人贵州茅台也是刚需。刚需型成熟上市公司在市场中有着定价权和控制权，它们较高毛利率的充分保障表现在其他上市公司无法赶超的竞争力和股价持续上涨的优势上。

❓ 思考题

1. 什么是价值投资？它如何指导我们的交易？

2. 价值投资和技术派有什么差别，两者如何配合才能够让我们的交易锦上添花？

3. 巴菲特投资哲学的十大经典投资哲学是什么？

4. 格雷厄姆价值投资的思想精髓是什么？

第二章
像主力一样思考

思维决定高度,高度决定格局,格局决定视野,视野决定事业。股市如人生,有多高的高度直接决定在股市中有多大的成功。股市中"二八定律"不会改变,能改变的只有我们自己:像主力一样思考。

第一节 好奇心和求知欲

如何做好投资?个人认为任何一个行业最后走到金字塔顶尖的人物都是具有一些共同的优良品质的,笔者比较欣赏稻盛和夫先生的处世哲学,无论是做企业还是干工作都要有一种格物致知的精神,简单来讲就是要有足够的好奇心和求知欲。证券投资不是一件简单的事情,是要进行不断学习的,即使在前期你掌握了一定的知识、实现了非常诱人的盈利,但是随着管理资产量的不断增加,还是需要学习新的知识来改进和修正自己的交易模式。笔者的助理和笔者分享,在这个市场中越学习发现自己不懂的越多,这就要求想在这个市场里淘金的投资者一定要对这个市场保持足够的探索精神。

首先,求知欲和好奇心是一个人内心最深处的自我驱动力,在没有考试压力、没有考核压力、没有人给你布置任务的时候,还会痴迷于研究某一个问题,那么你在天性上会更适合做投资工作。在积累投资知识的过程中,笔者不断地学习各种知识，并通过自己的实践去验证，最后总结出适合自己的投资决策体系。这个过程听起来很有意义但是做起来却很乏味，要在一次次的失败中总结经验，寻找让自己更好成长的点才是最关键的。

其次是诚实。是人际交往中要诚实，在证券投资时更要诚实，而诚实的对象就是我们自己。很多时候我们在利益的驱使下，进场会放大盈利的可能，忽略风险的提示，刻意欺骗自己股价还是会涨的，其实自己心知肚明：股价已经跌破下降趋势线，上涨或许遥遥无期。与人交际不是最难的，难的是正视自己并做到诚实有效地和自己沟通和交流，并且能够不断发现自己的问题、修正自己的问题。

我们要有非常强的自省和纠错能力。最重要的是，要知道自己错在什么地方，让每次犯错的成本越来越低，并且不断减少犯错的次数。投资不应该有什么悲观的或乐观的看法，只应有客观的看法，对股票要客观，对自己更要客观与诚实。对自己能力边界的认识要非常清晰，要知道你一直不敢面对的重要问题总会在某一天找上门来。"如果你不够真诚，你终将成为自己的牺牲品。"

最重要的是独立。在第一章谈及巴菲特的投资哲学中，最后一条就是不要相信华尔街和股评家的说法，要保持自己交易的独立性。股市中永远存在"二八定律"，要想成为获利的20%，就要有与80%的人不同的思维方式，如果还是人云亦云，结果只有一个，就是成为80%中的一员。

2017年清明节小长假期间，雄安新区的消息落实，河北雄安新区的房价经历了快速的惊涛骇浪后，所有投机的激情都转移到股市中，小长假结束后雄安板块的烈火点燃了整个市场的激情，连续4个交易日的上涨让很多原来看空的投资者转为看多，加上"百年大计"的号召更是让大家忽略了风险。但是，对市场有深入研究的投资者就会发现，这几天只有雄安的股票在强势上涨，其他行业的股票表现一般甚至在下跌，且两极分化越来越明显。我们江氏团队的成员们都知道，我们从3月底就开始看空了，一个是技术形态已经到位，还有一个非常重要的原因就是历史的规律，每年的4月份出现大空头的概率特别大，今年在没有实质性利好的前提下股价必然还有一次重挫，只是雄安板块的热炒让大盘的下跌推迟了几天而已。

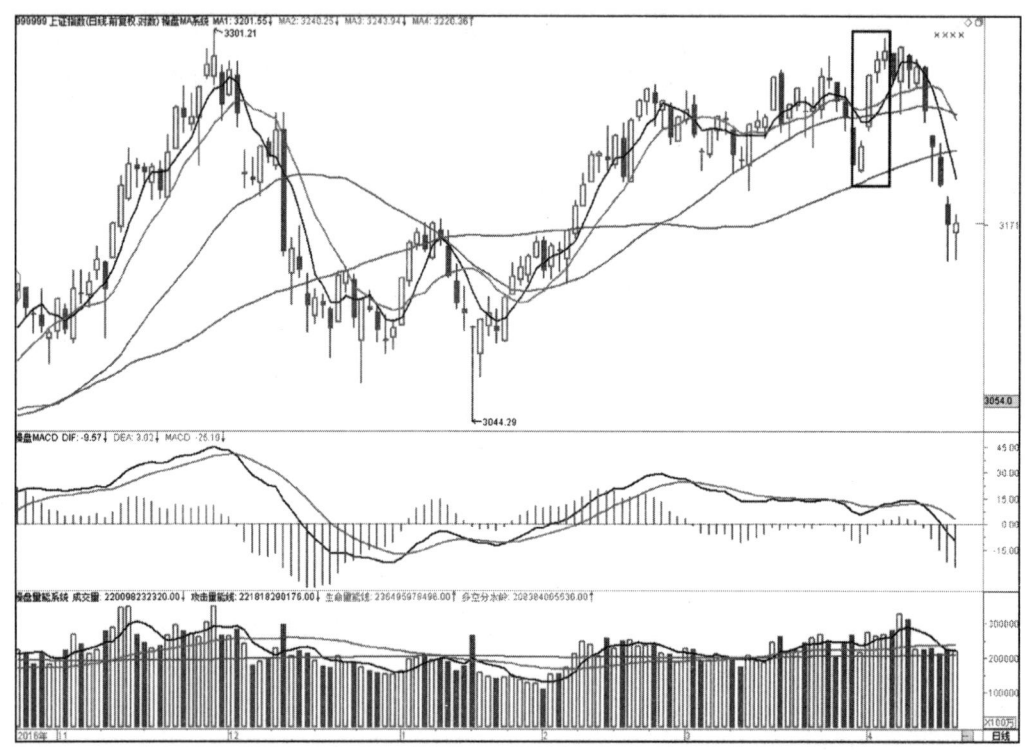

上证指数（999999）2016年10月~2017年4月日K线走势图

第二节 什么是主力思维

主力思维是江氏交易天机的核心思想，散户只有跟随主力资金操作的轨迹才能赚到钱，投资者所要学习和积累的就是主力资金、市场人气的变化，只有这样才会逐渐提高自己在市场中的交易水平。接触过江氏交易天机课程的读者对于主力操作的八大步骤不会再陌生了，虽然和投资者分享的时候是按照八大步骤的顺序演绎股价的变化，其实八大步骤体现的是八种思维方式。无论是在书上还是课堂上，笔者对主力操盘的八大步骤讲述得再清楚，投资者一到实战时都会发现面对股价的走势和八大步骤怎么都对应不起来，还是不会分析，原因就是没有完全掌握八种思维方式。

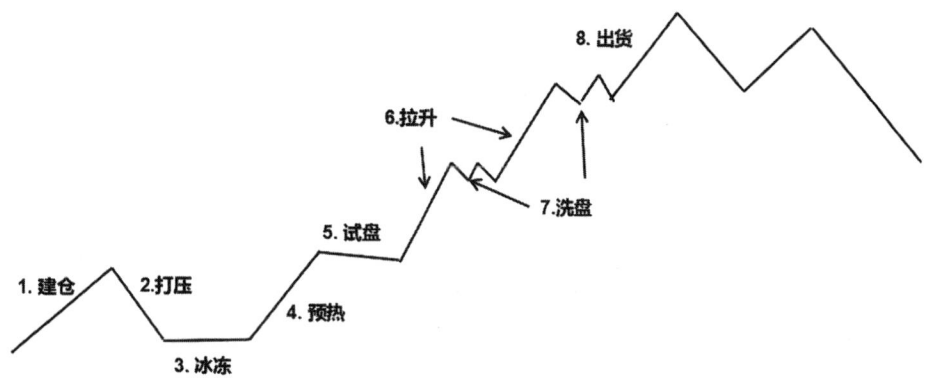

1. 建 仓

大资金想要赚到钱必须要保证在股价正式起涨之前手上有筹码，所以在低位一定要完成的就是建仓。整个建仓期大资金为了降低自己的成本，有的会采用一边打压一边吸筹的方式，当然对于资金实力非常雄厚的主力来说也会拉高建仓，这些要结合标的流通盘大小、股价高点、换手率高低等要素综合判断。建仓期基本面通常不会释放实质性利好，比较常见的是发布让散户快点交出手上筹码的利空。

主力建仓的手法千变万化，但是最核心的关键就是随着场外大资金逐渐进场，筹码的集中度越来越高，股东人数越来越少，股票平均持股数越来越大，股价整体呈现缓慢上升的走势。下图是雄安概念的龙头冀东装备在雄安概念正式启动前的走势。在该区间，冀东装备还在被ST期间，股市每天的涨跌幅度只有5%，这个限制是股价缓慢上涨的重要因素。

对市场有初步了解的投资者都会知道ST的股票不好，要做也只能操作短线，要么就根本不去碰它。真正吸引投资者眼球的ST股票都是那些妖股，即被ST后暴涨暴跌的，像冀东装备这种很难入广大投资者的法眼。关于建仓期的特征请参阅"江氏操盘实战金典"丛书的《买在起涨》。

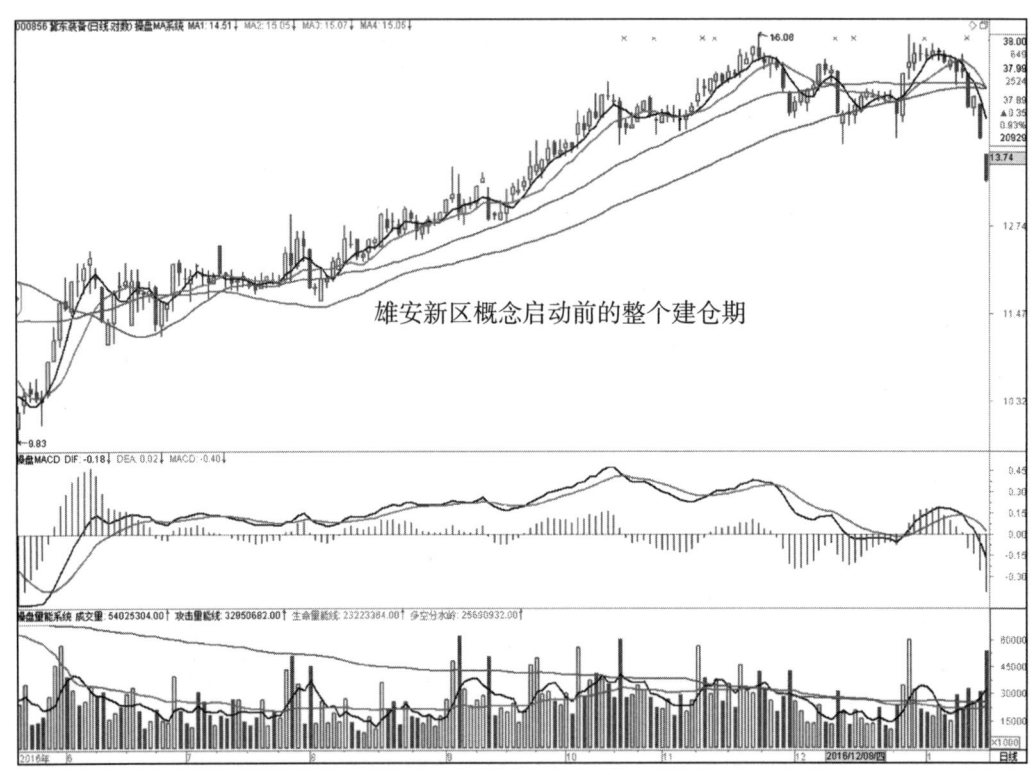

冀东装备（000856）2016年5月~2017年1月日K线走势图

2. 打 压

可以将打压理解为一种洗盘，主力资金不希望有散户在低位拿到筹码，因为这会在不涨过程中给主力资金造成抛压，所以在形成真正的上升趋势前主力资金会想尽一切办法将拿到了低位筹码的散户清理出场。在低位打压的动作会反复进行，是主力资金和散户在心理上的博弈，尤其一些后期的大牛股在趋势形成之前一定会经过长期的震荡，目的就是让散户熬不住后选择离场。

打压的动作发生在相对低位，一方面为了打压股价后吸筹，降低主力资金的成本，另一方面就是诱使、恐吓散户抛出筹码。主力资金的运作者比散户更深谙人性，通过盘面的变化能够清楚地解读散户贪婪和恐惧的点位，所以通常会让散户买在最高、卖在最低。

万和电气是一只前期经过了拉高建仓的中长线主力的股票，前期的上涨波段有明显的主力资金进场，股价缓慢上扬，之后股价围绕决策线展开了横盘。低位上涨一个波段后展开横盘，是标准的一浪建仓、二浪强势调整洗盘等待三浪快速拉升的走势。2016年11月11日的向上突破引来了足够多的跟风盘，因为大家一致认为这是三浪的启动点，可是，在进场的投资者还沉浸在主升初期顺利上车的喜悦时，股价强势杀跌。此时，刚好遇到大盘2016年12月向下调整，万和电气应声倒下，两个月的时间缓慢下跌20%，让前期一致看好的投资者绝望感到进入了主力的陷阱，决定放弃筹码逃跑。

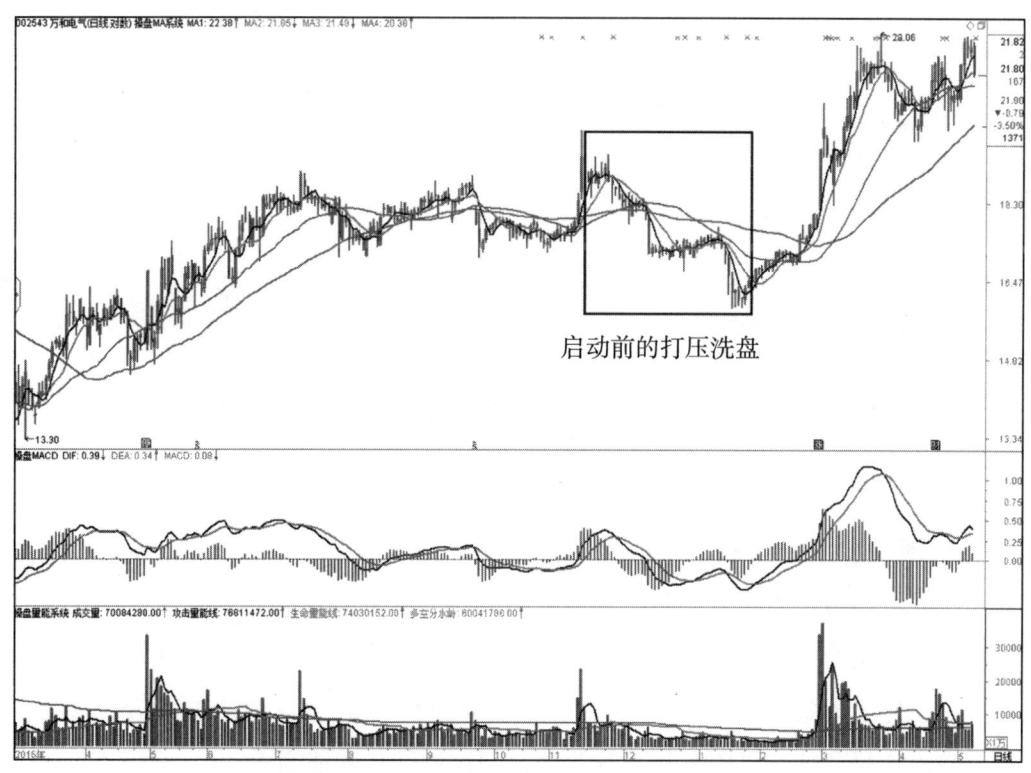

万和电气（002543）2016年3月~2017年5月日K线走势图

3. 冰　冻

没有主力资金进场的冰冻是没有研究价值的，在主力资金有充分建仓的行为后，一旦市场出现了冰冻的形态则说明主力资金在刻意"装死"，正在静观市场的变化进而决定后期操盘计划。高手之间的对战不是见面就打，一定是先通过洞察彼此的细微动作后找出对方的优缺点，在知己知彼后开战才能保证胜算。

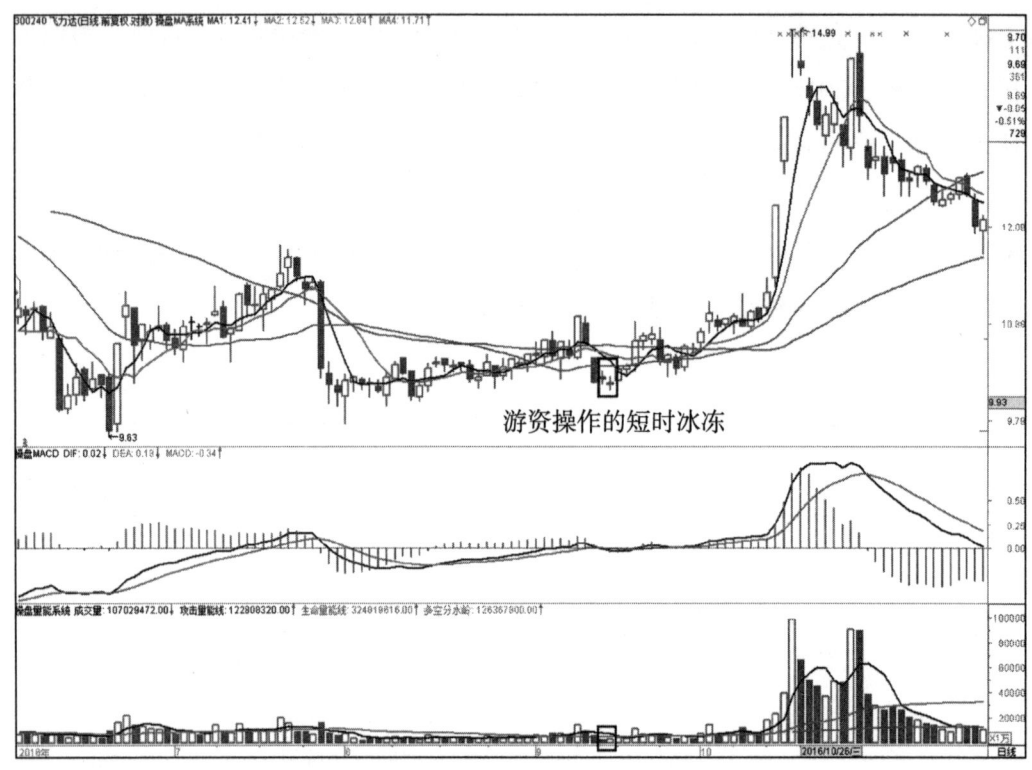

飞力达（300240）2016年6月~2016年11月日K线走势图

4. 预 热

气势磅礴的上涨趋势不是一蹴而就的，是需要天时地利人和的，所以在主升浪启动前一定有一个从低迷到人气逐渐恢复的过渡期。此时既是上升趋势启动的前兆，也是主力资金试探性调动市场人气的开始。任何一次趋势的转折，市场一定会发出信号，就看投资者是否具备捕捉到这种信号的能力。

预热期是狙击主力最好的点位，但是预热期股价通常是缓慢上涨，有的时候均线系统还处于错乱状态，对于技术水平不到位的普通投资者来说是非常没有吸引力的。沧州大化是2016年仅有的几只强势股之一，从前期均线修复的过程中可以发现，主力资金被关注的程度在增加，这就为整个上升趋势的形成提供了最好的温床。关于均线的修复原理参见"江氏操盘实战金典"丛书之《黑马在线》。

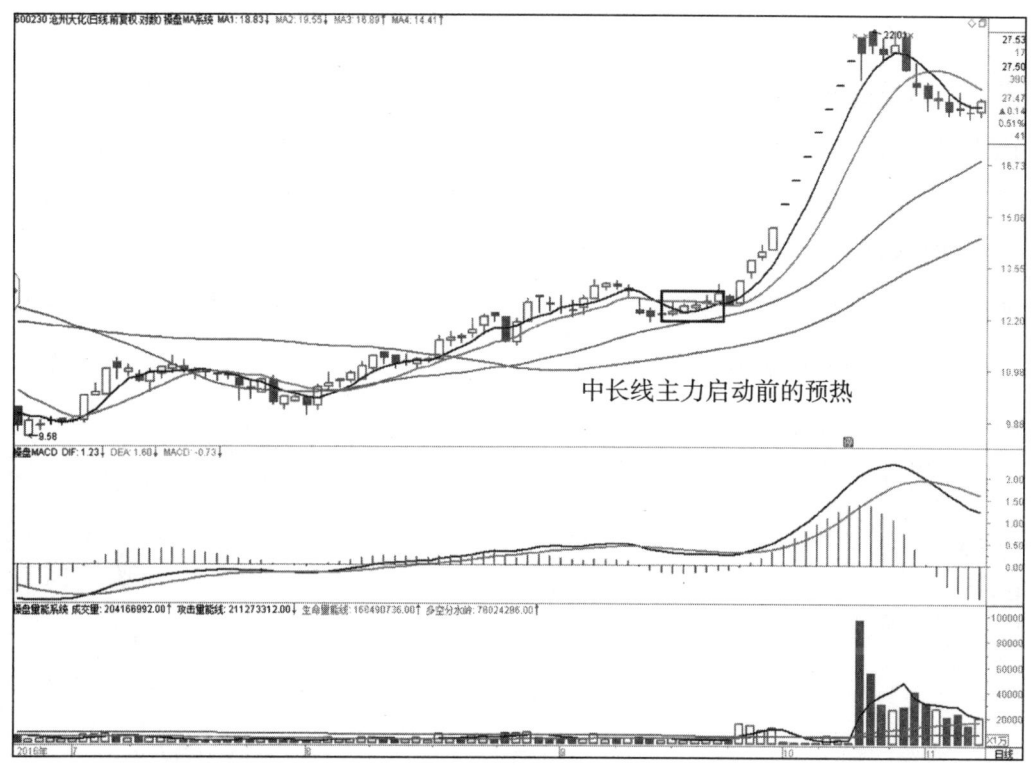

沧州大化（600230）2016年6月~2016年11月日K线走势图

5. 试　盘

就像做生意一样，在正式谈判之前一定会测试一下对方的意愿，看双方是否有达成一致的利益点，在满足自己需求的某个利益点的前提下，如果对方的意愿不是很强烈，就很难签成合同。拉升之前也需要这样的动作，主力资金需要测试市场各参与方在当下对股价是否一致看多，是否能够形成健康有效的跟风盘，只有在这样的前提下才能够保证后面主升行情的运行。

在主力操盘的八大步骤中我们强调，发生在充分建仓后且已经具备了启动上升趋势的各种条件后出现的标志性K线才是试盘。但是在主力资金整个运作股价过程中试盘行为出现的频率还是比较高的，因为主力资金必须保证每一次的重要决策市场是能够配合的。如果测试的结果是市场中还存在很多不稳定分子，主力就会不断调整自己的操作计划。

从上峰水泥启动前的走势中可以清晰地看到，在前高点的位置出现了几次标志性K线，这些K线都是主力做出来的，所以关注特殊位置出现的特殊K线就有着重要的意义。下图中第一根标志性K线出现后，股价小幅下跌，没有按照预期上涨，取而代之的是弱势横盘，也就是说之前出现的标志性K线并不是加速上涨初期的试盘K线，需要进一步观察股价的走势。直到图中第二次出现标志性K线，此时需要再次引起关注，如果前一次进场后止损离场，当标志性K线再次出现时一定要义无反顾地进场。

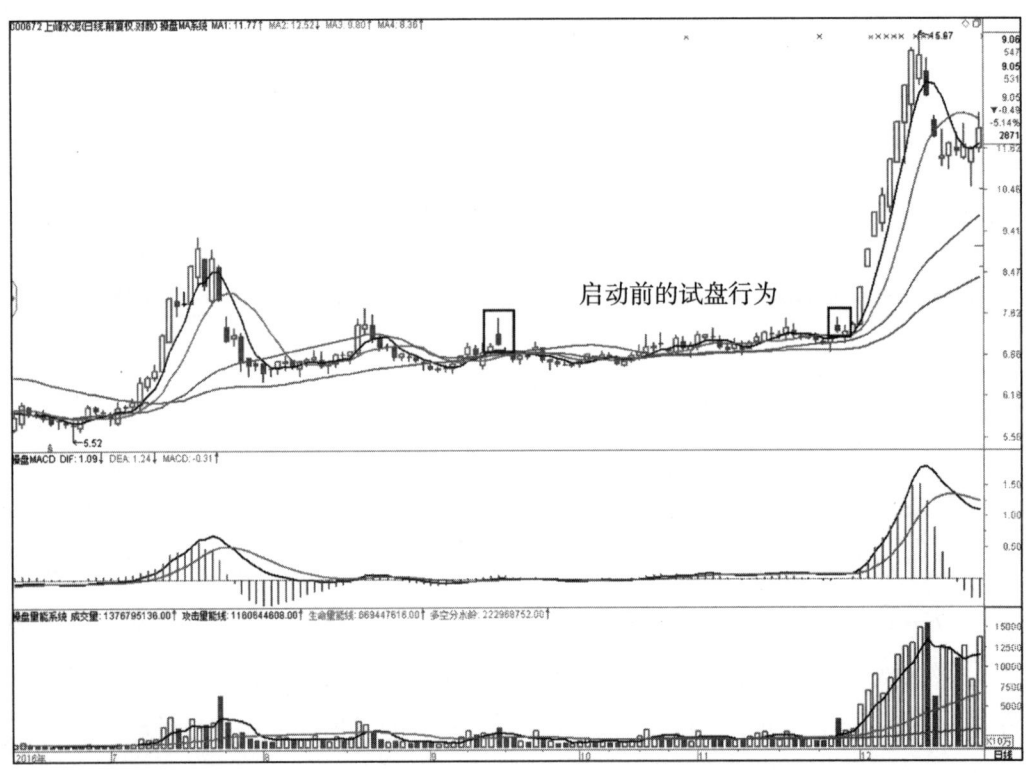

上峰水泥（000672）2016年6月~2016年12月日K线走势图

6. 拉 升

主升浪就是市场各方资金一致性看多的结果，越是强势的股票看多的一致性越强烈。此时也是利好消息释放的重要时间点，尤其是在拉升的初期需要基本面的配合来推动人气，但是待上涨末期出现利好就是主力资金在拉高出货，是在诱使散户进场站岗。利好的重要级别不同，需要出现利好的位置不同，都会对股价的走势造成不同的影响。

拉升是投资者翘首企盼的，但是每次当这个巨大的礼物降临时又没有足够的勇气将其全部纳入囊中。礼物刚开始发放就觉得是莫大的恩赐，很快心满意足地走出，最后回过头来却发现本来该骑上一匹大黑马，自己却在马蹄子刚开跑的时候就跑了。在拉升阶段，股价一定会以强势阳线的方式快速上涨，让投资者的持仓快速产生利润，但是投资者的心态也会随着利润的增长而变得浮躁甚至惶惶不可终日，持有获利20%的股票比持有亏损20%的股票难多了。

在雄安新区炒作期间，创业环保算是一只良心股，较那些天天一字板的雄安新区的枭雄们，创业环保给足了散户上车的机会。然而现实是有几位投资者在给机会时进场了，又有几位赚到了该强势股最肥美的一个波段？

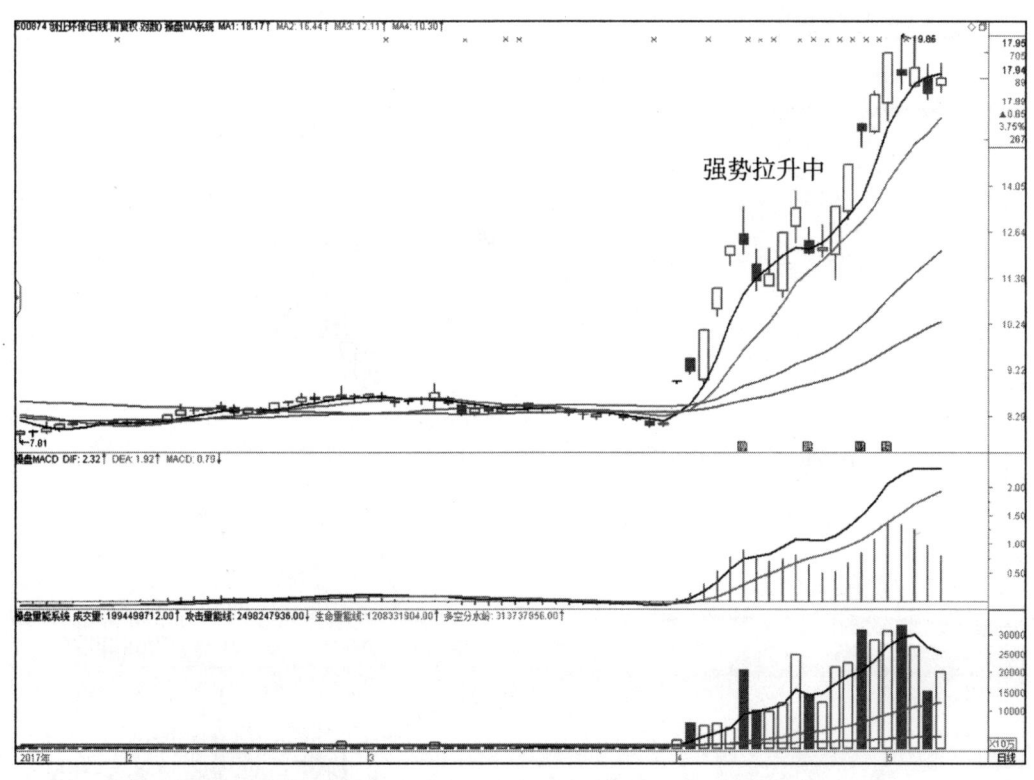

创业环保（600874）2017年1月~2017年5月日K线走势图

7. 洗　盘

此时的洗盘是典型的庄散博弈的过程，要比启动前的洗盘凶狠得多，尤其是强势股，主力非常清楚只有跌得凶才会让前期的获利盘出场，自己才能够筹划更大的行情。有的投资者觉得熬过了漫长的建仓期，好不容易进入到了主升阶段，应该是简单、快乐的收获季节。然而现实是在主升段可能不会让你大亏，但是却可以让你一次次在快速上涨前离场。判断洗盘和出货不是一件简单的事情，要综合多方面的因素判断。

拉升与洗盘是不可划分的，两者一定是相互交替进行的，市场中成熟的操盘手一般都会采用非常凶狠的洗盘手法来和投资者对抗。上海凤凰是非常经典的一只成熟主力操作、强势洗盘的大牛股。上海凤凰前期经过了长时间的横盘蓄势，很多对基本面有深度分析的投资者对上海凤凰也守望了很久，本下定决心在它身上狠狠赚一把，但不如意的是败在了洗盘上。从上海凤凰这个强势波段的启动点开始计算，到最高点有一倍的利润空间，然而即使在最低点进场的投资者最后赚到的收益也寥寥无几。

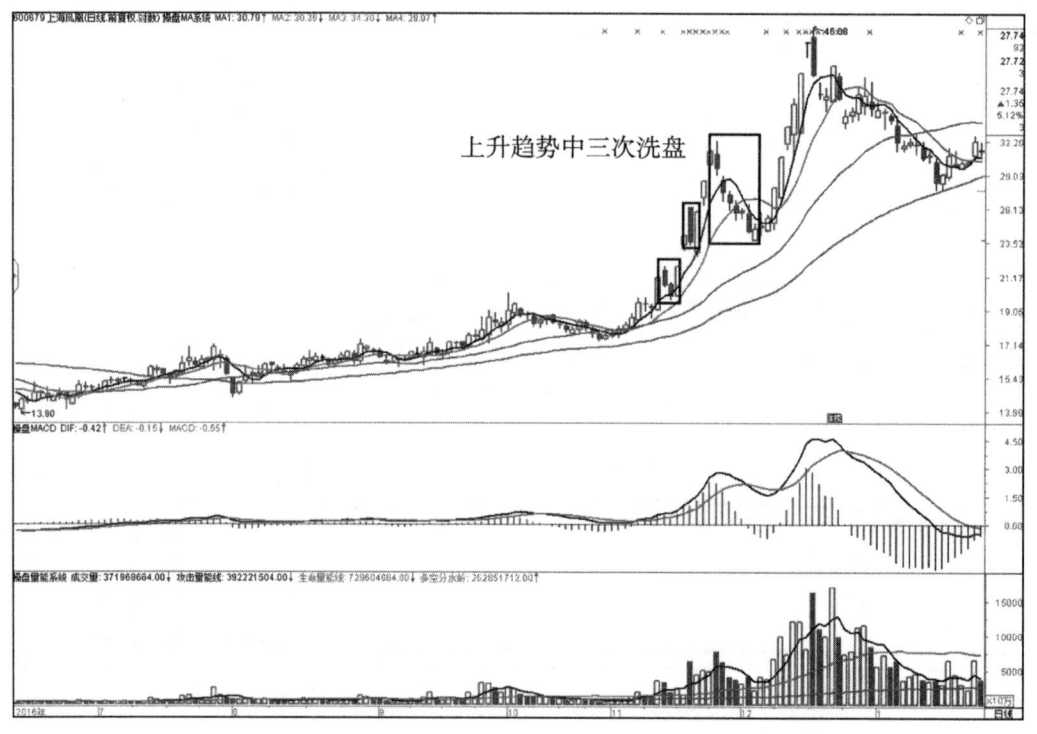

上海凤凰（600679）2016年6月~2017年1月日K线走势图

8. 出　货

大幅上涨后高位横盘的股票慎操作。股价不会永远跌，但是股价也不会永远涨，而且通常的现象是前期越是涨得凶的股票后期跌得越狠，市场有人性最真实的一面——墙倒众人推。市场在股票走势哪个阶段会出现利好或者利空不是一成不变的，否则股市中赚钱就不会那么难。市场的环境随时在变，同样的信息在不同的时间、不同的股票、不同的位置就会被解读出不同的结论，解读基本面一定要站在上市公司管理和主力运作的角度去思考。

在牛皮市中最大的风险就是在一个小波段的高位去站岗，本以为后期会走出更大的行情，但最后的事实却是主力资金没有那么大的梦想，已经选择了出货，结局就是散户被套在山冈上。虽然在理论上，任何行情下都会有大黑马，但是在熊市和牛皮市中出现大黑马的概率会很小，而散户此时能够抓住大黑马的概率可能和中500万彩票的概率相差无几，所以不可以为这渺茫的机会赌上过大的风险，最明智的选择是见好就收。徐家汇在下图的上涨波段时正好遇到上海国改概念热炒，在其龙头上海凤凰强势上涨后，投资者对第二龙头徐家汇也充满了期待。然而时过境迁，上海凤凰强势上涨过程中大盘还不存在系统性风险，等待徐家汇启动时大盘的系统性风险已经开始释放，主力资金上涨的概率很小。

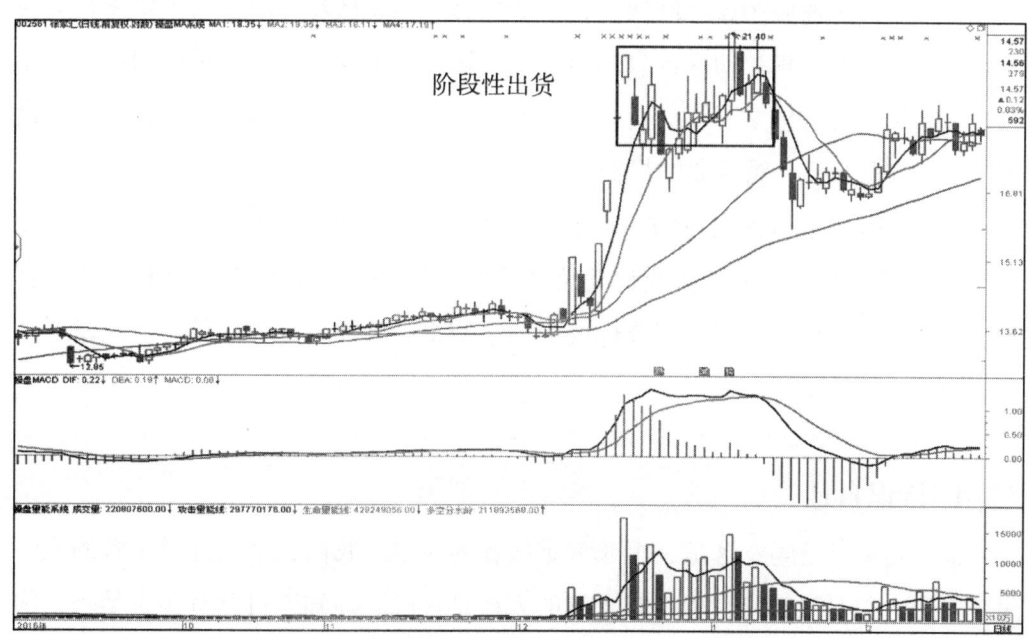

徐家汇（002561）2016年9月~2017年2月日K线走势图

> **! 特别提示**
>
> 主力思维是江氏交易天机能够在市场中应对牛熊的核心思想，也是每一位投资者都需要修炼的能力。顺应趋势、资金为王是股票投资的精髓，所有基本面信息都是为趋势的延续和转折服务的，而趋势延续和转折的有效性是需要资金来佐证的。

第三节　提高非投资类的修养

勤奋的投资者花费一年的时间就可以完成对证券市场中主流技术理论的深度学习，后期就会进入不断实战和总结阶段。这个阶段持续的时间根据每位投资者的交易风格和投入时间的不同相差较大，在这个阶段还是要不断学习，并且学习的范围要开始放大，要涉及心理学、社会学、哲学甚至量子物理等，但是也会根据每个人的爱好有所不同，像笔者更偏向心理学，而笔者的助理更偏向国学，学习的目的是为了能够站在不同角度去洞察市场。当然这是对想在这个市场有更高造诣的投资者的要求，如果你只是想学一些让你在市场中能有所斩获的技术，江氏交易天机就足够你学习了。所以，本节是为愿意在这个市场中修行，愿意在这个市场中成就自己一番事业的投资者准备的。

顶级的操盘手每天关注的一定不是均线的金叉和量价的背离，而是能够从K线图背后和图形之外去分析股价变化的原因，这种能力的形成需要我们熟悉自己、通达人性、格局高远。想修炼成为顶级的交易大师一定要注重自己在以下几个方面的提升。

1. 认识自己

你了解你自己吗？这是一个非常难回答的问题。我们通常认为最了解的人莫过于自己，但是又经常发现最难了解的人还是自己。你知道自己有多贪婪吗？你知道自己能承受多大损失吗？你知道自己在下一次该止损的时候一定会离场吗？

对这些问题你可能会很快给出答案，但是实际发生时自己很可能做出相反的行动。

现在有很多心灵的课程包括佛教的禅修，都会教我们一些让人静心、提高执行能力的方法。笔者的学员曾问，你在股票上的造诣完全可以让你的事业如日中天，你怎么还经常到处去学习？随着年纪的增长、阅历的丰富，对人生、情感、梦想等的感悟都会发生变化，如果这种变化让自己对世界的认知发生了偏颇，就很难在证券市场继续前行，这也是很多在市场上名噪一时的"股神"销声匿迹的原因。

此外，更需要认清自己的性格和所适合的投资方式：短线、中线还是长线？解决了这个问题会减少很多交易时的烦恼。

2. 持之以恒

笔者当初跟在恩师的身边8年，是跟随恩师时间最久的一位学生，更多的学生在第二年或者第三年的时候选择离开。这8年的时间里，笔者几乎放弃了一切，全身心地投入到对股票市场的认知和学习中，已经数不清有多少个通宵在复盘，更数不清阅读了多少本国内外相关的书籍。对于想在这个市场上有所成就的投资者，熬夜学习的经历可能都有过，但是能够持之以恒的又有几位？我们更愿意关注"股神"台前的辉煌，却不曾问过他们背后付出过多少辛酸。台上十分钟，台下十年功。在证券市场修成正果远比台上的十分钟更为精彩，但是又有几位投资者愿意潜心修炼10年的基本功？

在持之以恒的道路上你注定是孤独的，因为在别人享受这个精彩的世界的时候你需要专注于股票，可能很少遇到志同道合的朋友，支持我们不断前行的可能只有一次又一次悟道时难忘的刹那。开始容易坚持难，能够有好创意的人很多，但是能够将它付诸实践的少之又少。在一次又一次的考验面前一往直前是非常难的，所以任何一个人的成功都不是偶然的，都不是简简单单的，证券市场也是一样。

3. 一专多能

曾经有人这么评价一名合格的投资专家，说其是集投资家、经济学家、哲学家、心理学家、数学家、政治家、军事家、企业家为一体的。看到这个说法真的非常欣慰，不是因为能有这么多的头衔，而是因为这充分肯定了一位合格投资专家付出的努力和在各个领域所达到的水平。对操盘手的要求也是这样的，阅读不能限于财经相关的专业书籍，涉猎的范围必须广泛，但是这个前提一定是在自己的主线不能丢失的前提下，否则就容易丢了西瓜捡了芝麻。

第四节　形成交易模型

在《趋势为王》一书中，笔者强调了交易模型的重要性，要求投资者最后一定要达到"计划你的交易、交易你的计划"的状态，也就是"机器交易"状态，只有这样才是真正地跟随市场的根本结构来进行交易，而不是按照自己的意愿进行交易。无论股价怎么运行都没有错，市场都没有错，错的只有我们自己，所以只有在市场面前谦卑地低下头，踏着它的旋律和它共舞才是能够实现盈利的最重要的原因。

制定交易模型很简单，但是制定一个完善的可以应对市场各种变化的交易模型却不是那么容易，这是需要对市场不同状态的结构深入了解后才能够实现的，否则盈利出现一段时间后就会被全部回撤掉。

完善交易模型这件事情是贯穿于我们整个学习过程中的，随着知识的积累以及对市场认知的加深，我们会不断优化交易模型，这是在证券市场中修行的一个阶段性目标，一旦交易模型成型，离稳健盈利就越来越近。

后文的交易计划表格为大家逐渐完善自己的交易模型提供了一个方向，投资者根据自己的交易模式进行调整，会逐渐形成一套属于自己的交易模型和交易计划。

****年**月**日交易总结　　股票名称：****　　　　股票代码：******

总体环境	□9分以上　□7~9分　□6~7分　□4~6分　□4分以下			
行情机会	□一级行情 □二级行情 □三级行情 □四级行情	下单周期	□60分钟 □15分钟 □5分钟	
建仓形态	□黏打磨　□空中加油　□拉高建仓　□拉高打压建仓　□茶杯口　□圆弧底　□其他			
主力操盘阶段	□建仓 □打压 □冰冻 □预热 □试盘 □拉升 □洗盘 □出货			
买入理由		波浪	均线	量能	K线	MACD
	大周期					
	主周期					
	小周期					
止损条件	□固定止损_____ □移动止损条件　1._____ 2._____ 3._____			
止盈条件	□固定止盈_____ □移动止盈条件　1._____ 2._____ 3._____			

格局驿站

当你具有赚钱的能力时，做好当下的事情，财富自然就来。如果你是把赚多少钱作为你的终极目标，可能不需要花太多的时间就会实现，但是实现后会发现自己进入了一个新的迷茫区：没有目标了。交易也是如此，真正的交易大师一定不是规定自己每周赚多少钱的人，而是真正地感知市场的变化顺势而为的人。

股市120

2016年12月15日，深圳的黄先生询问：我是一位有近10年股龄的老股民，认真拜读了江海老师出版的3本书，感触最深的就是主力思维和交易模型，想咨询的是交易模型该怎么构建和完善？这也是我这些年在不断思考的东西，但是总颠覆原有认识，目前又回到了原点，望指点！

【回答】

一套完善的交易模型是需要不断打磨的，就像是一块美玉，必须经过持续雕琢才会形成价值连城的工艺品。交易模型形成的过程也是不断学习的过程，技术面、基本面、主力思维等多个方面的，学习会让我们的交易模型越来越强大，直到可以应对市场的各种变化。

初期的交易模型会很简单，比如根据4根均线形态就可以制定自己的交易模型，但是随着知识的增加和实盘交易经验的丰富，会发觉之前的简单交易模型不再适用于市场，要制定的交易模型会越来越复杂，也会越来越强大。

交易模型1.0版本

进场条件

条件1：5日均线和10日均线在生命线上方金叉，买入30%的仓位；

条件2：回调到30日均线得到支撑，加仓30%。

出场条件

条件1：盈利10%，平仓一半；

条件2：15分钟走势上走出下降趋势，清仓。

上面的交易模型看起来非常简单，但是当这样清晰的标准出来时就说明我们的交易正在逐渐趋向理性，后期需要逐渐完善的是如何更有效地判断行情的上涨进而提高成功率，培养恰当的仓位管理能力保障收益曲线稳健上扬。

交易模型2.0版本

大盘条件

大盘指数30分钟走势上还处于上升趋势中，且在日线上没有重要均价线的压制。

基础条件

前期经过充分下跌坐底后，股价已经在60日均线上方，且60日均线走平或拐头向上。

进场条件

条件1：经过短暂调整后，大阳线带动5日均线和10日均线在生命线上方金叉，买入30%的仓位；

条件2：回调到30日均线得到支撑且不跌破条件1中大阳线的开盘价，加仓30%。

出场条件

条件1：盈利15%，平仓一半；

条件2：15分钟走势上出现五浪背离且量价不健康或者走出下降趋势，清仓。

在第一个版本的基础上添加大盘环境的要素以明确当下的基本投资环境，将大盘看作父亲，板块指数看作母亲，是江氏交易天机一直在提倡的看盘模式，尤其在做强势股时只有"父亲"和"母亲"全都健康的前提下才会催生大牛股。

此外，在2.0版本中会加入一些细节，比如带动两根均线金叉的K线形态，随着学习内容的深入，为了更有效地提高准确率，对该K线的分时走势也要有要求，甚至对该K线之前几天K线的走势都要有明确的要求。1.0版本也是一个模型，是完全能够指导交易的，但是准确率非常低，所以需要不断地完善。

交易模型3.0版本

大盘条件

大盘指数30分钟走势上还处于上升趋势中,且在日线上没有重要均价线的压制。

板块条件

个股所在的行业或者热点板块有集团性资金流入,个股走出和板块指数一致或者强于板块指数的走势。

基础条件

前期经过充分下跌坐底后,股价已经在60日均线上方,且60日均线走平或拐头向上。个股不存在ST风险,如果是亏损股至少当下有亏转盈的预期,公司的主营业务在同行中有竞争优势。如果当天追涨进场,要求其板块涨幅排名前三位。

进场条件

条件1:经过短暂调整后大阳线带动5日均线和10日均线在生命线上方金叉,买入30%的仓位;

条件2:回调到30日均线得到支撑且不跌破条件1中大阳线的开盘价,加仓30%。

出场条件

条件1:盈利15%,平仓一半;

条件2:15分钟走势上出现五浪背离且量价不健康或者走出下降趋势,清仓。

在2.0版本的基础上加入了个股基本面的要求,即使我们操作的是投资性投机,但是也要保证我们的投资标的没有宏观上的大风险,否则即使技术形态再漂亮,一旦基本面有重大利空释放就会面临大幅下杀。

思考题

1. 我为什么选择证券投资?
2. 我为证券投资这个选择做出了哪些努力?
3. 我的德行是否能够承载这个市场如滔滔洪水般的财富?
4. 我还需要培养自己哪些方面的素质?
5. 如何培养自己的主力思维能力?

第三章
谁引爆牛熊

A股至今27岁,还非常年轻,但是短暂的27年却是由无数股民的辛酸血泪写成的,然而每一次牛熊的轮动都伴随着市场内在结构的变化,发生在特定的历史时期。历史会重演但是不会简单重复,每一次研究历史都可以让我们更好地应对未来。

第一节 A股的牛熊轮回

对于个人来说,27岁可谓风华正茂之年,是在职场打拼、事业将要有所突破的重要时间段。但是对于A股来说,27岁还处于婴孩期,只有经历各种风霜的洗礼才会日趋完善,即使某一天A股市场真正成熟还是没有办法打破"二八定律"。

下图是A股上证指数27年来的月线走势图,我们一起回顾每轮牛市和熊市发生的背景因素。

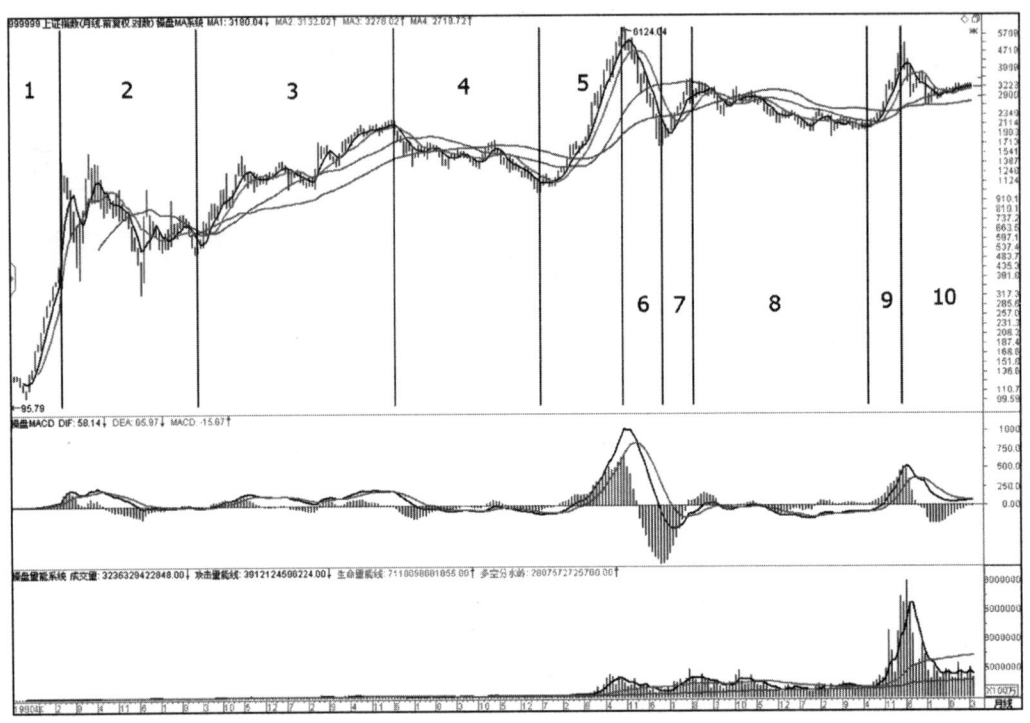

上证指数（999999）1990年12月~2017年4月月K线走势图

第一轮上涨周期：1991～1993年，100～1500点

世界格局开始发生变化，苏联解体，全球化政治壁垒有所打破，邓小平南方谈话，改革开放进入新阶段，强调和落实了发展社会主义市场经济的观点，国内掀起了一轮投资热潮。此时中央工作重点就是对内深化从计划经济到市场经济的改革，对外扩大开放。20世纪90年代初期中国已经解决了吃饭问题，进入逐渐提高国民生活水平的阶段，以家电为代表的耐用消费品市场被有效打开，也促使了国内家电企业的萌生和发展。

此时中国股票市场处于刚出生状态，面临着所有新生事物难以逃脱的质疑和排斥，所以首要目标是让其活跃起来，让中国人民知道股票这东西。当时上市的公司数量很少，上海仅有延中实业、真空电子、飞乐音响、爱使电子、申华电工、飞乐股份、豫园商场、凤凰化工，就是被大家俗称的"老八股"。但是，资源的稀缺性导致无论什么股票只要能买到就能上涨几倍甚至几十倍，在这种环境下，中国证券市场迎来了它漂亮的开门红。

第一轮下跌周期：1993~1996年，1500~500点

经过两年的快速上涨，国内经济出现明显过热和通胀现象，央行大幅回收流动性，严厉调控政策出台，同时开始加强对证券交易的监管工作，改善和整顿整改金融体系中的不足，A股市场进入了漫长的调整期，上证指数从1500点回落到500点，完成了对前一轮懵懂期非理性上涨的调整。其间，上证指数最低点达到过340点，作为强势下跌的A浪很容易形成最低点，后期股价继续下跌的C浪不时再创新低。

第二轮上涨周期：1996~2001年，500~2200点

克林顿任职时期美国实现了历史上少有的财政持续盈余，美国不再加印钞票，美元从1995年开始进入升值周期，国际商品价格下滑，全球流动性通缩出现，东南亚出现危机。我国经济形势恶化，增速明显下降，国有企业经营困难，许多企业破产、职工下岗，中国迫切需要新的改革机会。

1997年香港的顺利回归，国际关系改善，中央通过抓大放小、合并重组的方式实施国企改革，包括直接向国有企业注入资金，同时央行配合降准降息的货币政策来增加市场的流动性，在政策上为证券市场的发展做好了充分的准备和铺垫。再加上为了加入国际世贸组织，让全球市场为中国经济的发展注入新的血液，国家多方位扶持上市公司的发展，在此期间全球股市以科技股为代表持续走牛，A股前期的上涨还是离不开家电股的带动，后期才出现了重组股和科技股强势的行情。

第二轮下跌周期：2001~2005年，2200~1000点

2001年，美国科技股泡沫破裂，直接带动了全球股市走熊。也正是这轮科技股主演的牛熊市奠定了巴菲特股神的地位，上文有提到过巴菲特规避科技股投机行为的原因。美国的金融体系是世界经济的晴雨表，美国经济的大起大落会直接影响各个国家的经济情况，虽然随着各国经济的不断发展，美国经济晴雨表的作用开始逐渐减弱，但是在当前阶段其对世界经济的引导作用不可小看。在第二轮上涨周期中，美国维持紧缩的货币政策导致了严重的亚洲金融危机，当各国都意

识到这个问题后,美国开始改变了紧缩的货币政策。在此期间美国开始导演反恐战争,赤字大幅增加,又大量印刷钞票导致美元贬值,全球进入了通货膨胀的循环中。

第三轮上涨周期:2005年6月～2007年10月,1000～6000点

2005年,美国经济开始复苏,印刷钞票的频率和数量减少,2005年2月至2007年8月美元基本没有再贬值。各国更注重经济的发展,资本全球化进程得到高度发展,促进了全球资金的全面流动。

经过了改革开放的经济复苏期,直到进入了2000年之后,中国才正式迈入了加速工业化进程阶段,钢铁产量在10年的时间实现了从1.5亿吨到7亿吨的增长,新一轮投资热潮开始,企业效益飞速增长。在2001年加入国际世贸组织后,国际市场向中国打开大门,出口迅猛增长,贸易顺差大幅增加,外汇储备疯狂增长。该轮上涨还伴随着一个资本市场的重大变化:房地产快速发展,一线城市房价开启了快速上涨模式。在经济形势大好的环境下催生的牛市,伴随着能源类股票的健康上涨,其也是该轮上涨的主力军。

第三轮下跌周期:2007年10月～2008年11月,6000～1700点

2007年,从美国开始的严重次贷危机波及全世界,最后蔓延成为世界性的金融危机。2007年8月起,美国连续10次降息,再度大幅印刷钞票,导致美元大幅贬值,许多国家的经济都出现了严重的衰退。虽然已过了10年有余,但是2007年的金融危机还言犹在耳,我们这代人没有经历过战争,可是此次金融海啸对各国的影响绝不亚于一场战争。

第四轮上涨周期:2008年11月～2010年10月,1700～3100点

金融危机让全球的股市苦不堪言,各国开始奋力印钱救市。2008年11月,美国停止印刷钞票,而其他国家不得不持续发行货币,这就导致了美元持续升值。停止印刷钞票后,美国采取了由国家出钱为资本市场提供担保的半干预方式,以稳定市场。我国政府为应对金融危机,实施了4万亿的救市计划,同时央行降准降息释放流动性,中央工作重点转为不断扩大投资拉动经济,推动新能源和节

能减排。在此期间，A股证券市场不断进行体系的改善，设立了创业板和股指期货，为企业上市降低了门槛，为金融投资和资产配置提供了更多衍生工具。

第四轮下跌周期：2011～2013年，3100～1900点

美国从2010年10月开始再度大量发行货币，美元开始再度贬值。国内通胀加剧，从2010年开始央行持续加息提准回收流动性。前期上涨趋势较强的港地产开始降温，工业化加速期进入尾声，钢铁产量增速大幅降低，国内过剩产能出现，资源性产品需求降低，实体经济的发展面临重重瓶颈。

第五轮上涨周期：2014～2015年，1900～5178点

在实体经济发展步履维艰的背景下，2014年启动的上涨行情主要是在资金层面比较宽松和金额制度不断完善的利好刺激下走出来的。第五轮的上涨不能称之为牛市，因为它不满足牛市发生时实体经济的背景环境，只是长期下跌坐底后市场环境相对宽松时造就的一波上涨行情，但是由于监管不到位导致杠杆催生了严重的泡沫，于是出现了该轮行情的暴涨暴跌，用最简单粗暴的方式完成了对投资者教育的工作。

第五轮下跌周期：2015～2017年，5178～2638点

杠杆撬动了第五轮的疯狂上涨，当泡沫被戳穿时必然要面临快速下跌，2015年，是A股股民十分难忘的，这一年见识到了别国股民一辈子都见不到的事情——千股涨停、千股跌停、千股停牌。还有更为奇葩的就是2016年的熔断行情，很多证券公司的员工调侃，9:30到公司打卡，9:45下班回家。这是我们在发展中证券市场所必须经历的，充满风险但是也蕴藏无数的机会，这对参与市场的投资者们有着更高的要求。

2016年，股市全年低位横盘，但是不乏持续炒作的热点，虽然2015年和2016年被称之为实体经济的寒冬，而且很多经济学家对2017年的整体经济状况依然不看好，但是可以确定的是，目前已经在L型走势的底部，离黎明的到来已经不远，所以无论是在之前出版的书籍中还是在课堂上笔者都强调，未来5年A股必然会有一轮更大的牛市。

第二节　货币政策和财政政策

上节回顾了A股10次风起云涌的动因，也是对历史牛熊动因的总结。本节将要详细展开的是国家在调节证券市场过程中采取的两大政策：货币政策和财政政策。在宏观经济学中有对货币政策和财政政策进行详细讲解，如果读者感兴趣可查阅相关的书籍，在本书中只要求读者牢记两种政策的传导机制和对市场的最终作用结果就可以了。

货币政策传导机制

宽松性货币政策：降低利率或者发行货币→市场流动资金增多→可用于消费和投资的资金增多→投资者投入到证券市场的现金增多；

紧缩性货币政策：提高利率→市场流动资金减少→可用于消费和投资的资金减少→投资者投入到证券市场的现金减少。

财政政策传导机制

宽松性财政政策：扩大财政支出→提高国民总需求→提高国民收入→可用于消费和投资的资金增多→投资者投入到证券市场的现金增多，减免税收可以直接提高国民收入；

紧缩性财政政策：减少财政支出→减少国民总需求→减少国民收入→可用于消费和投资的资金减少→投资者投入到证券市场的现金减少，提增税收可以直接减少国民收入。

在上文中多次提到央行控制利息和存款准备金率，这属于典型的货币政策，可以直接调节参与证券市场的资金量。当国家采取宽松性货币政策时，就会降低利息和存款准备金率，使流通的资金增加，可参与到证券市场的资金也就增加，对于证券市场就是利好；当国家采取紧缩性货币政策时，就会提高利息和存款准备金率，使流通的资金减少，可参与到证券市场的资金也就减少，对于证券市场就是利空。

回忆起2016年1月的熔断下跌行情仍然心有余悸,这一轮下跌对股民造成的损失几乎超过了前两轮"股灾"的总和,想以跌停板的价格逃跑都没有机会。市场空头氛围萎靡至极,半年的时间已经跌去前一轮上涨的一半,加上实体经济比较悲观的背景,如果再不出台适当的宽松性政策,上证指数可能再创新低。所以2016年2月29日晚,中国人民银行发布下调存款准备金率的公告,提高资金的流动性,在该利好的刺激下,A股确认了30分钟走势的小双底,展开了一轮反弹行情。

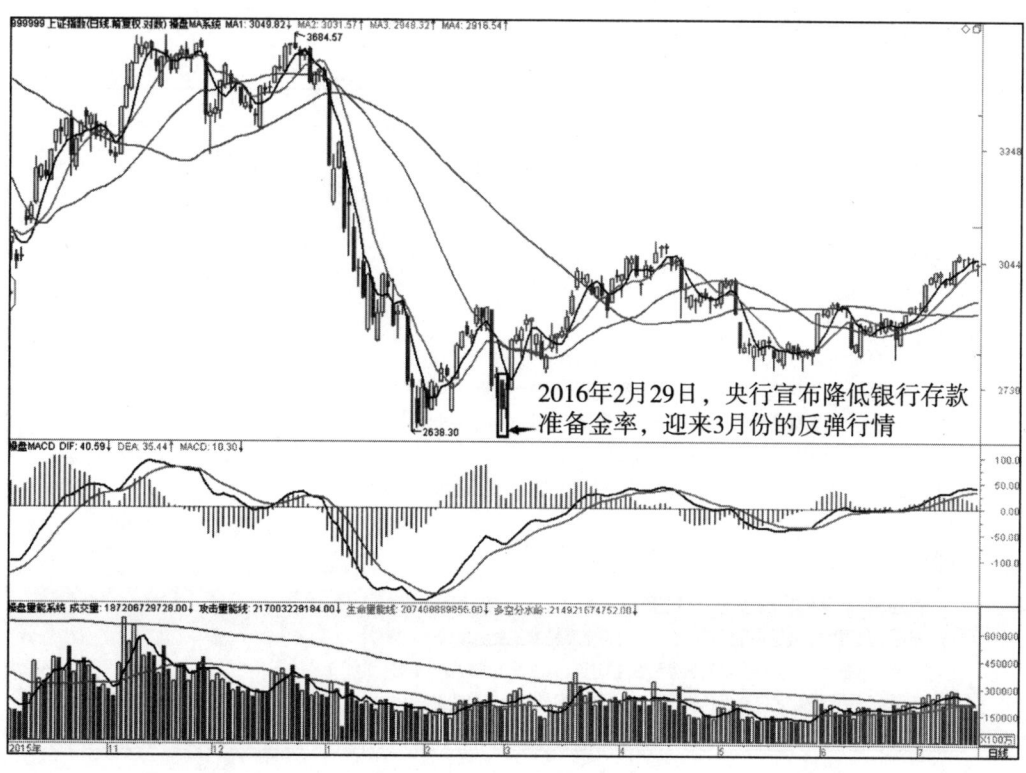

上证指数(999999)2015年10月~2016年7月日K线走势图

从中国人民银行官方网站上查到的信息中可以看到，中国人民银行在2015年6月、8月、10月各发布过一次降息公告，在2016年2月发布过一次降准公告，之后就没有提高市场流动性的信息了。其实，降准降息是人民银行最直接的调整市场资金流动性的政策，近年来尤其是2016年以来对逆回购利率的调控也起到了对市场流动性调节的作用，较降准降息更隐蔽，更要求具有专业的市场知识。

存款准备金

存款准备金政策与制度
您好，暂时还没有数据…

人民币存款准备金
中国人民银行决定进一步完善平均法考核存款准备金 2016-06-03
中国人民银行决定下调存款准备金率 2016-02-29
中国人民银行决定对境外金融机构境内存放执行正常存款准备金率 2016-01-18
央行有关负责人就降息降准以及放开存款利率上限答记者问 2015-10-23

利率政策

利率水平

利率政策介绍
央行有关负责人就降息降准以及放开存款利率上限进一步答记者问 2015-10-26
央行有关负责人就降息降准以及放开存款利率上限答记者问 2015-10-23
央行有关负责人就出台降息降准等措施答记者问 2015-08-25
央行有关负责人就定向降准并结合 下调存款基准利率答记者问 2015-06-28

利率政策发布
央行有关负责人就降息降准以及放开存款利率上限答记者问 2015-10-23
中国人民银行决定下调存贷款基准利率并降低存款准备金率 2015-10-23
中国人民银行决定下调存贷款基准利率并降低存款准备金率 2015-08-25
中国人民银行决定定向降低存款准备金率 并下调贷款和存款基准利率 2015-06-28

财政政策是指为促进就业水平提高,减缓经济波动,防止通货膨胀,实现稳定增长而对政府财政支出、税收和借债水平所进行的选择,或对政府财政收入和支出水平所做的决策。有的财政政策是直接作用在实体经济中,通过几番周折后才会作用到证券市场,有的可以直接作用证券市场。

2008年,全球金融海啸越演越烈,全球股市集体下跌,各国均想尽一切办法救市护盘,然而在惨烈的下降趋势形成后,政策干预很难形成规模性多头效应,可能不过是在市场中掀起多头的小浪,但是很快就会被飓风般的空头行情继续吞没。调节税收是财政政策的一种,如果降低的是所得税,则可以增加人民的可支配收入,就会增加可以用于投资的资金,属于利好消息。调节证券市场的印花税,虽然也是调控税收,但鉴于这是针对证券市场进行调节的特有行为,并不是财政政策的一种。

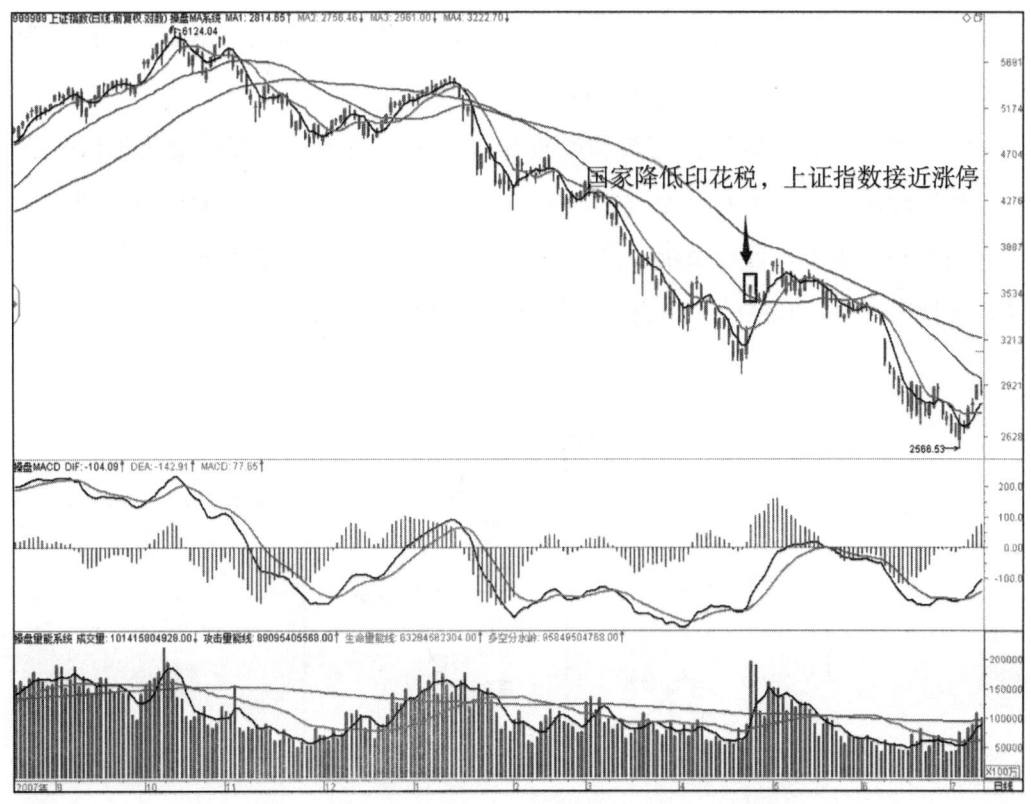

上证指数（999999）2007年8月~2008年7月日K线走势图

> **! 特别提示**
>
> 无论是货币政策还是财政政策,政策持续性利好的时间是决定能催生多大行情的根本要素;同证券市场趋势方向相反的政策只会影响到日常运动,都是诱多或者诱空的;同证券市场趋势方向相同的政策才会影响到次级运动或者基本运动,才有操作的空间。

第三节 美林投资时钟

美林时钟是美国投行美林证券提出的一个根据证券市场牛熊的变化进行长期资产配置的理论,对国内外投行的投资行为起到了重要的作用。想在市场中应对牛熊的投资者,必须要知道美林时钟的经济传导机制,因为它会帮助我们提前预判该如何进行资产分配、确定投资的方向。

整个美林时钟是以经济增长和通货膨胀两个宏观指标的涨跌变化进行分析的,根据经济的增长主要分为四个时期:衰退期、复苏期、过热期和滞胀期,不同时期的物价水平、证券市场、债券市场、大宗商品、利率会形成一定的变化关系,这种内在的、必然的关系就是寻找投资机会的切入点。

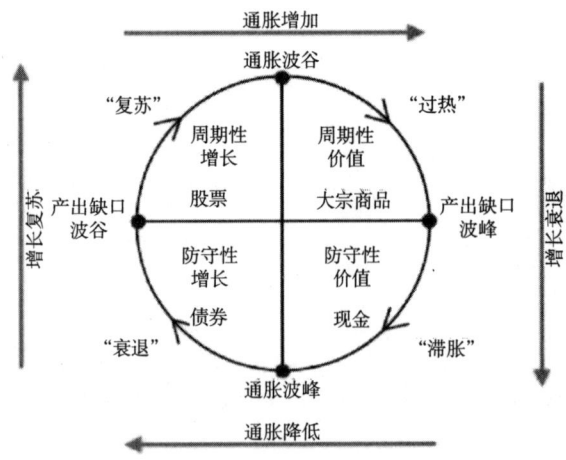

衰退期：前期经过了物价水平的大幅提高，市场购买力开始下降，经济增长停滞。企业产能过剩，原材料价格开始下跌，通胀率开始下降，企业利润越来越低，人民银行降低短期利率以刺激经济恢复到可持续增长路径。这个时期债券是最佳选择。

复苏期：宽松的货币政策起了作用，GDP增长率开始上升，然而通胀率继续下降，因为过剩的生产能力还未耗尽，企业盈利大幅上升，债券的收益率仍处于低位，但是人民银行仍保持宽松政策。这个阶段是股权投资者的"黄金时期"，股票是最佳选择。

过热期：企业生产能力增长减慢，开始面临产能约束，通胀再次抬头。人民银行开始转变宽松性货币政策为紧缩性货币政策：加息，以求将经济再次拉回到可持续增长的路径上来。收益率曲线上行并变得平缓，债券的表现非常糟糕，股票的投资回报率取决于强劲的利润增长，大宗商品成为投资的最佳选择。

滞胀期：GDP的增长开始下降，但通胀却继续上升。市场需求减少，产量下滑，企业为了保持盈利而提高产品价格，导致工资和价格交替螺旋式上涨。只有失业率的大幅上升才能打破僵局。等通胀过了顶峰，人民银行才能有所作为，这就限制了债券市场的回暖步伐。企业的盈利恶化，股票表现非常糟糕，此时持有现金是最佳选择。

四个时期的轮回在西方宏观经济学中有着不可小视的作用。作为一种可以预期市场变换的理论，对决策制定、调整财务政策和货币政策非常重要。随着我国经济市场化的深入，西方宏观经济学对我国经济发展的指导作用也越来越强大。

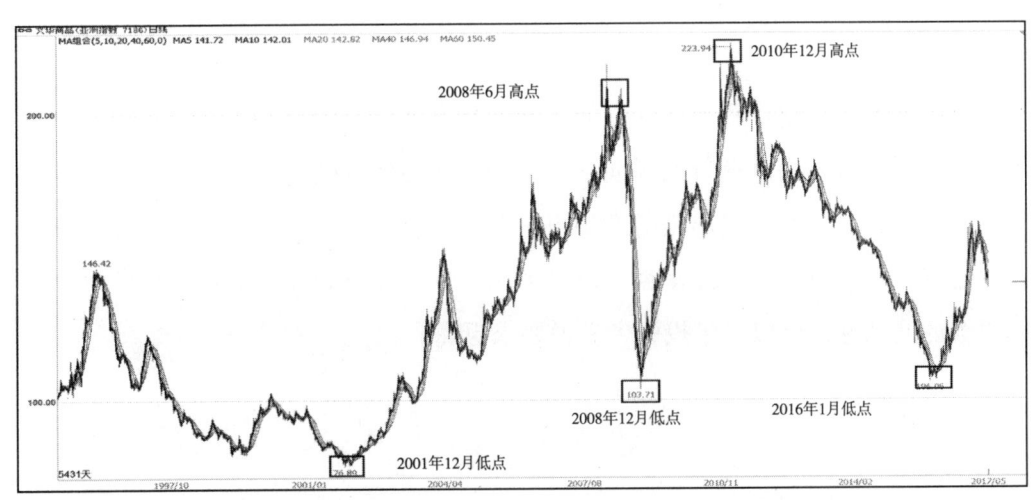

文华商品期货指数1994年10月~2017年5月日K线走势图

上图是国内商品期货指数的走势。从2001年国内开始进入了以石油为代表的商品大牛市，2008年6月受全球金融海啸的影响滞后于证券市场暴跌，半年的时间指数腰斩，在2008年12月见底后又展开了快速上涨。期货行情的变化与股票是有所差异的，不能按照《趋势为王》中介绍的结构进行分析。强势上涨创下新高后，商品期货开启了漫长的熊市，直到2016年1月。

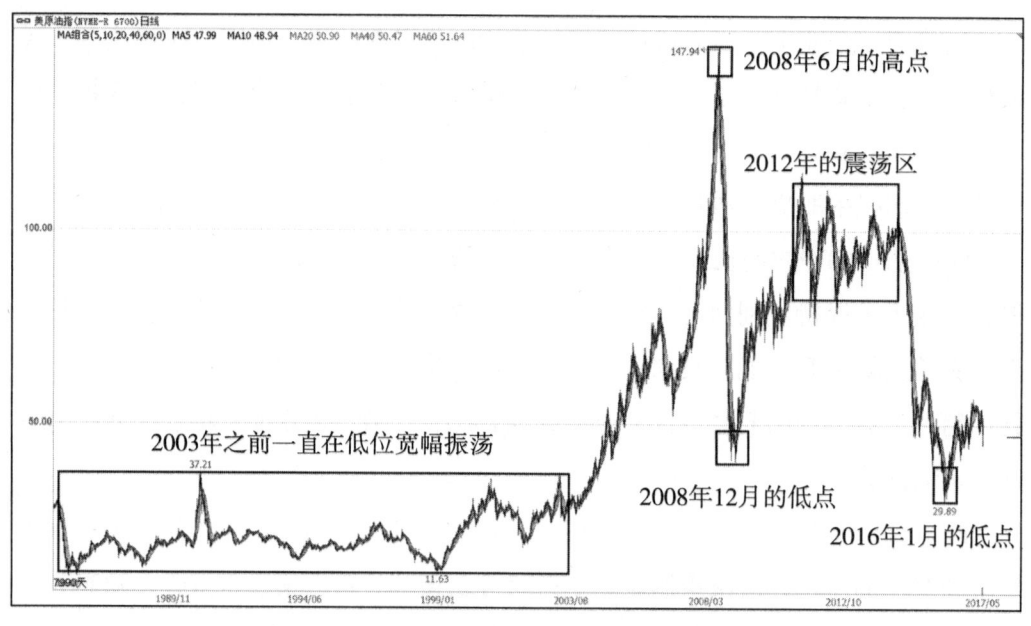

美原油指1985年9月~2017年5月日K线走势图

对比国内商品期货和美原油指的指数不难发现，两者有非常大的相关性，原油的走势是全世界商品期货的风向标，也是实体经济的晴雨表，对于研判经济发展的健康与否、是否会走出强势的牛市有着至关重要的作用。然而，原油的特殊属性使其必然会有较大的波动性，国内商品期货市场还处在发展期，自然也会面临更大的波动性，所以对于投资者来说要求更高。

第四节　融资融券余额

A股市场从2010年3月引入融资融券机制，历时7年的时间。融资融券又被称为证券信用交易，是指投资者向具有融资融券业务资格的证券公司提供担保物，借入资金买入证券（融资交易）或借入证券并卖出（融券交易）的行为。

融资融券在短期上有明显活跃市场交易的功能，会加大市场的波动幅度，助长助跌，产生剧烈的投机。但是，从长期上看，它不会影响价格的趋势。也就是说，融资融券余额的变化在短期内有加强资金的推动作用，能直接影响短期的日常运动，但是无法改变次级运动和基本运动的趋势的。2015年牛市最后的疯狂就是场外杠杆资金撬动的，参与者失去理性，原本存量的资金迅速被放大，股市的泡沫越吹越大，一旦被捅破必然会面临快速的下跌。

融资余额是指投资者每日融资买进与归还借款间的差额的累积。融资余额增加，表示市场趋向买方；反之则趋向卖方。融券余额是指投资者每日融券卖出与归还融券间的差额的累积。融券余额增加，表示市场趋向卖方，反之则趋向买方。所以，为了使融资融券余额更方便指导交易，投资者更关注融资融券余额净值，也就是用融资余额减掉融券余额。

将每日融资融券余额净值连成曲线，如下图，它会形成一个个上涨和下跌波段的循环，而且值得注意的是，每个波段的上涨和下跌也刚好对应指数的上涨和下跌。非常明显的是，上证指数在2016年11月29日3301的高点时，融资融券余额净值也出现了波段高点，之后上证指数和融资融券余额净值双双跌破上升趋势线，此时可以更加肯定前期上涨波段结束。

2017年4月初，受到雄安新区概念的热炒，上证指数创了短期新高，但是并没有突破前期3301的高点，最明显的是融资融券余额净值也没有突破前期的高点，且相差的距离更远，所以再次验证了融资融券余额净值对波段高点的佐证作用。

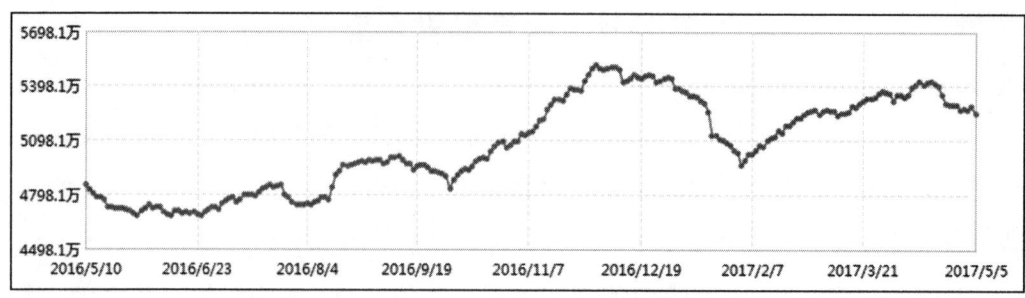

上海融资融券余额净值2016年5月~2017年5月日走势图

上证指数（999999）2016年5月~2017年5月日K线走势图

深圳的融资融券余额净值对深证成指的影响也是一样的，在大小波段的见顶位置都会同融资融券余额净值相对应，这就为我们提高研判大盘指数短期走势的准确率提供了更大的支持。

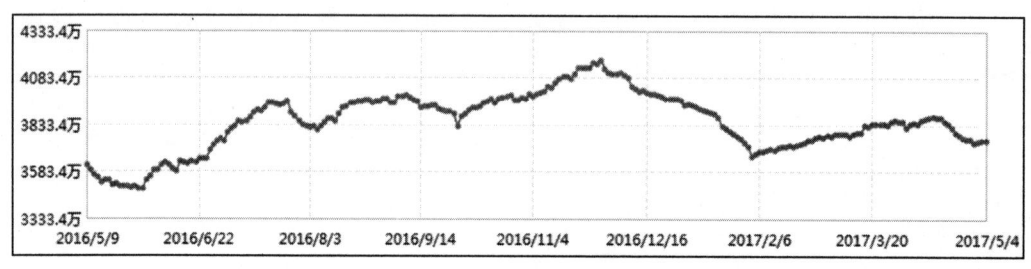

深圳融资融券余额净值2016年5月~2017年5月日K线走势图

深证成指（399001）2016年5月~2017年5月日K线走势图

第五节　沪港通和深港通

沪港通和深港通的开放为A股股民提供了更多投资机会。鉴于对投资者的保护原则，通过港股通渠道可以操作的港股均是经营情况良好的优质公司，避免了A股股民不适应港股市场导致一不小心踩上"仙股"的骗局。

> **特别提示**

1. 沪股通的投资标的范围是上交所上证180指数、上证380指数成分股以及在上交所上市的A+H股股票。

2. 沪港通下的港股通的投资标的范围是香港联合交易所恒生综合大型股指数、恒生综合中型股指数的成分股和同时在香港联合交易所、上海证券交易所上市的A+H股股票。

3. 深股通的股票范围是市值60亿元人民币及以上的深证成分指数和深证中小创新指数的成分股，以及深圳证券交易所上市的A+H股公司股票。与沪股通标的偏重大型蓝筹股相比，深股通的标的充分展现了深圳证券交易所新兴行业集中、成长特征鲜明的市场特色。

4. 深港通下港股通的股票范围是恒生综合大型股指数、恒生综合中型股指数的成分股和市值50亿元港币及以上的恒生综合小型股指数的成分股，以及香港联合交易所上市的A+H股公司股票。

香港的证券市场相对A股市场更加成熟,更偏向于价值投资,很多标的是适合中长线持有等待分红的,这就和A股的投机获利模式有所区别,许多A股股民只有在被套的情况下才会坚定长期持有。

AH联动

很多国内优质的蓝筹股会选择同时在香港上市,同一家公司的股价在不同市场上的走势有差异,其间很容易形成利差。在自然交易情况下,两者很难形成明显的利差,但是一旦市场出现刺激作用很强的利好或者利空,两个市场人气上的差异就会导致不同市场相同公司在股价走势上的差异。比如说万科在香港新的房地产项目引起了万科H的上涨后,万科A还在低位横盘状态,这就会为后期提供较好的套利机会。

在导读中提到的金隅股份,因为A股清明节放假没有与H股同时上涨,但是对技术形态研究深入的投资者会发现,前期金隅股份A股还在走横盘的走势时,金隅股份H股已经启动了上升趋势,尤其对于除权后的股票,H股形成了上升趋势后基本预示该股会走出填权行情。

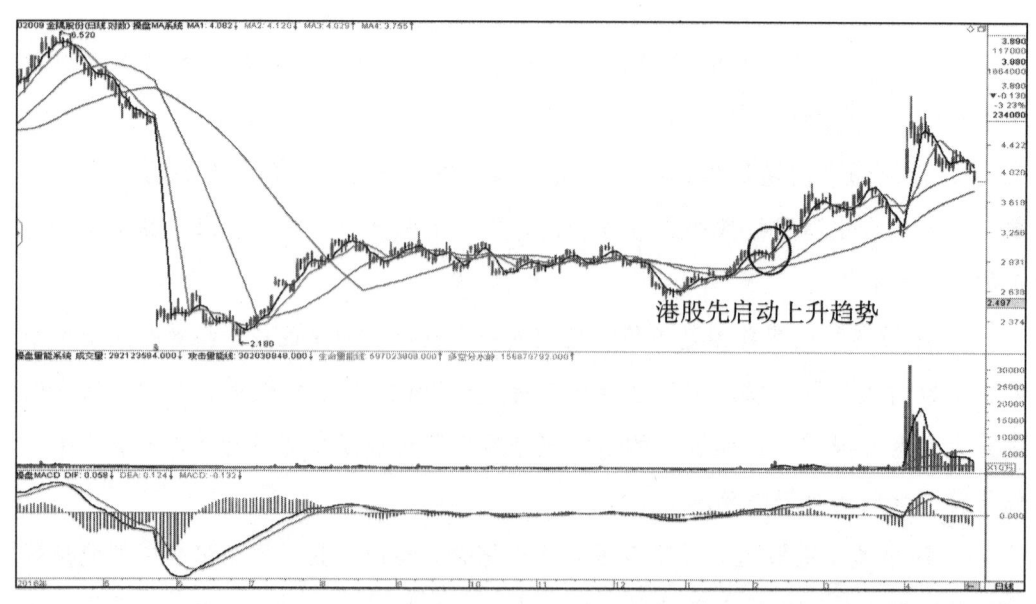

金隅股份(02009)港股2016年4月~2017年5月日K线走势图

从金隅股份港股的走势图中可以看出，除权后股价走出重心不断抬高的走势。港股走势图中圈中的点位开始，股票确认上升趋势，第一目标位就是填权。此时，金隅股份A股经过了长时间的低位整理，也走出了低点不断抬高的走势，但是上涨空间明显弱于H股。清明节假期期间，雄安新区概念出现，港股快速完成了填权行情，后期对金隅股份A股的上涨空间也基本确认。

金隅股份无论是港股还是A股在低位都出现了主力资金进场的K线和量能标志，请参阅"江氏操盘实战金典"系列丛书的《买在起涨》。

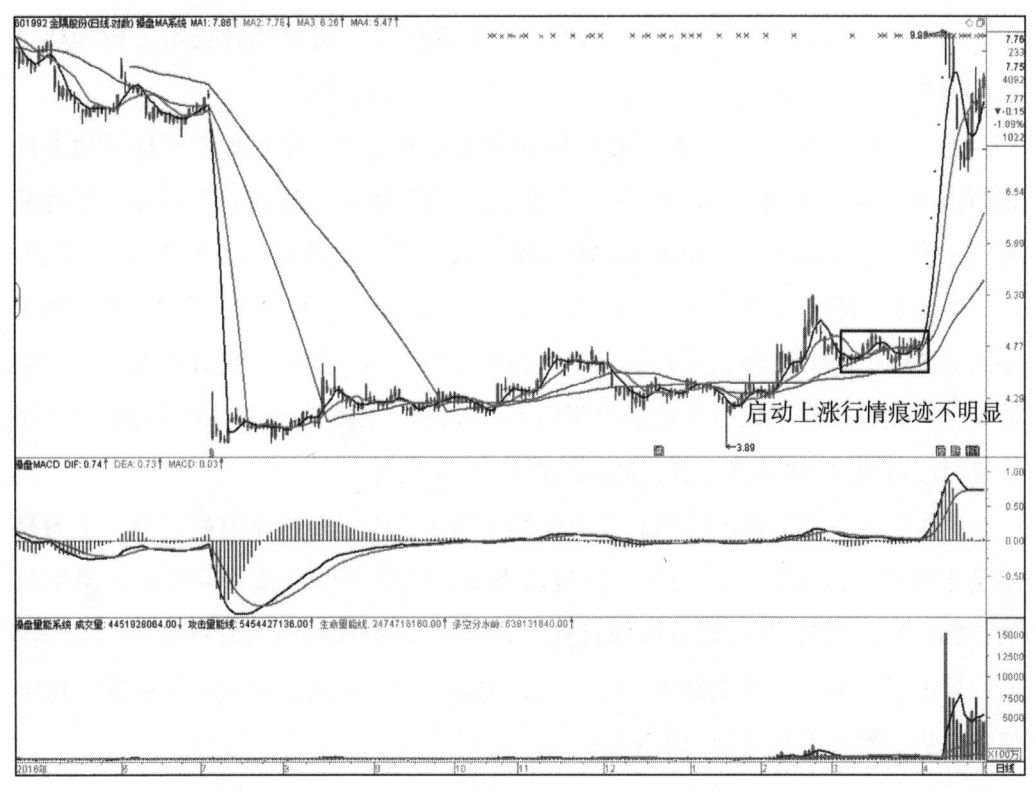

金隅股份（601992）A股2016年5月~2017年5月日K线走势图

第六节 永不衰败的次新股

打新股也是A股特有的投资福利。在成熟的证券市场，新股上市之后会快速被市场定价，但是在A股，新股上市简直成为给支持其的投资者们一份大礼——

连续一字板。新股上市后一字板的数量有所差异，比如，暴风科技连续29个一字板，永和智控连续9个一字板。资金曲线的增长是要按照复利来计算的，上市第一个交易日的涨幅限制是40%，所以在第7个一字板时就有了一倍的利润。超额利润存在得非常少，打新的中签率非常低，中新股是可遇而不可求的事情。

打新是操作次新股的方式之一，还有一种方式是在一字板打开后寻找操作机会。上市时间在2年以内的次新股交易非常活跃，经常会有大起大落的行情，是投资者必然要参与的一种机会。次新股行情每年都会上演，是形成超额收益不可或缺的战场。但是由于上市时间短，市场上公开的上市公司资料少之又少，研究其内在投资价值是比较难的，如果要操作一定要结合技术分析和热点概念的炒作。

张家港行于2017年1月24日在深圳证券交易所上市，市场似乎对这家地方性银行不太待见，该股上市出现第4个涨停板后就开板了，让热衷打新又好不容易上了张家港行中签列车的小散们大跌眼镜。按照以往次新股一字板被打开后股价至少要进行调整甚至下跌的惯例，小散们快速出逃，2月6日第一个T字板的换手率为38.55%，次日涨停大阳线的换手率达到了54.57%。但是，更让小散们摸不清的是，次新股出现了这么高的换手率后不跌反涨。在接下来的一个月时间里，张家港行沿着5日均线强势上涨，最高涨幅达250%左右。

普通投资者对次新股的疯狂早就见怪不怪了，但是每次都有些遗憾，主力是不会带我们一起玩的。唯一可以给自己点安慰的就是监管快来管管吧。果不其然，2017年3月17日张家港行停牌自查。3月16日，沪深两市共51只股票涨停，次新股就占据了38只，成交额更是破千亿，把整个创业板远远地甩在了后面，这种疯狂之势必然会引起监管的关注！

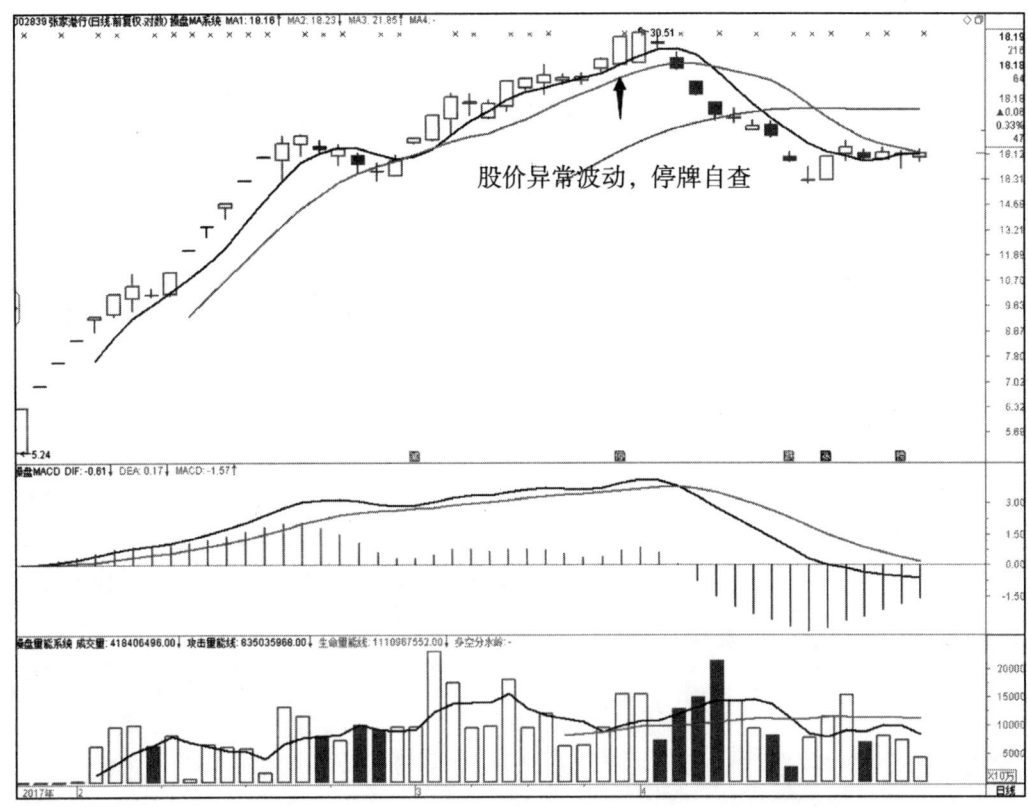

张家港行（002839）2017年1月~2017年4月日K线走势图

下图是次新股板块从2016年7月到2017年4月的走势，在大盘环境如此惨淡的背景下，次新股仍然走出了强劲上升的走势，好不容易遇到了强势回调，本以为会遏制其强劲之势，结果后市涨势更凶。在2017年1月到3月期间，次新股板块整体上涨42%，远远领先于任何一个板块。3月17日，这轮次新股行情以龙头张家港行被查为标志迎来了整个板块的快速杀跌，也宣布了本轮次新股行情的结束，即使之后走出了3根上涨的小阳线，但已经是强弩之末了。

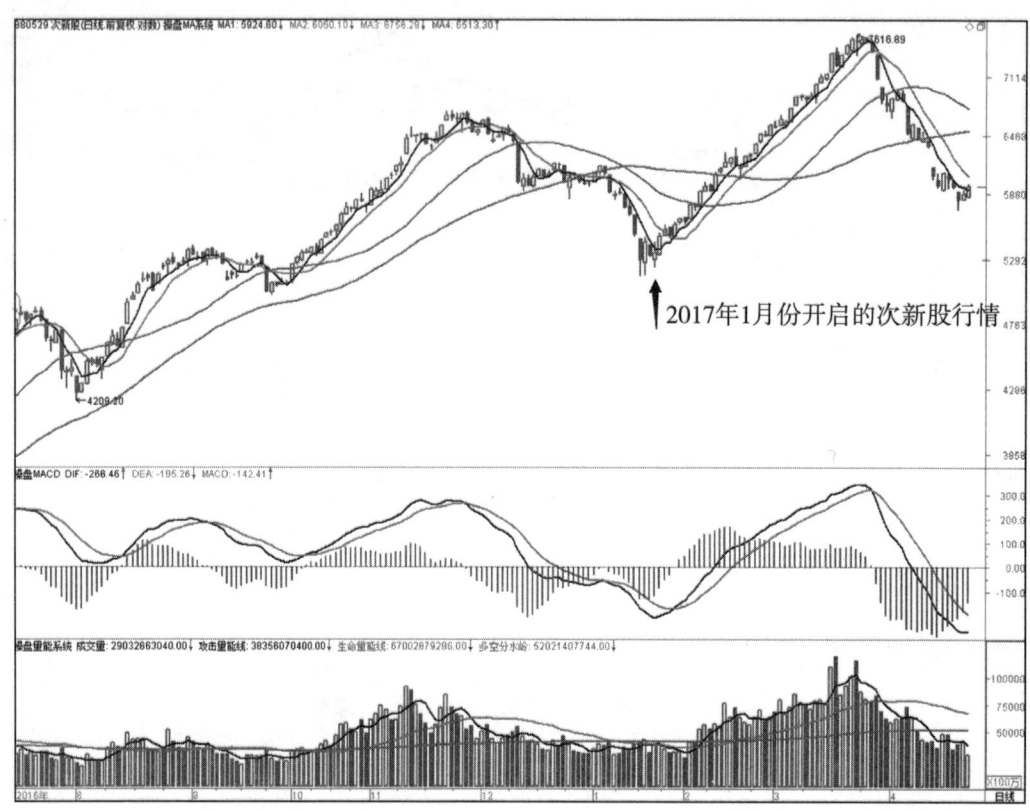

次新股（880529）2016年7月~2017年4月日K线走势图

张家港行作为题材热点属于次新股，它本身的行业属性是地方性商业银行。同传统五大行完全不一样，张家港行盘子小，处于抗跌的银行板块，在大环境不乐观的背景下一定是多路资金关注的重点。同次新股板块不同，银行板块整体走势较弱，在2016年12月最后杀跌的行情中，银行作为扭转空头局面的先锋率先展开了反弹行情。虽然在银行板块的这轮行情中张家港行的涨幅是最大的，但是它并不是银行板块的龙头，张家港行的盘子太小，与几家国有银行比连零头都不够，根本不具有引领行业上涨的能力，只能说在这轮反弹行情中银行板块为张家港行的强势上涨起到了维稳的作用。

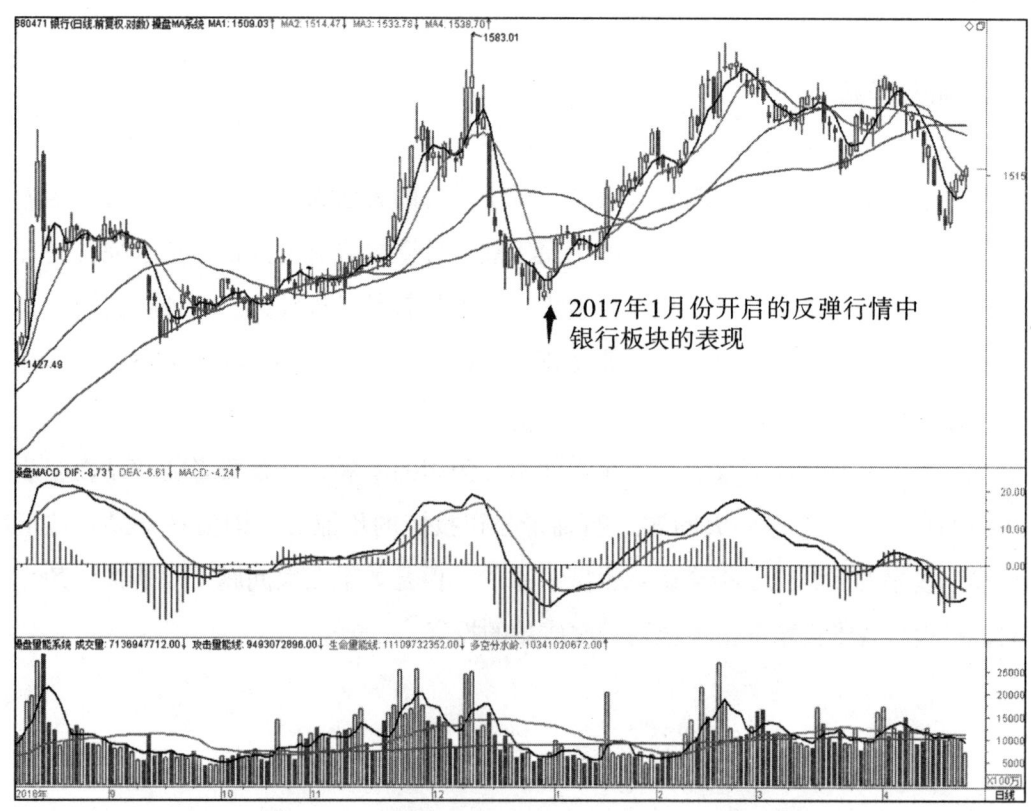

银行（880471）2016年8月~2017年4月日K线走势图

特别提示

笔者对于想在证券市场获得财富的人有个非常重要的建议，如果你只是想做一位小有斩获就心满意足的股民则完全不用考虑该建议：一定要把更多的时间花在建立与持续优化自己的分析体系上，学习是必要的，但是不能照搬照抄，而是要转化成自己的模式。培养判断大趋势的能力，并能够对其中的龙头公司做到80分的研究水平，在这个基础上再去认真寻找操作点位，而不是在没有大趋势的条件下把时间浪费在细枝末节上。

格局驿站

"追求完美"是一个非常有争议的词语：有的人认为追求完美是一种生活方式，做不到尽善尽美就是有瑕疵的，是不能被接受的；有的人认为追求完美是理想主义，因为完美本身就不存在，追求完美本身就是一种歧途。在证券投资中，要有格物致知的尽善尽美，但是要摆正一个前提，就是保证大问题上不出现差错再去追求小问题上的完美。

大问题是指时代的背景、产业的变革、公司的发展，当投资者能够站在企业老板的角度去思考这些大问题，明确了公司投资的价值后，即使在交易点位上存在一些小的问题也是不会影响投资结果的，但是如果在大问题上不能摸清楚方向，买卖点找得再精准也不会是一次成功的投资。

股市120

2017年3月21日，上海的杜先生询问：您是怎么看大盘和个股的关系的？都说看大盘炒个股，大盘跌的时候个股的风险大，所以有的时候看大盘要调整了就把个股卖了，结果卖在了最低点。不关注大盘吧，个股亏得一塌糊涂的时候回过头来看又是大盘走坏了，这个关系到底该怎么权衡？

【回答】

这个问题非常普遍，如果能够处理好大盘和个股之间的关系就说明你离成为一名合格的投资者不远了。炒股必须看大盘，但是位置的不同、操作的行情不同时，大盘对交易决策的贡献度是不一样的。大盘和个股之间对应的5条投资法则为：

1. 牛市末期，大盘日线以上结构完整，跌破小周期趋势线时个股必须离场；
2. 大盘确认30分钟或以上是下跌行情时，个股必须离场；
3. 大盘出现30分钟以下调整或者下跌，等个股出现离场点时再离场；
4. 操作的个股产生的行情级别要比大盘大一个级别；
5. 明确操作个股对应的大盘指数和板块指数。

第一条法则运用的频率比较小，但是运用不当容易造成投资者亏损严重。牛市的顶部以单顶为主，一旦牛市上涨行情的结构完整，小周期走坏会直接带领大周期走坏，此时由多头到空头的反转是非常迅速的，熊市初期的杀跌也会比较凶，所以该阶段一定要以空仓为主。

下面的3幅图是A股市场中最近10年典型的3次牛转熊的顶部，虽然2009年8月的高点不应算是牛市，只是一次强势反弹行情，但是本条规则在大盘单波上涨幅度超过50%时都适用。从3幅图中不难发现，在上涨波段末期，上涨动能减弱，波段高点确认后都是以快速杀跌的方式进入了漫长的熊市。

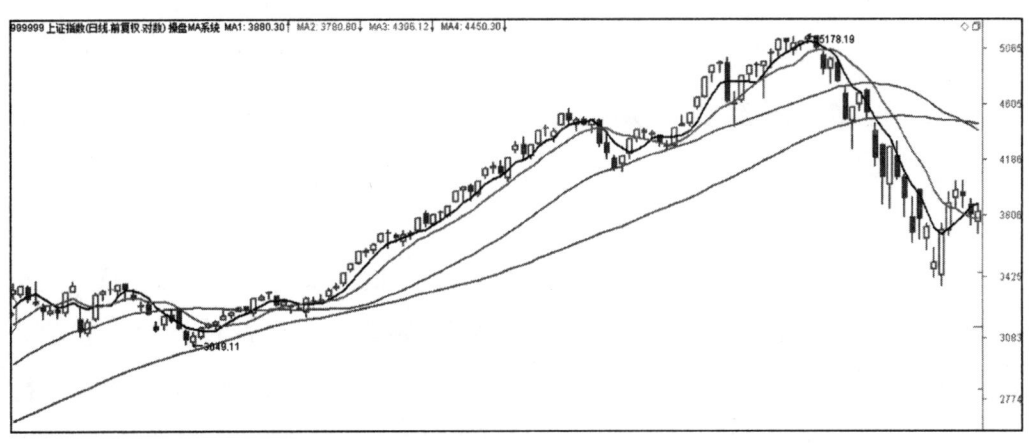

上证指数（999999）2015年1月~2015年7月日K线走势图

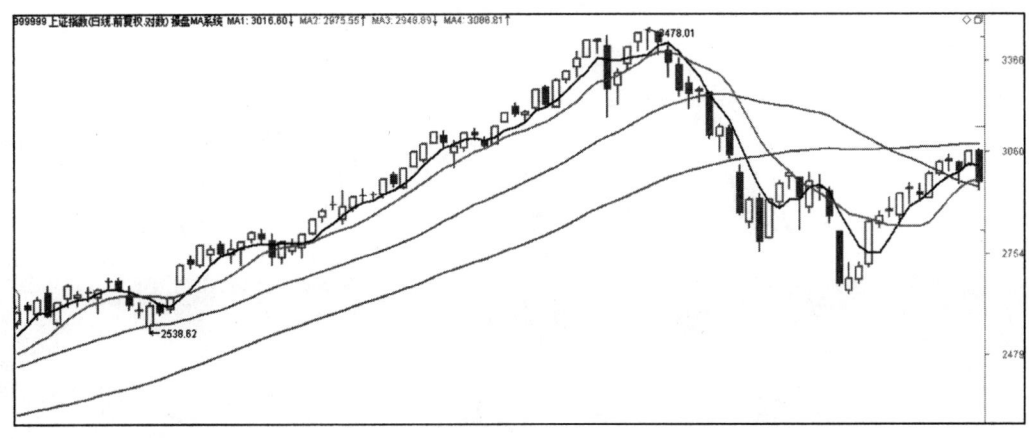

上证指数（999999）2009年5月~2009年9月日K线走势图

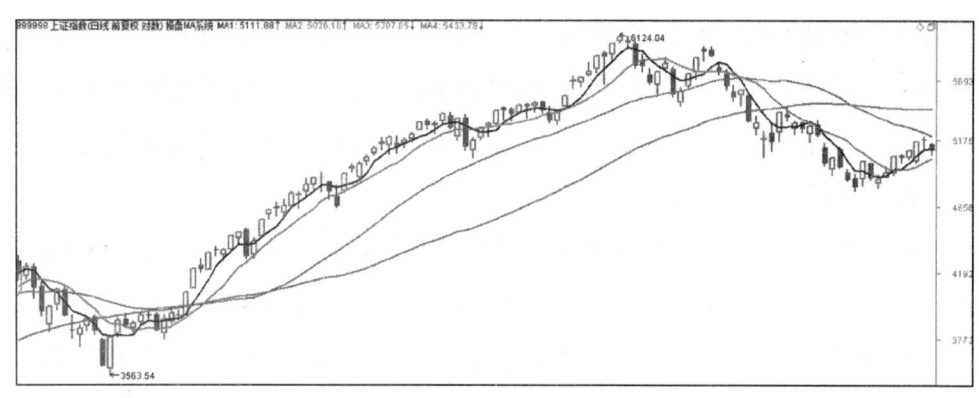

上证指数（999999）2007年6月~2007年12月日K线走势图

第二条法则强调的是大盘确认了30分钟或以上下跌趋势后要离场，因为此时大盘进入了30分钟行情的主跌段，也就是30分钟上的下跌第三浪，即使操作的股票比较强势，在大环境比较恶劣时主力资金也会选择谨慎操作，股票横盘甚至下跌的概率大。

大盘在2017年2月和3月的反弹行情末期，在日线上看上证指数处于横盘状态，还处于多头状态，没有进入快速下跌模式，此时如果操作要开始注意风险，不能追高。下图中上证指数在跌破上升趋势线后基本确认反弹行情结束，虽然后期的反弹又创了新高，但只是在雄安板块的带动下使得部分个股非理性上涨行为，市场整体量价不健康，创新高的行情只是强势的反弹B浪，一旦跌破该反弹B浪的上升趋势线将会展开快速杀跌的行情。下图中用方框标注的位置就是跌破反弹B浪的位置，后期大盘多半会快速杀跌，前期高位横盘时没有离场的投资者必须要进行清仓或者减仓。

上证指数（999999）2017年1月13日~2017年4月25日30分钟K线走势图

第三条法则强调的是大盘出现小级别的调整时，个股以持仓为主，但是大前提是大盘必须在上升趋势中。如果大盘在下降趋势中，则要求不操作，以观望为主。

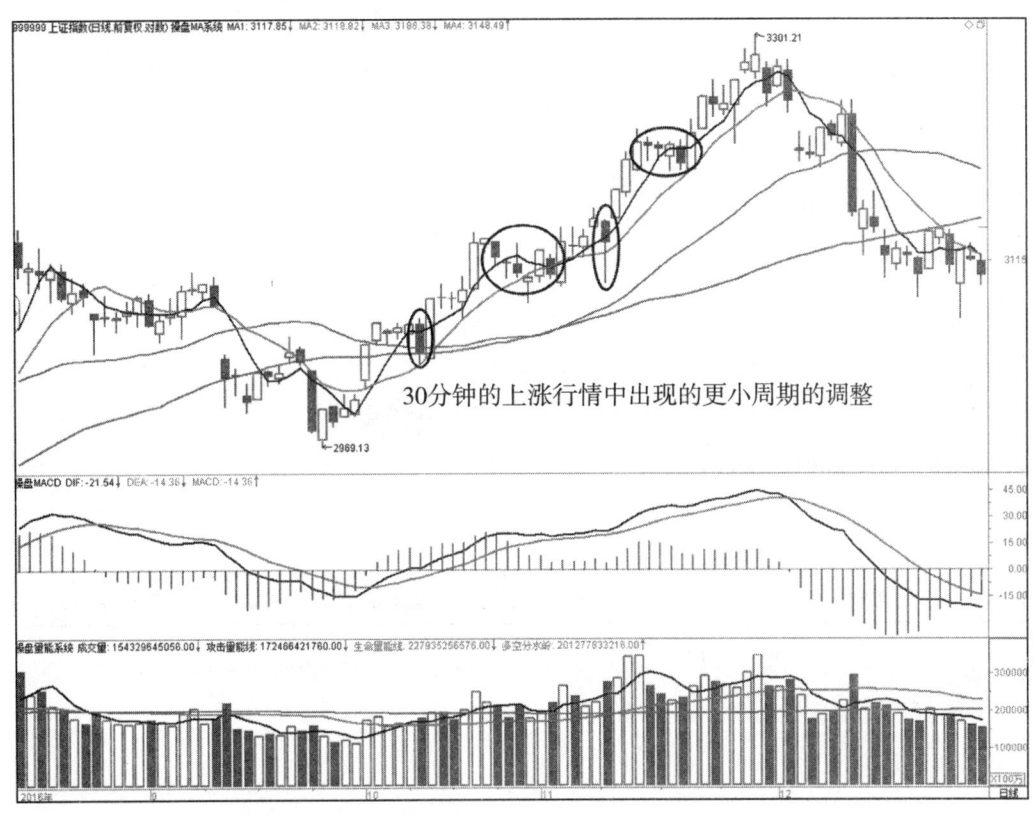

上证指数（999999）2016年8月~2016年12月日K线走势图

第四条法则要求操作的个股必须要强于大盘。大盘走出的若是30分钟级别的反弹行情，操作的个股要能够走出日线级别的行情；大盘走出的是日线上的牛市，操作的个股要能够走出周线上的行情，否则，操作的结果很可能跑不赢指数。本条的重点在于个股强于大盘，强者恒强、弱者恒弱是股市不变的道理。

在2017年1月到3月大盘的反弹行情中，操作的个股要以能够产生日线级别上涨行情的个股为主，根据大周期保护小周期的原则，只有形成了更大周期的上涨行情，才能保证操作30分钟上涨波段的安全性。关于大周期保护小周期的要点请参见《趋势为王》一书。下图中三一重工前期已经走出了上涨行情，在2016年12月的调整行情中回踩决策线，后期再次上涨必然会创新高。

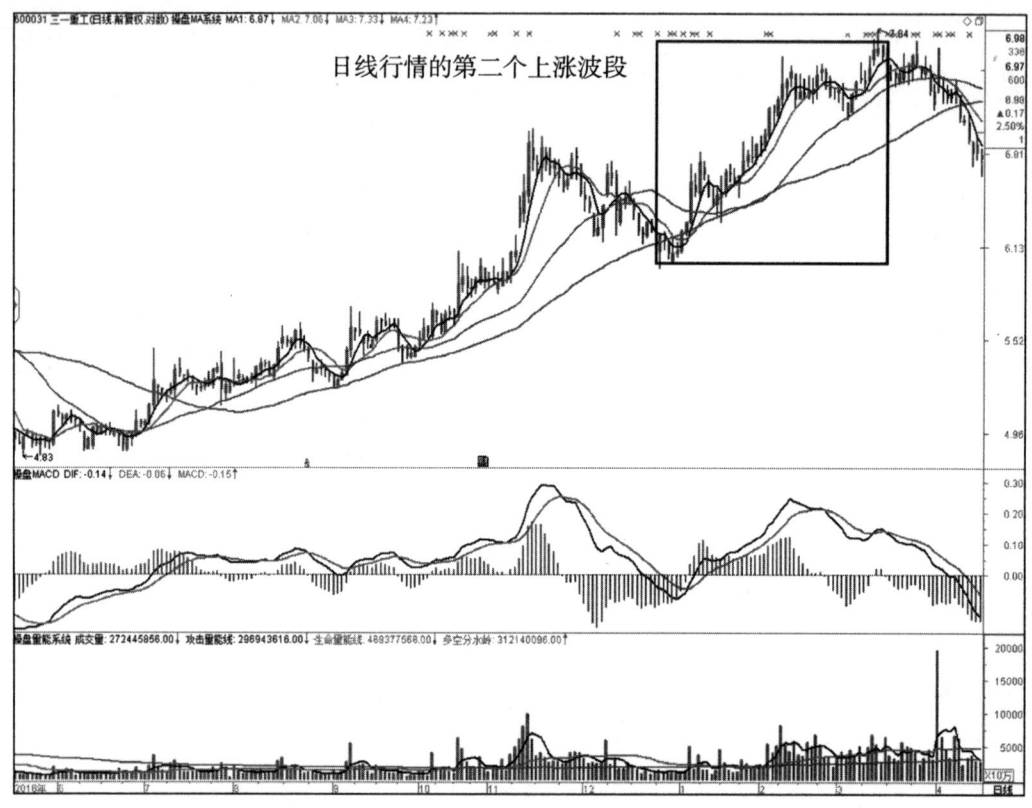

三一重工（600031）2016年5月~2017年4月日K线走势图

第五条法则强调了在运用前四条法则之前必须要弄清楚的一个前提：不是所有的个股都看上证指数，创业板看创业板指数、主板看主板指数，有的时候要同时关注几个重要的指数。2016年12月，上证指数进行调整时，创业板指走出来一个恐怖的下跌波段。上证指数调整到位后，可以操作上海证券交易所上市的走出日线级别行情的股票，但是如果要操作创业板，就只能操作超跌反弹的股票，两者之间在操作上有本质上的差别。

第三章 谁引爆牛熊

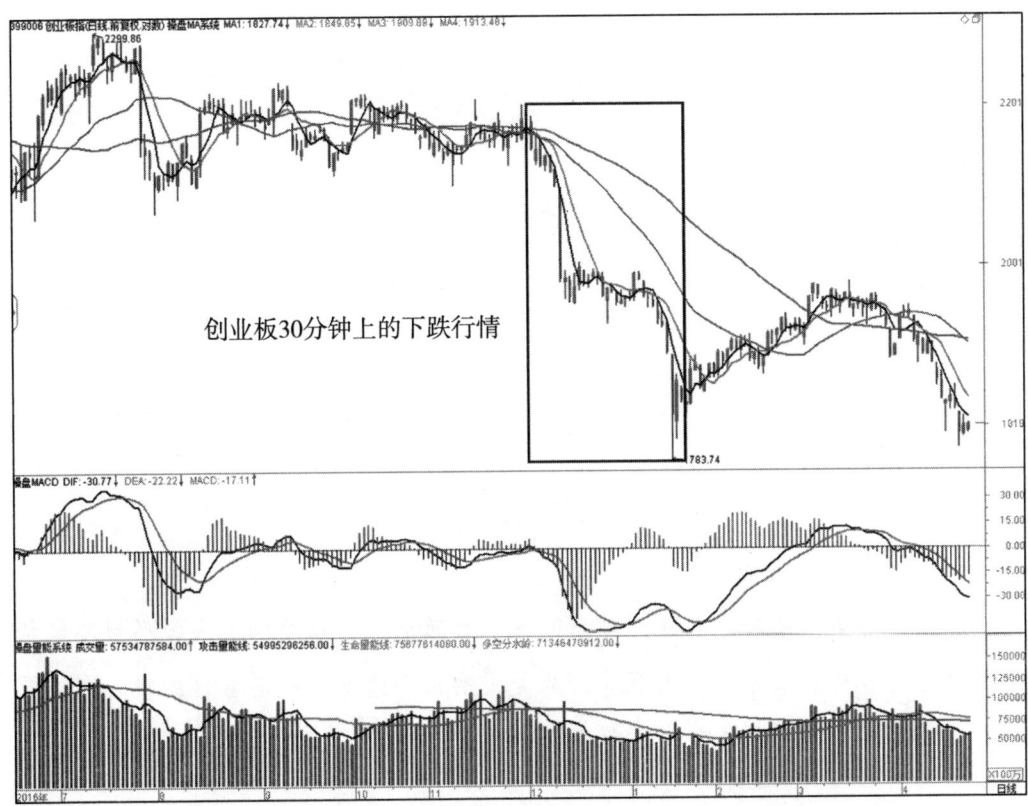

创业板指（399006）2016年6月~2017年4月日K线走势图

? 思考题

1. 牛熊的标准是什么？牛熊轮回的周期大概有多久？
2. 中国人民银行会采取哪些货币政策？对证券市场的影响都有哪些？
3. 财政部会采取哪些财政政策？对证券市场的影响都有哪些？
4. 大盘每一轮的上涨或下跌都是由哪些板块带动的？它们具有一惯性吗？
5. 当前国家正在实施的哪些政策对股市有重要影响？

第四章

行业轮动

春种、夏耕、秋收、冬藏，日出而作、日落而息，这些都是人类通过不断摸索总结出的规律。股市一样有规律，只是没有那么清晰。一名合格的投资者，要有敏锐的洞察力，要不断捕捉证券市场中存在的规律。

第一节 行业轮动的本质

大盘的涨跌不是一蹴而就的，而是由各行业或者相关概念的股票在此消彼长的轮动中形成的。关注大盘指数的变化只能明确大环境的方向，还不能定位到操作的个股，在证券市场中只有明晰了在各种环境下行业、热点是怎样轮替的才可能成为先知先觉的人。

很多技术分析人士坚信，所有基本面的信息最终都会反映在股价上。理论上是对的，但是等信息反映到股价上时趋势已经非常明显了，而投资者在面对市场中几千只股票的轮动时经常会变得不敏感，等大彻大悟发现市场给出的信号时行情已经结束了。所以通过对行业轮动的分析，在对应的行业板块还没有形成清晰的走势之前进行布局，是提前猎取强势股的必经之路。

从走势图上看，不论在任何市场环境下，行业的轮动都是由资金推动的，当场外资金出现明显的偏好时，就会出现行业的轮动。然而，这只是一个短期的投资偏好，市场上快速流动的资金都是以投机模式为主，所以形成中长期行业轮动的推动因素是由不同产业的盈利周期、不同产业链的传导周期等经济发展的规律决定的。

下图是在一个牛熊轮回不同阶段各板块轮动的示意图，在本章会从多个方面介绍促进各行业轮动的核心要素，让下图可以适用于不同市场环境。

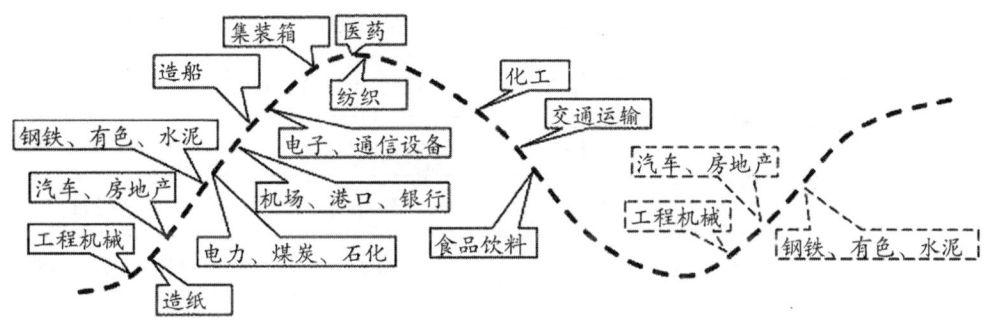

第二节　季节性行业轮动

证券市场的参与主体是人，人有着规律性的生活习惯和消费习惯，这种规律性会直接导致企业生产的规律性。也就是说，证券市场的规律性反映的是人在衣食住行上的规律性，这种规律在每年都会重复，当潜在的消费习惯和生产安排出现变化时，就会形成行业的淡旺季。

下表是对部分主流传统行业历史淡旺季的统计，这是历史数据，在实际分析过程之后要结合当下正在配合的政策和操作热点等情况综合判断。但是，各行业、产业链轮动的驱动因素不会改变。

行业	产品	指标	旺季	淡季
农林牧渔	猪肉	价格	年初和年底	年中
采掘	动力煤	产量	5~7月	1~2月
		价格	5~6月	10~12月
	焦煤	产量	3~8月	1~2月
		价格	6~7月	10~4月
化工	纯碱	产量	3~5月，10~12月	7~8月
		价格	8月	11~12月、1月
	PVC	产量	3~6月	1~2月
		价格	8月	11~12月、1月
	尿素	产量	3~6月	1~9月
		价格	5~6月	11~12月、1月
	汽油	产量	11~12月、1月	2月
	柴油	产量	7~8月、12月	1~2月
	煤油	产量	11~12月、1月	2月
	乙烯	产量	1~3月	6~9月
黑色金属	冷轧薄板	产量	4~8月	1~2月
	热轧薄板	产量	4~5月	11~12月、1月
	钢筋、线材	产量	3~6月	1~2月
	热卷、冷板	价格	4~9月	10~12月、1~2月
	唐山铁精粉	价格	6~9月	10~12月、1月
	钢厂	毛利率	1~5月	6~12月

行业	产品	指标	旺季	淡季
有色金属	铝材	产量	5~9月	1~2月
	铜材	产量	3~6月	1~2月
建筑建材	水泥	产量	第2季度、第4季度	第1季度、第3季度
	玻璃	产量	第2季度、第4季度	第1季度、第3季度
机械设备	铲土挖掘运输机械	销量	3~6月	7~12月、1~2月
交运设备	乘用车	销量	3~4月、11~12月	1~2月
	重卡	销量	3~6月	7~12月、1~2月
家用电器	洗衣机	销量	9~12月、1月	5~7月
	彩电	销量	9~12月、1月	3~7月
	冰箱	销量	4~7月	10~12月
	空调	销量	3~7月	8~12月
交通运输	公路	公路货运量	9~10月、12月	2月
		公路货物运输量		
	航空	旅客运输量	4月、7~10月	6月、12月、1~2月
		货邮运输量	3~4月、8~12月	2月
	港口	沿海港口	4~5月	2月
		货物吞吐量		
房地产	房地产新开工	面积	3~5月	1~2月
金融服务	信贷	量		7~8月、10~12月
商业贸易	社会消费品	价值	10~12月、1月	3~4月、7~8月
	零售总额			
公用事业	火电发电量	量	7~8月、12月、1月	2月
纺织服饰	纺织	生产	4~6月、11~12月	1~2月
		出口	4月	1~2月
	服装	生产	4~6月、11~12月	1~2月
		出口	7~9月	1~2月
电子元器件	半导体	产量	第3季度	第1季度

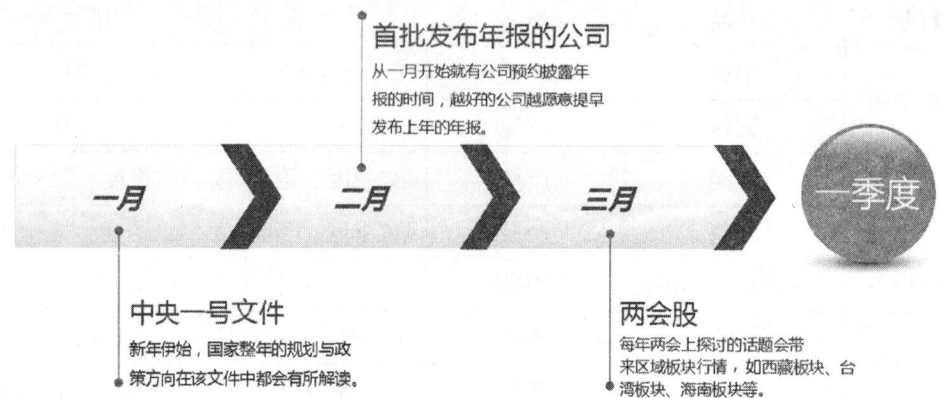

第一季度

1月：新一年的开始，国家会发布全年一号文件，作为全年经济发展的重要指导文件，其中涉及的行业会成为全年持续炒作的热点。通常该文件中一定会涉及对农业的扶持政策，2017年的中央一号文件着重强调：优化产品产业结构，着力推进农业提质增效；推行绿色生产方式，增强农业可持续发展能力；壮大新产业新业态，拓展农业产业链价值链；强化科技创新驱动，引领现代农业加快发展；补齐农业农村短板，夯实农村共享发展基础；加大农村改革力度，激活农业农村内生发展动力。

此时，上市公司会开始陆续预披露上一年的年报，业绩好的上市公司及其所在的行业会选择早点披露，而业绩一般甚至存在ST风险的会向后拖延，业绩良好的上市公司和行业会存在较大的投资机会。继12月炒作的基金排名股和医疗股会延续，都是值得关注的重点。

2月：1~3月年报股的炒作会具有持续性，此时会遇到我国最重大的传统节日春节，按照传统，中国人在春节期间通常会给家里添置家用电器、服饰等，因此这段时间可以关注消费性行业。春节假期也是旅游的黄金时间，季节的不适和在家过年的传统对旅游的影响也不会太大，所以也可以关注航空股。

3月："两会"是每年必然的红包事件，对于A股的影响没有什么比国家直接发布政策规划形成的行业、热点的趋势性更强。"两会"行情要分为会前、会中和会后，会前的整体走势受前期走势的影响较大，会中的走势基本以维稳为主，即使没有主流资金进场也会出现明显的蓝筹股护盘的迹象，会后的行情通常不乐观，因为"两会"结束通常会伴随各种利空消息的释放，会议期间形成的政策性热点可能会变成一枝独秀。"两会"行情还有个非常值得注意的重点就是很容易形成地区性热点，比如上海自贸区概念、雄安新区概念。有的时候政策没有在"两会"期间出来，而是在之后的各种会议中陆续放出。

随着年报披露的进展，除权、ST的股票开始变多，这种基本面经常发生重大变化的上市公司是值得关注的，机会和风险并存。

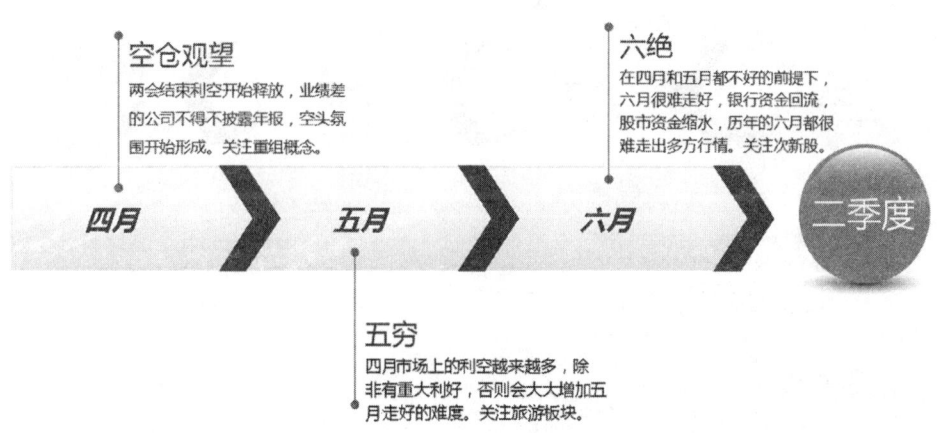

第二季度

4月：这是最难操作的一个月。市场上利空比较多，3月"两会"期间压制的利空开始释放，投资环境比较紧张。牛市中空4月不会太明显，但是在熊市中空4月的紧张氛围会被加强，尤其在2016年和2017年的4月最为明显。在熊市中，投资者的神经更为紧张，不是很强的利空消息就可能让市场变得诚惶诚恐，加上空头市场结构本身就是压力大于支撑，很容易出现"一根稻草压死骆驼"的行情。4月所有上市公司的年报披露完毕，亏损股和ST在这个时候会纷至沓来，会为本来就羸弱的行情再踩上一脚。

5月：如果4月行情惨淡，5月维持4月走势的概率会很大，此时可以关注五一假期旅游概念股，但是可以操作的行情级别会较小。4月和4月之前公布重组失败的股，从5月会逐渐下跌到位，成为关注的重点，但是因为业绩不好，为了躲避年报披露风险的重组概念股要谨慎操作。

6月：如果4月和5月的行情都比较惨淡，6月也很难走出强势行情。加上6月是银行缺钱大月，市场上的资金会被大量回笼，股市中不过是场内资金博弈，没有新资金来推动大行情。次新股盘子小，对炒作资金的需求也就小，所以此时容易成为市场炒作的热点。如果在大牛市，6月也是最容易变盘的时候。

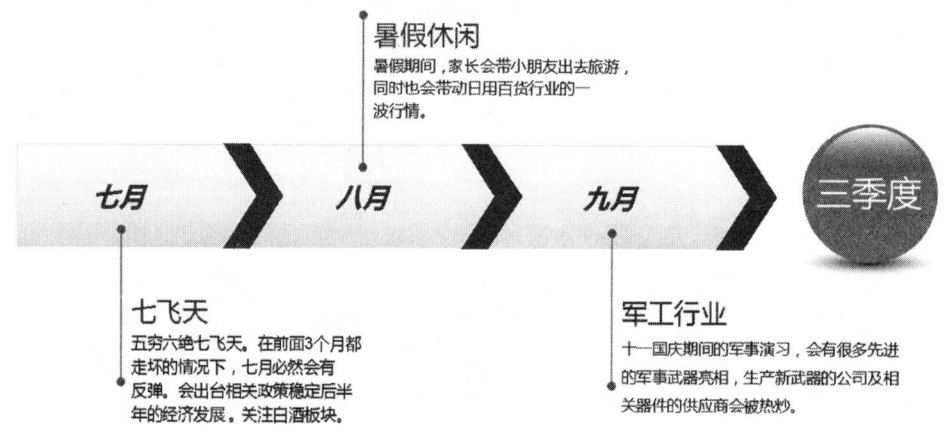

第三季度

7月："五穷六绝七飞天"，这是市场中经常提及的谚语，如果4~6个月市场持续低迷，在度过了6月的绝望期后，市场很容易迎来新的气象。但是7月的翻身仗是走出牛市的启动点，还仅出现一个反弹行情，要根据不同的市场环境来决定，无论是哪种行情都会产生足够多的交易机会，是操作的关键时期。此时已经是夏季，对空调的需求开始增加，而且进入了暑假，旅游和啤酒、饮料的需求也会增加，这些都是需要重点关注的板块。

8月：8月和7月有共性，尤其是在7月正式翻身成功时，8月很可能会延续7月的多头行情，继续关注空调、电力、啤酒、日用百货板块。

9月：即将迎来十一国庆节，军事演习中要亮相的先进武器会在9月被逐一解密。新型武器装备的生产厂商会积极抓住国庆军演的热点进行炒作，所以对军工股的详细分类需要有深度研究，在不同分支的武器装备被炒作时要知道对应的是哪家上市公司。

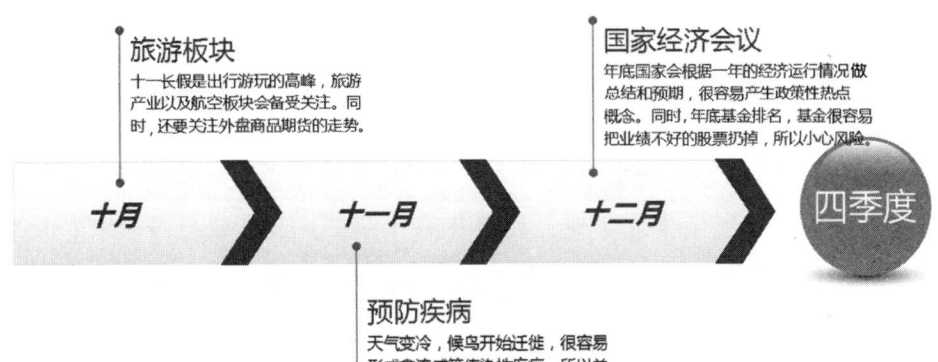

第四季度

10月：10月会延续9月的军工概念股。国庆长假是旅游的黄金季节，会带动旅游产业的消费需求。在国庆假期期间，国外的金融市场正常交易，尤其是外盘商品期货市场，一旦走出强势多头行情，国庆假期结束后A股市场会走出强势补涨行情。比如，十一假期期间外盘铜期货强势上涨，节后国内开始交易也会形成铜期货强势上涨、铜相关的股票补涨的行情。

11月：天气变冷，逐渐进入冬季，候鸟开始迁徙，很容易形成禽流感等季节性疾病，对应的防预和治疗的药品需求上涨，对应上市公司的盈利会提升，这就是11月要关注的重点行业。

12月：一年的最后一个月通常都是多空交战比较激烈的一个月。国家会召开经济会议，总结过去一年的成绩、展望未来一年的发展，虽然会形成重点关注的行业板块，但是又处于市场资金被抽血的关键时期，还是以场内资金博弈为主，很难走出强势多头行情。这时，市场中的一个重要参与主体——基金公司会有大的动作，尤其是公募基金，为了争夺年底的业绩排名，会将原来分散的持仓进行集中处理，卖掉基本面一般的股票，集中重仓购买基本面优良的股票，以便提升基金的年度业绩，所有此时基本面一般的上市公司就是潜在的"地雷"，一定要谨防踩雷。冬季还需要重点关注与流感相关的医药板块，以及取暖要用到的煤炭、电力等相关板块。

> **特别提示**
>
> 冬炒煤来夏炒电，五一十一旅游见，逢年过节有烟酒，两会环保新能源；航空造纸人民币，通胀保值就买地，战争黄金和军工，加息银行最受益；地震灾害炒水泥，工程机械亦可取，市场商品热追捧，上下游厂寻踪迹；年报季报细分析，其中自有颜如玉。

第三节 传统行业的没落和朝阳行业的崛起

不同行业在经济学与商业模式的本质上有着显著的不同。看一个行业，还要看驱动行业发展与企业成长的核心要素是什么。比如芯片技术驱动了计算机的计算能力，才导致了TMT行业各个领域硬件、软件与应用的飞速发展，技术路径选择与全产业链的生态竞争是相关公司最为重要的战略。

研究一个产业的长期方向，在一些拐点时刻把握关键变化也十分重要。比如智能手机的普及与流量红利可能基本结束了，移动互联网用户的使用时长开始接近天花板，增量的创新变得越来越难，更多可能是存量之间的替代竞争。根据行业发展的规律，当数量上遇到瓶颈时，行业内的公司会因为一些相对小的创新模式带来强有力的、占有市场的利器，进而走进行业的并购时期，并逐渐形成行业壁垒甚至寡头。

受益于人口红利的重要行业还有消费品，无论是在生产上还是商业连锁商场，其发展的模式都将向创新式产品和服务推进，如果没有一个非常强大的、让自己形成差异化的研究团队，在行业内被吞噬的风险就会越来越大。

和读者一起分析三个非常具有代表性的行业：农林牧渔、酿酒、锂电池。这三个行业在本书中会反复强调，更多的是让投资者认识到时代发展的内在动因和未来行业发展的方向，只有这样才能够确保投资到有发展、有潜力的公司上。

农林牧渔是一个伴随人类社会产生的产业，历经几千年的沧桑变化，再加上先进的现代生产设备，其在增产上的发展空间和吸引力已经日渐衰退，同现在和未来的主题投资的差距开始加大。在牛市，农业股也会随着大环境的上涨而上涨，在牛皮市尤其是相关的政策保护下，它又属于抗跌行业。农林牧渔的投资机会仍然存在，但是很难带给我们超额收益，在我们投资策略中的占比会越来越少。

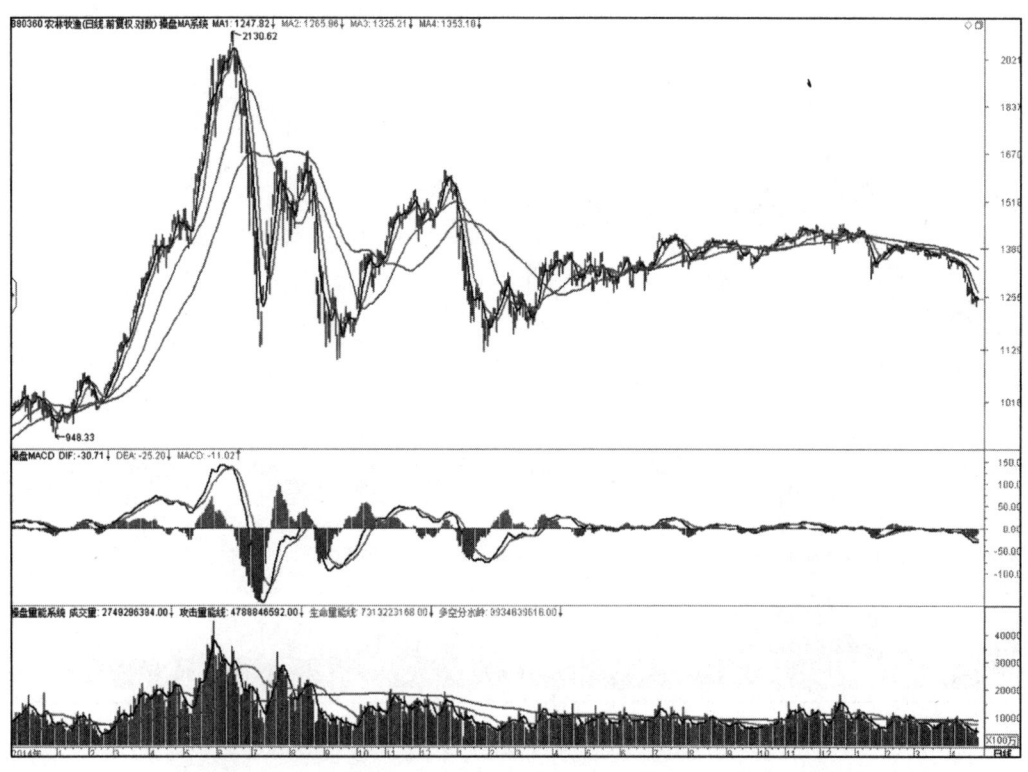

农林牧渔（880360）2014年12月~2017年4月日K线走势图

酿酒属于典型的成熟型行业，各公司在行业中的地位基本确认，尤其是前五名的行业地位基本不会发生太大的变化。加上中国人对酒的消费习惯，直接促使该行业持续稳健地上涨。与成长型上市公司不同，酿酒行业的公司不需要通过大规模地加产能、降成本来实现利润的增长，稳健的消费群体和消费周期保障了对产品的基本需求，加上一些创新式的服务和产品比较容易实现公司的稳健成长，持续的现金流和营业收入是企业日益强大的重要表现。

在未来的证券市场，类似于酿酒的成熟型行业会逐渐形成。针对这样的行业，其中的龙头股票是进行资产配置的首选，一方面股价稳健上涨，另一方面会有红利分成，最重要的是在应对熊市时，这样的行业也是防御性投资标的的首选。

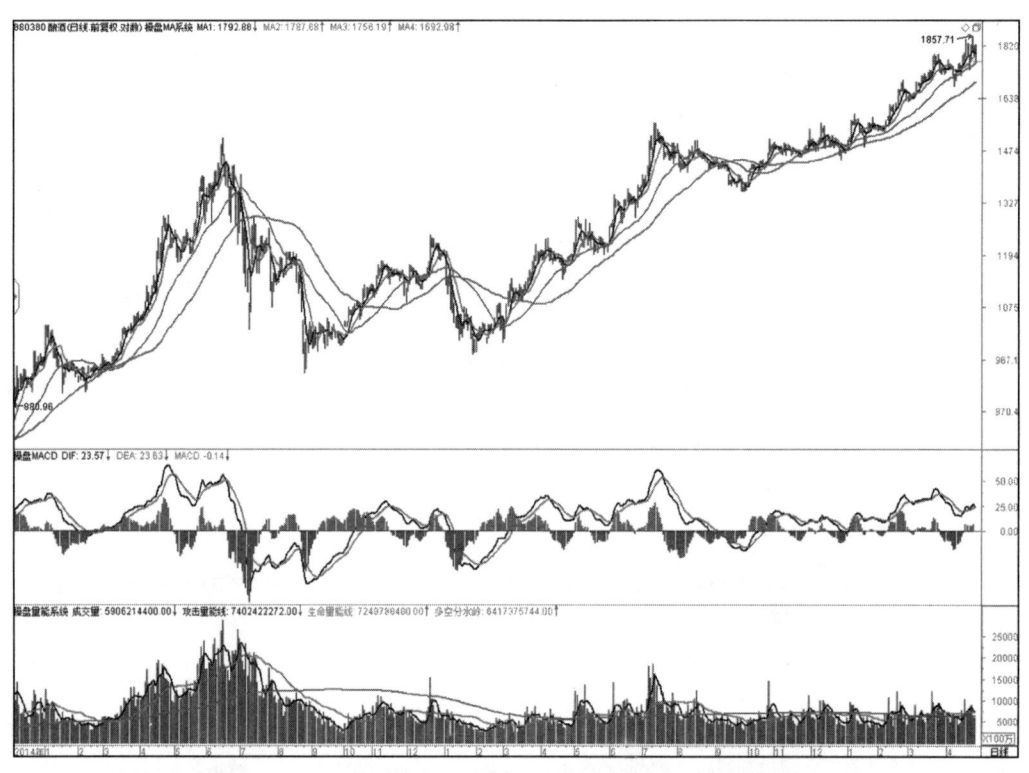

酿酒（880380）2014年12月~2017年4月日K线走势图

关注基本面的投资者对锂电池都不会陌生，在过去的3年里，锂电池板块为市场的精彩纷呈做出了重要的贡献。同以上两个行业有所不同，锂电池行业绝对是时代发展的产物。随着人类对世界未知的不断探寻，发现了越来越多可以为我们所用、可以造福人类的能量，锂电池就是其中的一种。

锂电池作为未来极有可能代替汽油驱动汽车的重要能源，必然会成为具有划时代意义的核心主题。这正是市场资金喜欢追逐的热点板块。

从锂电池历时3年起起伏伏的走势中可以看出，锂电池的每次上涨都非常强势，上涨空间非常大，但是波段上涨到位后反向调整的幅度也非常深。这样的走势完全符合热点板块的炒作效应,上涨是因为资金积极推动,上涨空间大,一旦前期的资金达到了足够的利润空间大量筹码开始兑现时,就会形成热点板块资金快速出逃,所以每次见顶形成单顶的概率非常大。

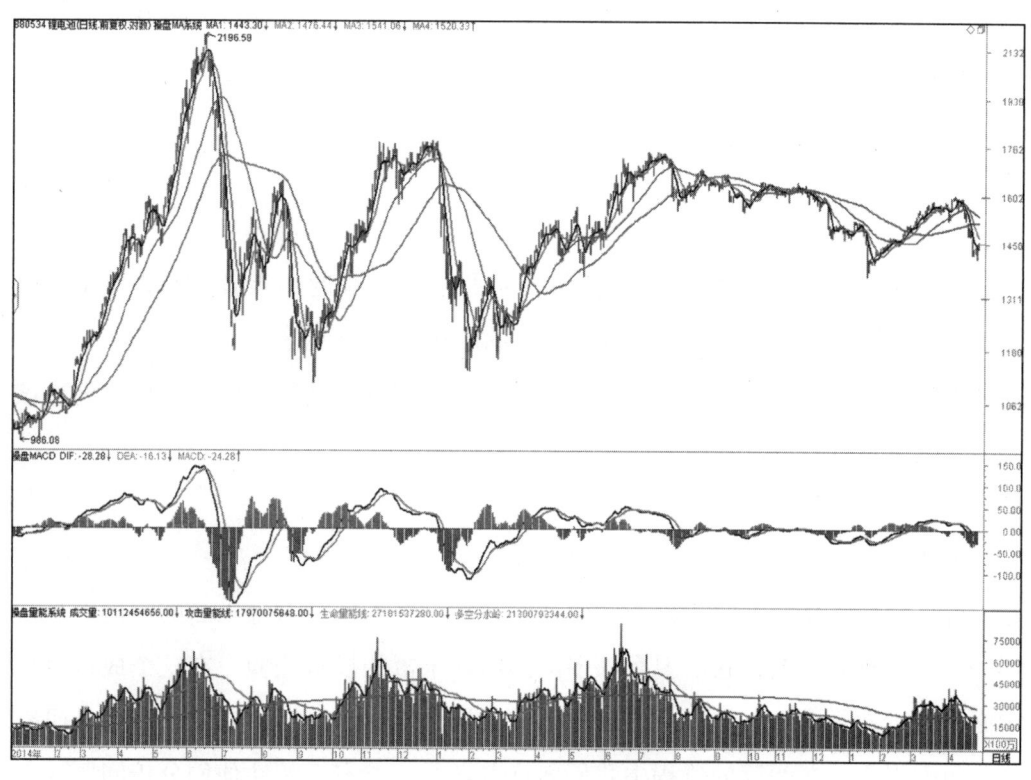

锂电池(880534)2014年12月~2017年4月日K线走势图

格局驿站

巴菲特在认识格雷厄姆之前认为证券投资只是在交易一张张纸片,交易的本质就是跳动的价格,直到在格雷厄姆的课堂上才渐渐明晰证券投资的本质是投资一家公司。普通投资者更多的是在关注交易的价格和账户的盈亏,有时候他们连交易股票所在的行业都不清楚,对公司运营情况根本不了解,财务数据根本看不懂。

普通投资者只要降低交易频率，拿出一点时间对所要操作股票背后的公司进行充分了解，确定其是否具有发展空间和投资价值，炒股赚钱的概率就会大大提升。可是，很多投资者更愿意沉浸在频繁操作产生的参与感里。

对于上市公司的行业和上市公司本身的了解，不用像其高管一样面面俱到、事无巨细，只要能够做到比市场中一般的投资者多了解10%的有效信息，就可以大大提高你对上市公司各种"消息"的理解力和判断力，明显地增加操作的信心。

股市120

2017年1月12日，郑州的赵先生询问：我是一位有近10年股龄的老股民，也知道A股是典型的政策市，但是对于政策的解读都是看网站上发布的一些文章，这样的信息太多了，最后感觉还是没有办法进行交易？请问老师，我们自己应该怎么对政策进行解读，解读后如何去寻找对应的个股？

【回答】

这是所有研究基本面的投资者面临的问题：看不懂！对基本面的解读不是一朝一夕就能够完成的，它需要足够多的阅历和丰富的投资经验，在这个成长过程中必不可少地要借助一些专业人士的研究成果。无论是经济学家的解读还是研究员的研究报告，在阅读的过程中我们要抱着学习的心态，关注他们分析问题的方法，以形成自己解读政策的方法，从而提高解读能力。因为证券投资一定是两条腿走路的，所以基本面分析出来的牛股一定要通过技术分析确定最佳进场点。在此，我们以2017年中央一号文件为案例，带大家一起来解读一下政策性文件中包含的机会。

首先，在中央一号文件出来之后，专业的投资者必须自己阅读完整的文件，总结出自己能够看到的机会，在此基础上再去研读知名度比较高的平台发布的解读报告。从2004年开始，连续14年提到"三农"问题，这是国民整体迈向新的发展阶段必须要解决的问题，正是投资所要关注的要点。作为标志性传统行业，农业也必然要在时代浪潮中经受洗礼，只有适应时代变化的上市公司才会成为好的投资标的。

从14年的轨迹中可以发现,"三农"问题从解决农民基本收入到促进农业科技发展,再到现代化农业建设,需求的高度在不断变化。2017年提出的是深入推进农业供给侧结构性改革,如果此时的焦点还是放在传统的种植业、林木业或者渔业就很难找到合适投资机会,甚至从基本面的角度看好的股票在买进去后股价一再下跌,仍然摆脱不了被套的风险。

特别提示

不是所有的利好都会带动股票上涨,一般规律如下:

1. 牛市中,利好消息出来会带动股价加速上涨;

2. 牛皮市中,前期已经有过上涨的,出利好消息实际则是利空;

3. 牛皮市中,前期正在经历充分下跌的,利好消息很可能会走出反弹行情,经过充分横盘的,会走出更大级别的行情;

4. 上条针对的是对应热点板块的绩优股,其基本面不能太差。

农业股对我们交易系统来说没有太大的吸引力,但是2016年持续走高的猪肉价格一再掀起猪肉概念的投资热潮。中央一号文件对农业的利好自然也少不了养殖业,所以自然还会提升养殖市场的规模,一旦养殖的数量增加,必然会带动猪饲料需求变大,这对饲料公司无疑是最大的利好。

根据产业链的传导机制,最直接受益的就是养猪企业,在农牧饲渔的整个板块中,根据主营业务最集中的原则不难发现,牧原股份是养猪企业的老大,下图中的净资产、净利润、毛利率和净利率的水平也充分说明了牧原股份在行业中的竞争力。综上所述,在基本面的层面上牧原股份是一家具有成长潜力的上市公司,接下来就要解决进场点的问题。

	总市值	净资产	净利润	市盈率	市净率	毛利率	净利率	ROE
牧原股份	322亿	63.4亿	6.80亿	11.84	5.08	40.47%	34.56%	11.33%
农牧饲渔(行业平均)	106亿	34.9亿	8.28千万	31.90	3.03	15.13%	6.25%	9.50%
行业排名	3|65	7|65	2|65	2|65	48|65	7|65	6|65	1|65
四分位属性	高	高	高	低	较高	高	高	高

2016年12月的下跌行情中牧原股份也不能幸免,从12月9日到12月28日共14个交易日的时间下跌了9.53%,但是经过了短暂回抽后的二次下跌时深证成指创了新低,牧原股份走出了30分钟上的小双底,明显强于大盘。关于30分钟行情的形成请参阅《趋势为王》。双底确认后,股价从各周期均线的空头状态开始起涨,3月最大涨幅达到了27%。

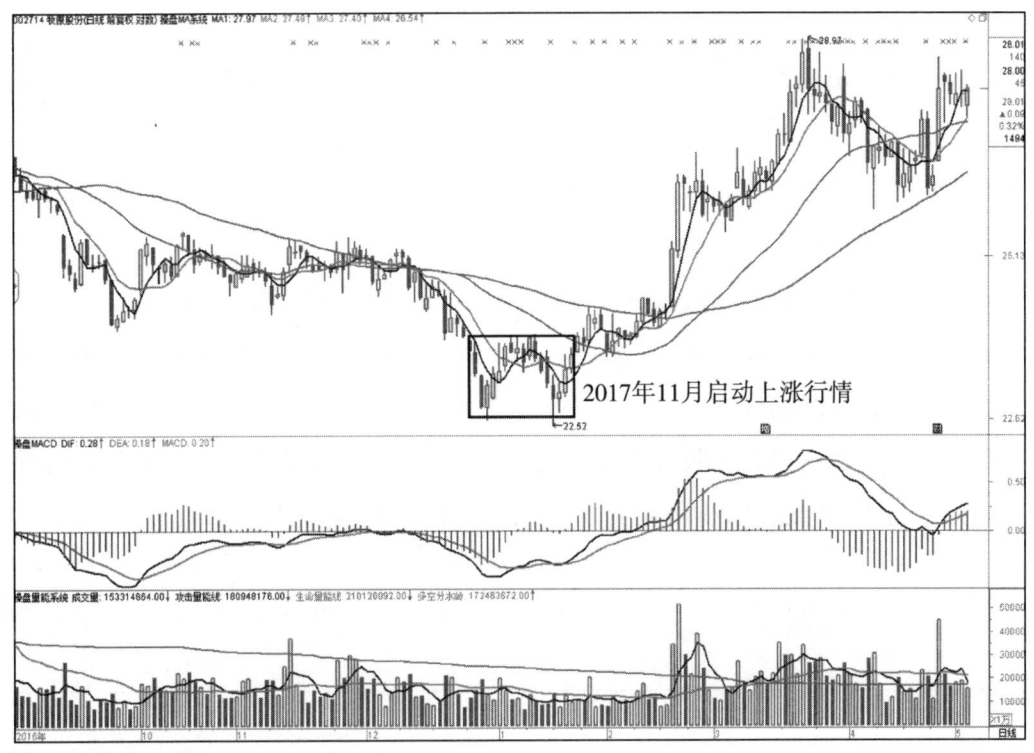

牧原股份（002714）2016年9月~2017年5月日K线走势图

产业链的传导是流动的，当利好发生时，产业链不同位置的上市公司上涨的时间和节奏会有分歧，可分为四种情况：

1. 下游在上游上涨完毕后才启动；

2. 下游在上游上涨过程中启动；

3. 上游和下游同时启动，但是下游的上涨速度明显慢于上游的上涨速度；

4. 上游上涨幅度不大时，对下游的牵引力不强，下游不涨。

在猪肉市场这波行情中，产业链非常明显是按照第三种情况运行的，猪饲料相关的股票在牧原股份确认30分钟底部开始上涨当日也启动了上升行情。饲料板块中有15家上市公司，其中以猪饲料为主营业务的只有唐人神和金新农。

唐人神和金新农在牧原股份确定30分钟上的第二个底的位置开始缓慢上涨，两只股票的基本面不相伯仲，但是在技术形态上相差较大，这也就直接导致后两只股票后期走势截然不同，它们的差异也更生动地解释了基本面和技术面两条腿走路时才会走出上升趋势、产生大牛股的原理。

唐人神在2016年12月走出了下跌趋势，尤其在最后一个下跌波段走出了典型的快速下跌，出现大阴线，但是成交量处于缩小状态，市场的恐慌盘已经出逃完毕，是主力资金开始吸筹的绝佳位置。此时还应该关注周K线，周线上的生命线和决策线还处于金叉状态，在更大周期上还处于多头行情。关于多周期均线的运用请参阅《黑马在线》一书。

唐人神的股价从超跌的低点缓慢爬升，有清晰的主力资金布局的特征，股价的上涨向上依次穿越各周期均线，并带动了均线系统走出防御性较强的多头趋势，在正式拉升之前选择了两根阴线向下洗盘的方式，完全满足游资运作股价的全部流程。下图中唐人神股价运行的整个过程都表露出了主力资金非常明显的操作特征，关于如何通过K线识别主力意图请参阅《买在起涨》一书。

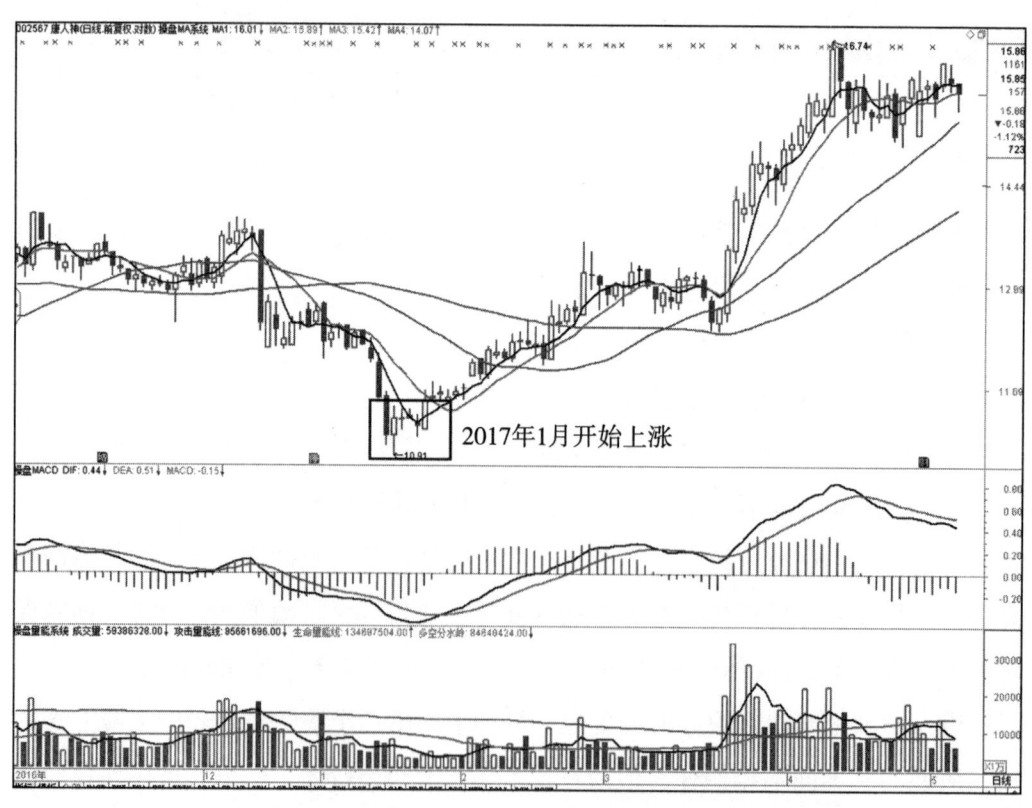

唐人神（002567）2016年12月~2017年5月日k线走势图

唐人神周线的强势是造就它与金新农后期走势完全不同的根本原因。在江氏交易天机的体系中经常会提到"强者恒强"这个词，然而很多学员和读者对该词的理解还处于"听说"的阶段，根本没有达到"知道"，更别谈"做到"和"悟到"。唐人神后期强势在于周线的大周期还处于多头形态中，而金新农的周线已经是空头形态。

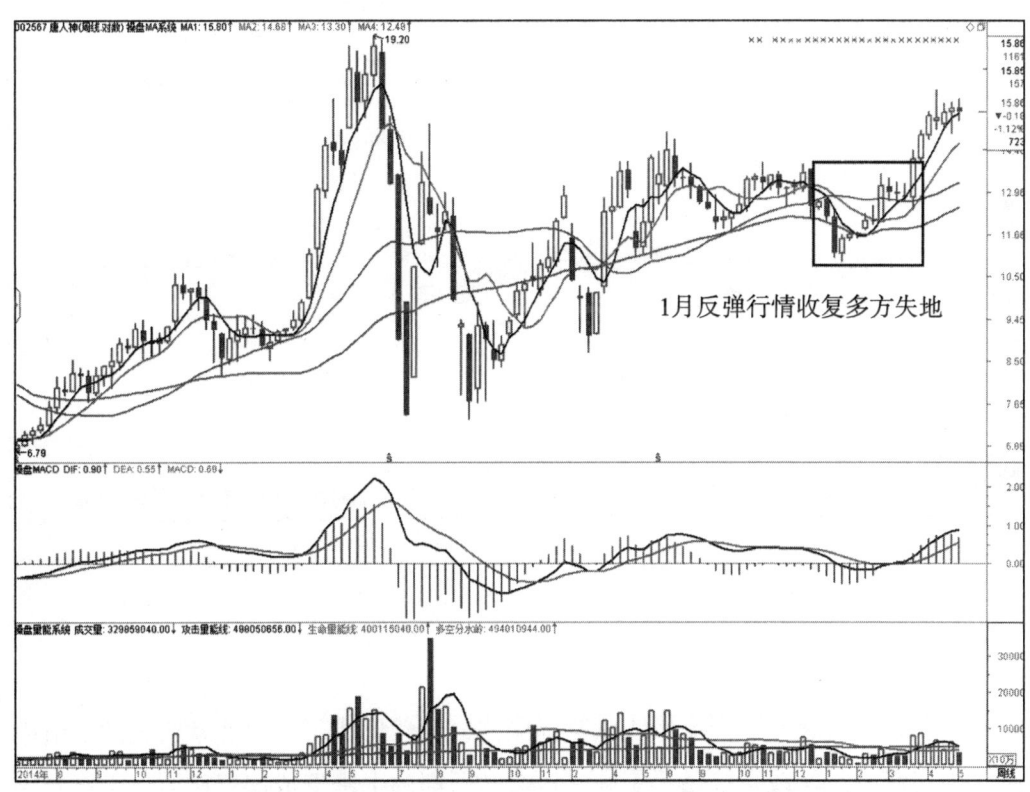

唐人神（002567）2014年7月~2017年5月周K线走势图

金新农在反弹的初期，在量能上较唐人神就比较弱，当然还可以继续关注。金新农的反弹行情是没有有效站上决策线的，触到决策线后展开了横盘调整，对决策线的突破是通过横盘实现的，也就是说，前期的反弹力度与唐人神比也是弱的。后期的横盘说明市场中的多空筹码又回到了平衡状态，是方向再次选择的开始，如果选择向上固然好，如果选择向下则后期会非常悲观，但是前期的分析已经为后期的方向该如何选择做了非常充沛的分析。

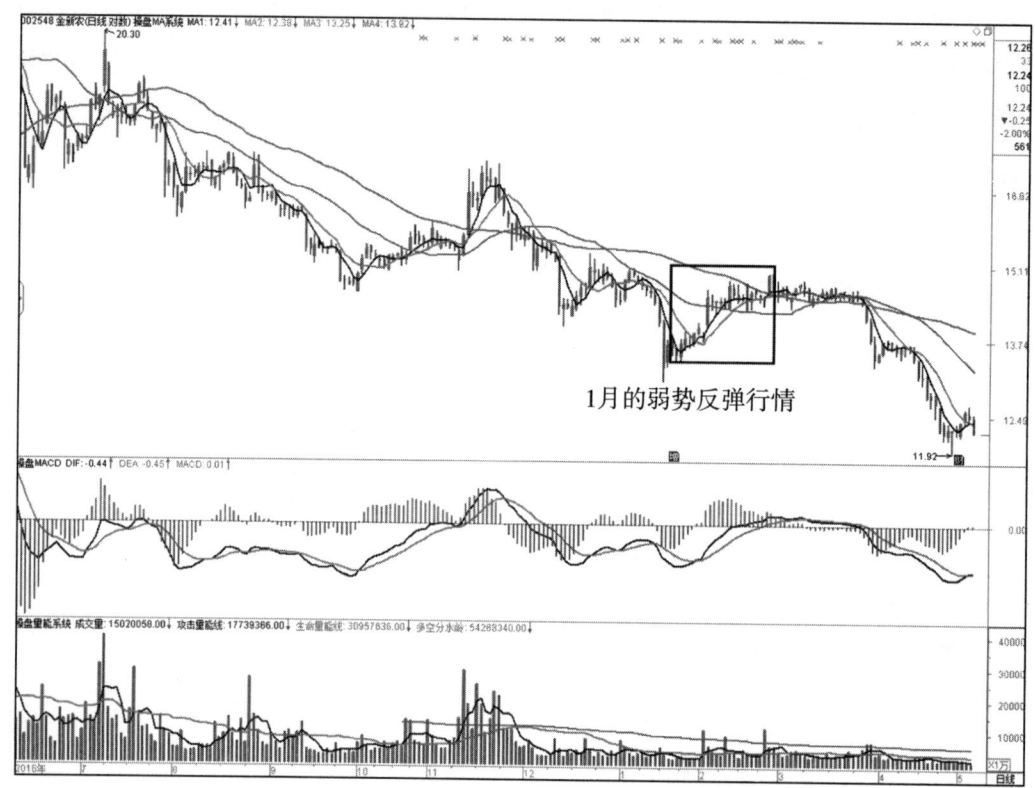

金新农（002548）2016年6月~2017年5月日K线走势图

金新农在周线上围绕决策线做宽幅振荡，虽然形成了一个非常明显的价值中枢，但遗憾的是均线系统已经走坏，这会对后期的上涨形成层层压力，没有对周线上的层层压力位进行有效扭转之前很难走出大的上升趋势。其实原因很简单，不买下跌中的股票！

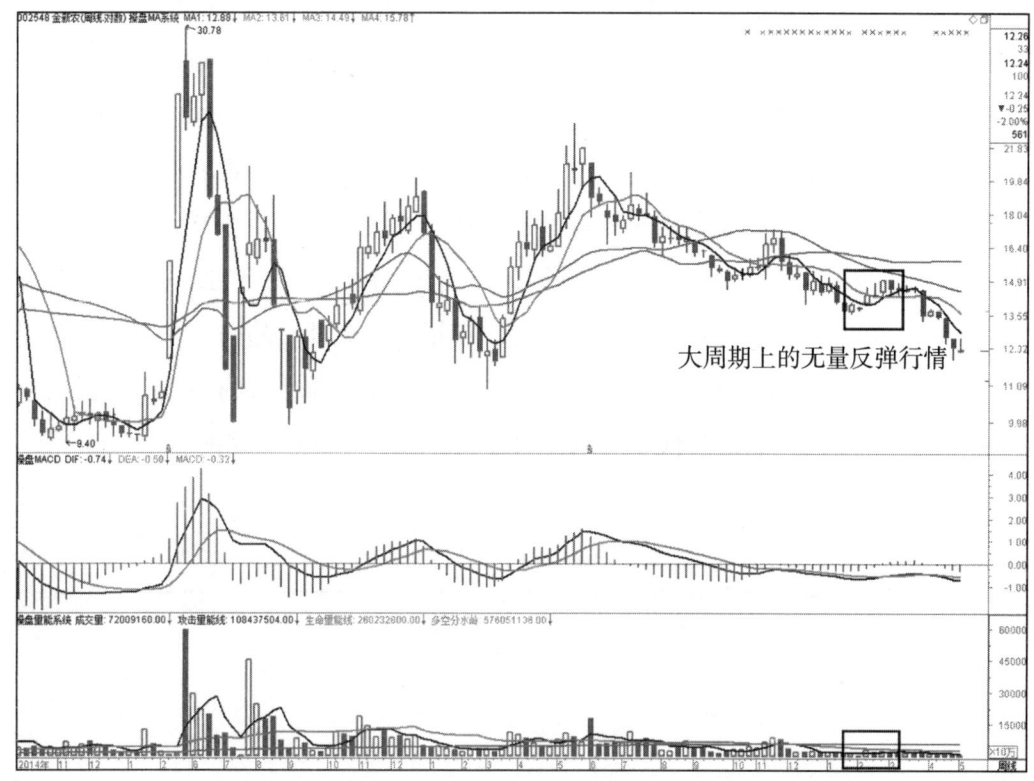

金新农（002548）2014年10月~2017年5月周K线走势图

准确来说，上文是针对中央一号文件中关于养殖业形成的产业链传递效应的分析，对这几只股票的定位不仅依赖于对文件本身的理解，更多的是对市场当下持续性操作的热点的关注。无论在什么市场环境下，反复被炒作的题材一定有活跃资金关注，是形成短期上涨行情的密集区。当然，如果不能有效地配合市场当下的热点题材，而是盲目地根据当下发生的事件进行分析，往往会得出南辕北辙的结论。

对中央一号文件关注的焦点一定在"三农"问题，而对市场节奏了解不深入的投资者会直接把要操作的重点放在农业股上，这是想在市场赚钱但又不愿意学习和思考的投资者能够获得的最简单的结论。2017年1月整个农林牧渔板块反弹的空间非常有限，大部分个股表现平平。下面以温氏股份为例。

从2015年11月2日上市以来温氏股份是在市场中仅有的几只没有享受过次新股福利的股票，上市后股价持续下跌，从上市首日最高价61.58元每股，到2016年12月30日的收盘价35.22元每股，下跌幅度接近一半。该股还没有被炒作过，对于偏爱创业板和次新股的投资者来说无疑是遇到了千载难逢的大机会。

作为传统行业中的一员，如果没有绝对性的竞争优势是很难吸引主力资金的光顾的，2014年和2015年创业板的疯狂已经和证券市场的本质相悖，整个创业板处于强势挤泡沫的状态，随着A股市场监管机制的逐步完善，曾经的公司只要上市股价就有机会上涨的时代会一去不复返。市场的资金都是趋向对未来有高预期的热点的，显然温氏股份已经不具备该要素，所以在这样严苛的环境下，没有主力资金光顾的以温室股份为代表的众多农林牧渔股票是没有上涨的。

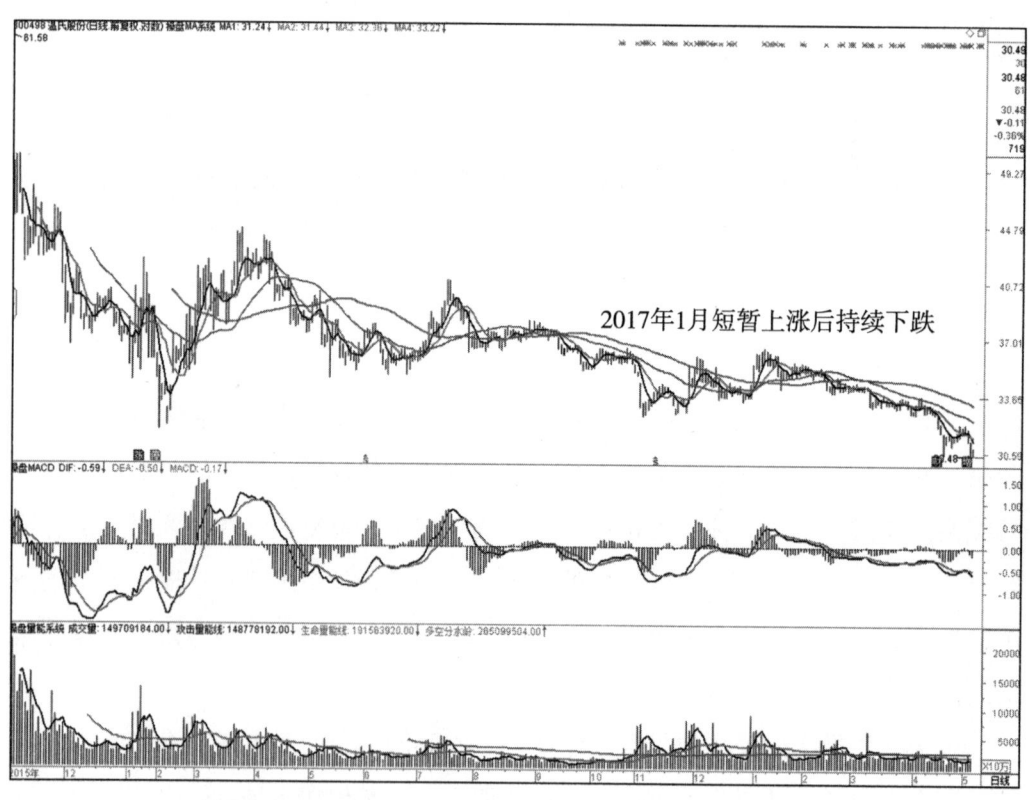

温氏股份（300498）2015年11月~2017年5月日K线走势图

具有驱动效应的事件发生时，相关板块的上涨时间是不一致的，如果能够满足热点炒作的标的股票在重要事件发生时已经走出了一个或者两个上涨波段，该事件的确定反而是主力资金拉高出货的好时机。

农垦改革试点全面启动，北大荒公司拥有土地总面积1296万亩，耕地面积1158万亩，作为拥有土地面积最大的上市公司将最为受益。在农垦系统企业集团化改革推动下，有强烈资产注入预期。对农业的供给侧改革政策出台已久，中央一号文件更是强化了该政策的重要性。在2016年11月的上涨行情中，北大荒已经走出了一个上涨波段，在2016年12月和2017年1月展开高位横盘，最后以向下跌破盘整确认下跌趋势而告终，并没有走出在中央一号文件促动下的强势上涨。

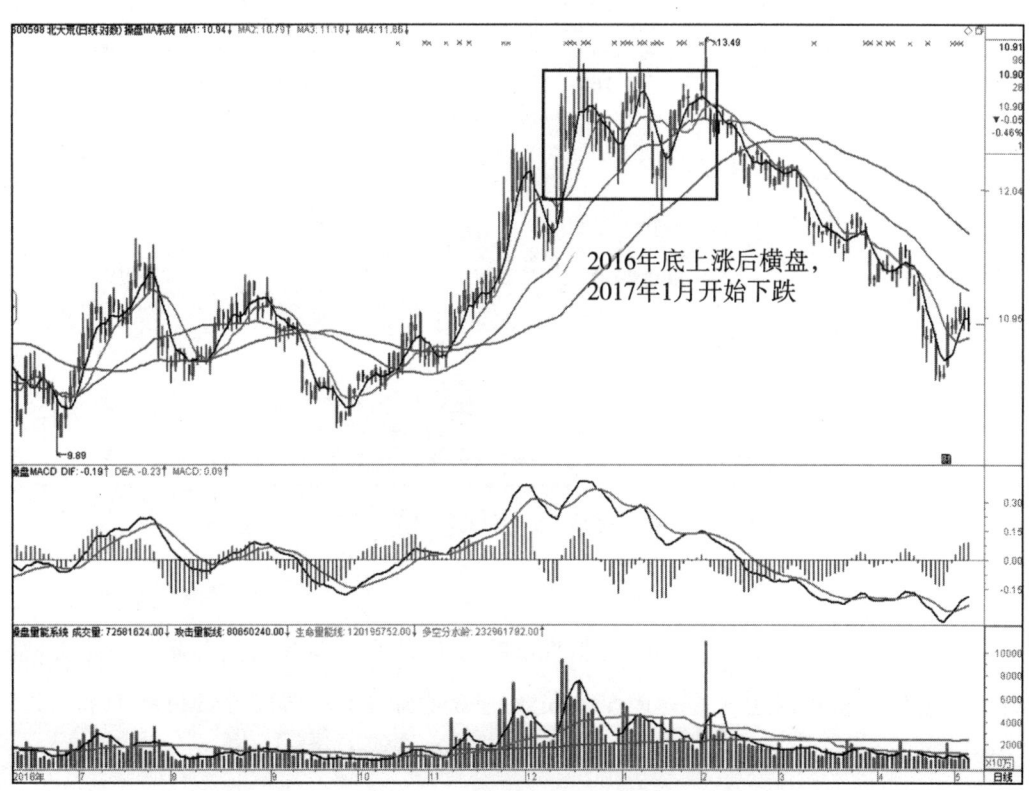

北大荒（600598）2016年6月~2017年5月日K线走势图

仙坛股份是一家主要从事集肉鸡饲养、加工、销售为一体的养殖类公司。2016年，随着饲料价格的下降和鸡肉价格的上涨，仙坛股份完成了两波非常强势的上涨行情，在2017年1月中央一号文件出台时股价处于历史高位。仙坛股份和北大荒的走势如出一辙，仙坛股份的上涨明显比北大荒更强势，待利润空间充分释放，最大的利好就是多空的转折点。

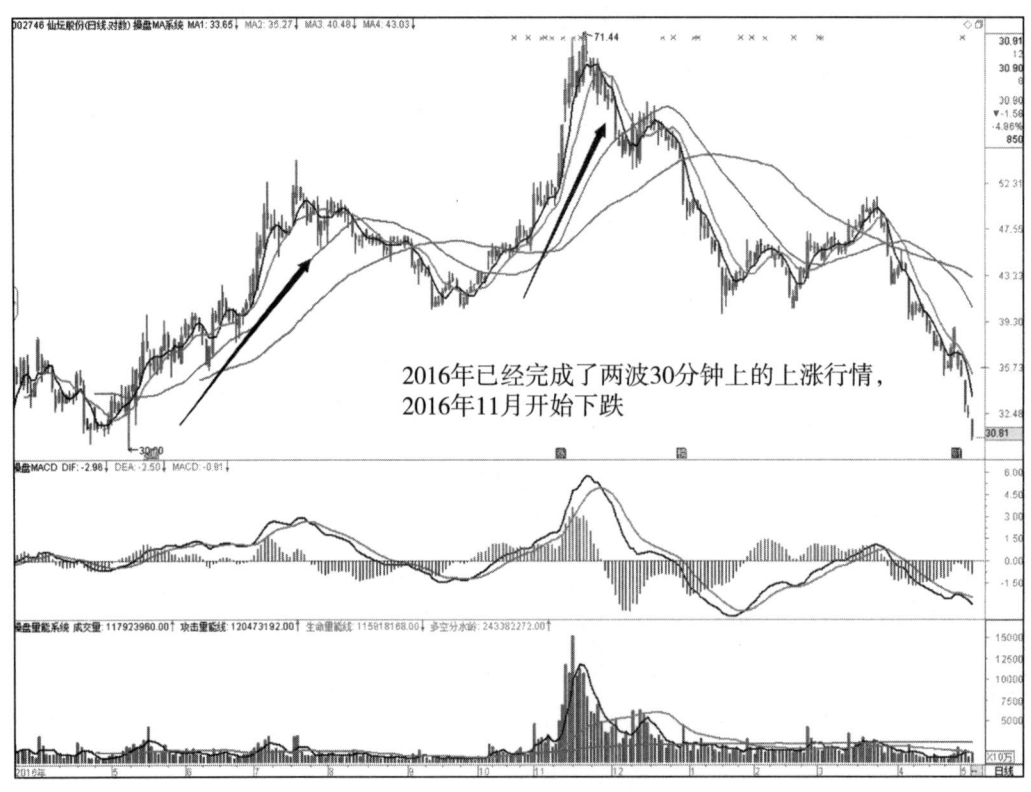

仙坛股份（002746）2016年4月~2017年5月日K线走势图

2017年中央一号文件在强调农业改革的方向时不断强调绿色农业，要求提高对各方面环境保护的关注。环境保护问题已经成为21世纪各国发展过程中的重点话题，也是投资领域要关注的重点。有时候环境保护和经济利益是相冲突的，这时候从长期发展的角度就需要有强制的政策来促进环境保护相关政策的实施，所以国内外每一次涉及实体经济发展的会议都会带动一次环境保护板块的炒作。

很多曾经以化工为生的企业，在政策面一次次加紧对环境保护的措施后营业收入大幅下降，没有实现顺利转型的化工企业的收入不及之前的十分之一，同时制造环保设施的企业快速崛起。下图是2017年中央一号文件发布后环境保护板块的走势图，2017年1~3月缓慢上涨，有明显资金进场的特征，在"两会"期间实现了加速上涨。

环境保护板块指数的近期高点为2773.91，离2015年的最高点3454.77还有24%的空间，已经远远强于大盘，作为前景无限的朝阳行业创历史新高是必然的。环境保护板块是未来几年要关注的重点板块之一。

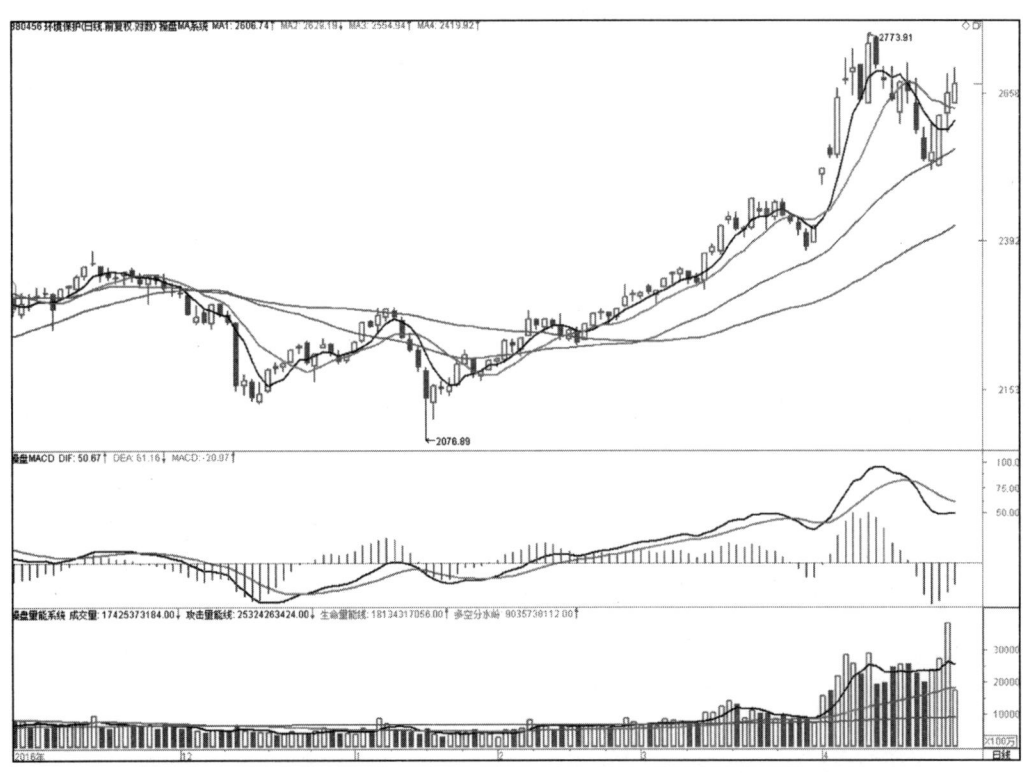

环境保护（880456）2016年11月~2017年4月日K线走势图

!| 特别提示

在该问题解答的过程中，我们带领大家对常规的热点事件分析做了一次非常清晰的梳理，读者要把重点放在分析的方法上，在下次有好的政策出台时学会自己分析才是最重要的。

思考题

1. 怎么识别行业轮动？对交易有哪些影响？
2. 每年行业轮动的规律是什么？在不同大盘背景下行业轮动有哪些变化？
3. 每年投资的重点月份是哪几个月？你自己投资侧重的板块有哪些？
4. 不同产业链内行业轮动的传导机制是什么？
5. 传统行业和朝阳行业中蕴含的投资机会有什么不同？

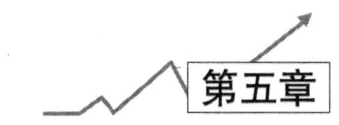

第五章
数字也可以赚钱

有的投资者把上市公司的财务数据比喻为沙漠中的黄金，只要具有一双慧眼就可以沙里淘金。财务相关书籍琳琅满目，但是能够高效指导实战交易的却少之又少，我们的体系根据多年实战经验，将财务分析中可以直接指导选股和交易的部分进行了提炼，目的是为了让投资者可以通过看财务数据直接指导自己的实战。

冗杂的财务数据往往让投资者对基本面的研究望而却步，二级市场上的投资者只需要评判出所要投资的上市公司的运营情况是否良好、是否具有发展潜力就足够了，交易点位的选取通过技术分析来实现。所以对财务报表的解读不要求大家达到100分，只要80分或者70分就足够。对一家上市公司基本情况的了解和分析达到70分所花的边际成本是较低的，而实现从70分到80分所需的边际成本会快速增高，但是其对普通投资者在投资决策上的影响程度却在衰减。

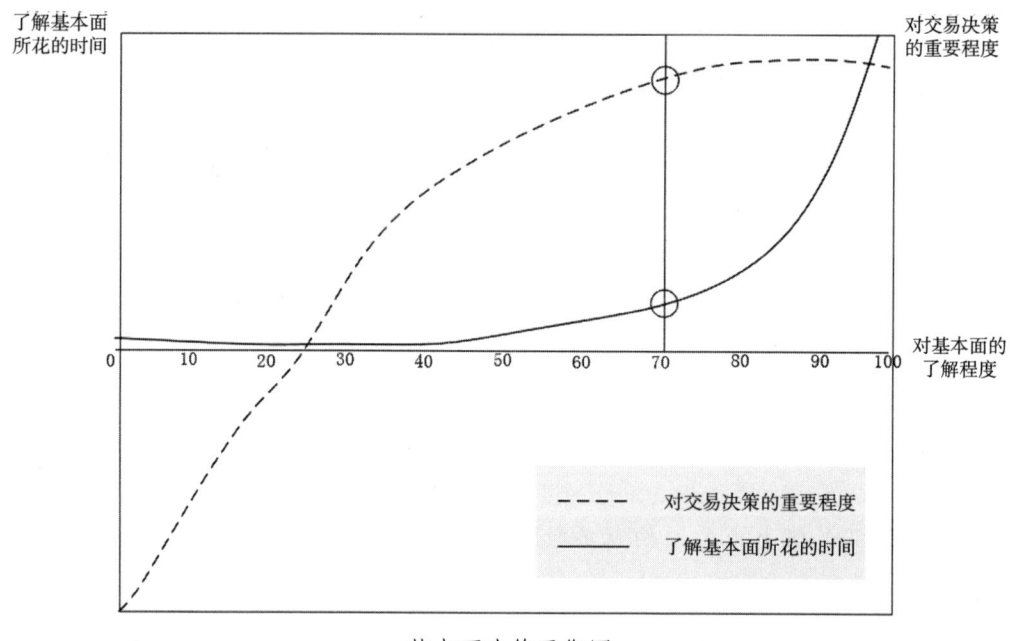

基本面决策平衡图

第一节 现金流的黄金八条

在财务分析中,放在第一位要和投资者分享的是现金流量表。关注价值投资的投资者对于财务分析的四张表格都不陌生,但是如何从这四张表中挖出"干货"才是最头痛的问题。学过财务分析或者会计的可能还比较容易读懂这些密密麻麻数字背后的含义,但是对于想尽快在股市中淘金的投资者来说很难有耐心去研读。本书根据笔者在市场中多年的投资经验总结了如何研读财务报表的心得,可以实现帮助投资者略过大部分无用信息,快速锁定对投资决策最重要的信息。

宁波港（601018）现金流量表

现金流量表	16-12-31	16-09-30	16-06-30	16-03-31	15-12-31	15-09-30	15-06-30	15-03-31
经营:销售商品、提供劳务收到的现金(元)	162亿	132亿	83.8亿	45.3亿	166亿	129亿	85.0亿	39.8亿
收到的税费返还(元)	---	3358万	1020万	471万	---	2449万	1352万	320万
收到其他与经营活动有关的现金(元)	4.00亿	3.34亿	1.41亿	9719万	4.06亿	2.37亿	1.30亿	7709万
经营活动现金流入小计(元)	192亿	146亿	94.0亿	47.8亿	176亿	140亿	90.1亿	41.7亿
购买商品、接受劳务支付的现金(元)	96.6亿	87.6亿	58.4亿	33.1亿	102亿	82.1亿	56.3亿	27.8亿
支付给职工以及为职工支付的现金(元)	22.0亿	14.3亿	8.46亿	4.01亿	20.0亿	13.5亿	7.91亿	3.73亿
支付的各项税费(元)	11.1亿	8.08亿	4.78亿	1.96亿	11.8亿	8.57亿	5.04亿	2.16亿
支付其他与经营活动有关的现金(元)	4.90亿	3.18亿	8828万	6913万	3.17亿	2.08亿	1.24亿	2967万
经营活动现金流出小计(元)	145亿	121亿	73.8亿	44.6亿	148亿	115亿	76.0亿	50.3亿
经营活动产生的现金流量净额(元)	47.3亿	25.4亿	20.2亿	3.25亿	28.4亿	24.5亿	14.1亿	-8.59亿
投资:取得投资收益所收到的现金(元)	6.95亿	4.18亿	1.18亿	410万	8.37亿	4.85亿	2.08亿	92.7万
处置固定资产、无形资产和其他长期...	2642万	20.2万	22.5万	5.90万	2.03亿	1.98亿	359万	7.90万
投资活动现金流入小计(元)	8.97亿	5.45亿	2.14亿	2300万	19.0亿	12.7亿	3.20亿	5101万
购建固定资产、无形资产和其他长期...	20.2亿	15.4亿	6.55亿	2.97亿	32.1亿	19.6亿	5.36亿	3.22亿
处置固定资产、无形资产和其他长期...	2642万	20.2万	22.5万	5.90万	2.03亿	1.98亿	359万	7.90万
投资支付的现金(元)	4.12亿	3.60亿	3.54亿	745万	6.49亿	3.58亿	8347万	---
投资活动现金流出小计(元)	26.6亿	20.7亿	11.2亿	3.56亿	45.6亿	32.5亿	7.10亿	3.22亿
投资活动产生的现金流量净额(元)	-17.7亿	-15.2亿	-9.08亿	-3.33亿	-26.6亿	-19.8亿	-3.90亿	-2.71亿
筹资:吸收投资收到的现金(元)	1.17亿	980万	---	---	495万	---	---	---
取得借款收到的现金(元)	57.1亿	50.6亿	26.0亿	7.52亿	63.9亿	32.5亿	10.1亿	4.92亿
筹资活动现金流入小计(元)	113亿	75.1亿	49.5亿	28.0亿	95.8亿	64.3亿	30.3亿	25.1亿
偿还债务支付的现金(元)	92.8亿	61.2亿	41.5亿	26.1亿	76.7亿	40.7亿	18.7亿	6.17亿
分配股利、利润或偿付利息支付的现...	18.6亿	16.3亿	13.2亿	1.55亿	22.3亿	21.9亿	13.6亿	1.15亿
筹资活动现金流出小计(元)	112亿	77.5亿	54.7亿	27.6亿	99.0亿	62.7亿	32.2亿	7.32亿
筹资活动产生的现金流量净额(元)	1.42亿	-2.34亿	-5.20亿	3988万	-3.19亿	1.58亿	-1.89亿	17.8亿

1. 不差钱的企业会越来越好

现金流运转正常的企业会越来越好。其实，企业法人和自然人有很多相似的地方，也是希望口袋里有更多可以支配的现金，当然不一定是钱包里的钞票，而是在银行卡或者其他短期理财产品中可以快速提现的资金。可自由支配现金越多的人能做的事情就越多，可以住更好的酒店，参加江氏交易天机的操盘手培训等，更好地享受生活，获得更高的幸福指数，同时也让自己变得越来越优秀。但是对于自由支配资金不足的人，想做的很多事情就会受到限制，最重要的是在这个知识快速爆炸的时代学习慢了就会失去很多机会。

上市公司要保障员工工资、日常经营性费用等支出，必须有足够的现金流，否则一旦发生导致公司非正常运转的情况，会直接影响公司的收入和业绩。在此先不对现金流的详细分类进行深入探讨，只关注上市公司在会计期期末的现金及现金等价物的价值。在通达信软件中，可以用F10快捷键调出基本面信息，在财务分析页面中找到现金流量表对应的数据。在东方财富网及其软件中有对财务数据进行深入分析的页面，投资者可以根据自己的需求查看，笔者更偏向拿到这个原始数据后自己分析。

格力电器（000651）年度现金流量表

指标(万元)	2016-09-30	2015-12-31	2014-12-31	2013-12-31
归属母公司所有者净利润	1122905.93	640347.00	315981.61	1253244.28
少数股东损益	7400.61	4414.26	1658.06	9129.98

【财报摘要】- 现金流量表

指标(万元)	2016-09-30	2015-12-31	2014-12-31	2013-12-31
审计意见	—	无保留	标准无保留审计意见	标准无保留审计意见
销售商品收现	5500364.13	11091852.09	8553445.11	7021140.36
经营现金流入	5952982.78	11879650.81	9053096.89	7663146.72
经营现金流出	4536756.42	7441812.63	7160080.34	6266163.01
经营现金流净额	1416226.36	4437838.18	1893016.55	1296983.71
投资现金流入	320894.77	117930.80	137000.73	100447.46
投资现金流出	483834.61	589246.28	423214.52	319045.20
投资现金流净额	-162939.84	-471315.49	-286213.79	-218598.74
筹资现金流入	1214741.18	1135441.20	1061227.49	699460.78
筹资现金流出	1729755.36	1903743.40	1247658.87	940858.50
筹资现金流净额	-515014.18	-768302.20	-186451.39	-242397.72
汇率变动对现金的影响	260182.07	187634.06	3457.43	-47117.62
现金及现金等价物净增加额	998454.41	3385854.51	1424728.80	788869.64
期末现金及现金等价物余额	8734956.09	7736501.68	4350647.11	2925918.31

指标(万元)	2016-09-30	2016-06-30	2016-03-31	2015-12-31
审计意见	—	未经审计	未经审计	无保留
销售商品收现	5500364.13	3770736.03	2190804.25	11091852.09
经营现金流入	5952982.78	4090951.66	2350525.71	11879650.81
经营现金流出	4536756.42	2945464.89	1738625.72	7441812.63
经营现金流净额	1416226.36	1145487.09	611761.99	4437838.18
投资现金流入	320894.77	129502.66	102509.21	117930.80
投资现金流出	483834.61	307830.56	125495.98	589246.28
投资现金流净额	-162939.84	-178327.90	-22986.77	-471315.49
筹资现金流入	1214741.18	518956.59	306172.71	1135441.20
筹资现金流出	1729755.36	502198.23	289628.14	1903743.40
筹资现金流净额	-515014.18	14763.56	16474.58	-768302.20
汇率变动对现金的影响	260182.07	229611.04	83459.65	187634.06

下表是家用电器行业中5家上市公司近4年来年末现金流情况，因完成以上数据统计时正处于上市公司陆续披露2016年第四季度季报和2016年年报时期，有的上市公司已经完成了2016年第四季度季报的披露，有的上市公司还在准备披露中。下表2016年9月30日对应的现金流中，TCL集团和新宝股份的数据是2016年12月31日的，用加粗的形式进行了特殊标注。

序号	公司名称	代码	2016年9月30日	变化	2015年12月31日	变化	2014年12月31日	变化	2013年12月31日
1	TCL集团	000100	2168553.62	69.34%	1280620.70	20.96%	1058708.30	12.14%	944133.10
2	美的集团	000333	1251373.00	141.24%	518731.70	-1.61%	527223.84	-68.55%	1676387.38
3	格力电器	000651	8734956.09	12.91%	7736501.68	77.82%	4350647.11	48.69%	2925918.31
4	老板电器	002508	343883.98	48.38%	231755.82	44.85%	159995.60	25.41%	127581.63
5	新宝股份	002705	**88453.01**	-2.25%	90488.77	16.29%	77814.26	143.93%	31899.77

TCL集团、美的集团和格力电器是家用电器的三大巨头，老板电器是后起之秀，新宝股份则是家用电器行业中发展比较一般的上市公司。选择这5家上市公司，根据它们所在的行业地位、公司规模对公司现金流情况进行分析，会更容易获得有价值的交易决策。

	总市值	净资产	净利润	市盈率	市净率	毛利率	净利率	ROE
行业平均	224亿	74.3亿	8.58亿	19.57	3.01	0.2546	0.0688	0.154
TCL集团	431亿	465亿	15.4亿	21.02	1.7	16.27%	2.63%	6.21%
行业排名	4|45	3|45	5|45	7|45	4|45	37|45	34|45	29|45
美的集团	2153亿	690亿	147亿	14.66	3.52	27.31%	9.97%	26.88%
行业排名	1|45	1|45	1|45	4|45	15|45	24|45	16|45	3|45
格力电器	1907亿	509亿	112亿	12.74	3.83	0.3412	0.1371	0.2113
行业排名	2|45	2|45	2|45	1|45	21|45	13|45	10|45	7|45
老板电器	362亿	41.3亿	12.1亿	30	8.77	57.31%	20.83%	33.38%
行业排名	5|45	15|45	6|45	16|45	40|45	1|45	3|45	2|45
新宝股份	122亿	25.6亿	3.27亿	28.03	3.55	0.2089	0.0631	0.1321
行业排名	19|45	23|45	17|45	14|45	16|45	33|45	27|45	17|45

先看TCL集团、美的集团和格力电器三家。TCL集团作为家用电器行业的老大，拥有最大的流通盘，但是由于近些年发展遇到瓶颈，和千亿市值上市公司的距离较远，在总市值上远远逊色于美的集团和格力电器。从上表中可以看出，前三家都属于"财大气粗"型企业，公司账面上的现金流都非常富足。TCL集团总体呈上涨趋势；美的集团在2014年和2015年都处于现金流减少趋势，在2016年取得了显著的改善；格力电器的现金流虽然在体量上还是非常可观，但是其现金流水平开始降低。

再来看老板电器。虽然公司在规模上并没有非常强大的优势，但是看到上表第一吸引眼球的就是毛利率，在全行业独占鳌头。对于家用电器这种半传统企业来说，销售量固然重要，但是要想获得理想收益的公司一定是可以获得较高毛利率和净利率的公司。老板电器在现金流的数量级上与前三位家电大鳄相比差了一个甚至两个数量级，但是它能够维持稳定增长的现金流就是非常健康的表现。

对于投资者来说，前面4家上市公司应该比较熟悉，因为在日常生活中会经常见到它们的广告，但是看到新宝股份，就很难第一时间想到它有什么非常大众化的产品。对于与日常生活相关的销售行业，没有较高的知名度就很难奠定它在行业中非常强势的地位。新宝股份的整体现金流更小，且处于逐渐减少的趋势，这对于一家上市公司来说会限制其采取一些创新的措施，除非现金流的减少另有隐情。

2017年春节前的最后一个交易日笔者和学员分享了美的集团这只票，要求大家重点关注，一方面是判断家电板块要启动了，另一方面可以确定如果家电板块上涨，美的集团即使不是龙头也会有可观的涨幅，其原因从基本面上就可以看出。

家用电器板块在经过了2015年"股灾"的下跌后，从2016年开始展开了持续上涨的行情。2016年整年大盘都是以震荡横盘的行情为主，但是家用电器板块整体走势非常强，大盘上涨它上涨，大盘下跌它震荡上涨。经过2016年一年的上涨，整个板块指数处于较强的上升趋势中，在12月的下跌行情中，家用电器板块也开始深度调整，但是决策线起到了重要的支撑作用。其实，家电行业属于国内为数不多的寡头类行业，几大上市公司基本占据了行业的大部分市场份额，整个行业已经进入了成熟稳健增长阶段，但是整个行业的平均市盈率依然较低，后期走势看好。

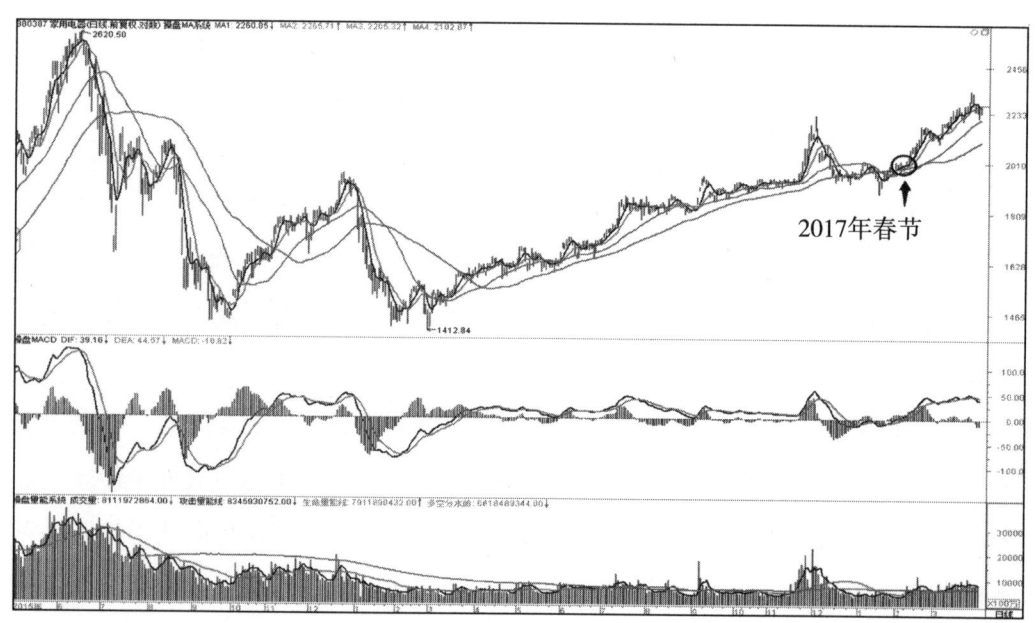

家用电器（880387）2015年5月~2017年4月日K线走势图

虽然TCL集团在家用电器行业中有着最大的流通盘，但是其没有竞争力非常强的产品。无论是彩电、空调、手机还是游戏都很难有非常突出的亮点，虽然在2015年的牛市中股价整体上涨有3倍，但是股价相对还处于较低水平，较低的盈利使其有着和行情平均水平相差不多的PE。2015年6月，大盘转为下跌，TCL集团也展开了跳水行情，并在2016年1月见底。但是在家用电器行业整体上升了一年的走势中，它竟然选择了震荡下跌后横盘，走势明显偏弱。对于流通盘较大的上市公司，如果基本面没有实质性利好，很难引起大资金的关注，也就很难走出强势的多头行情。而且在牛皮市，市场最活跃的是游资而不是市场上真正的主力军，游资很难有实力拉动几百个亿市值的股票。

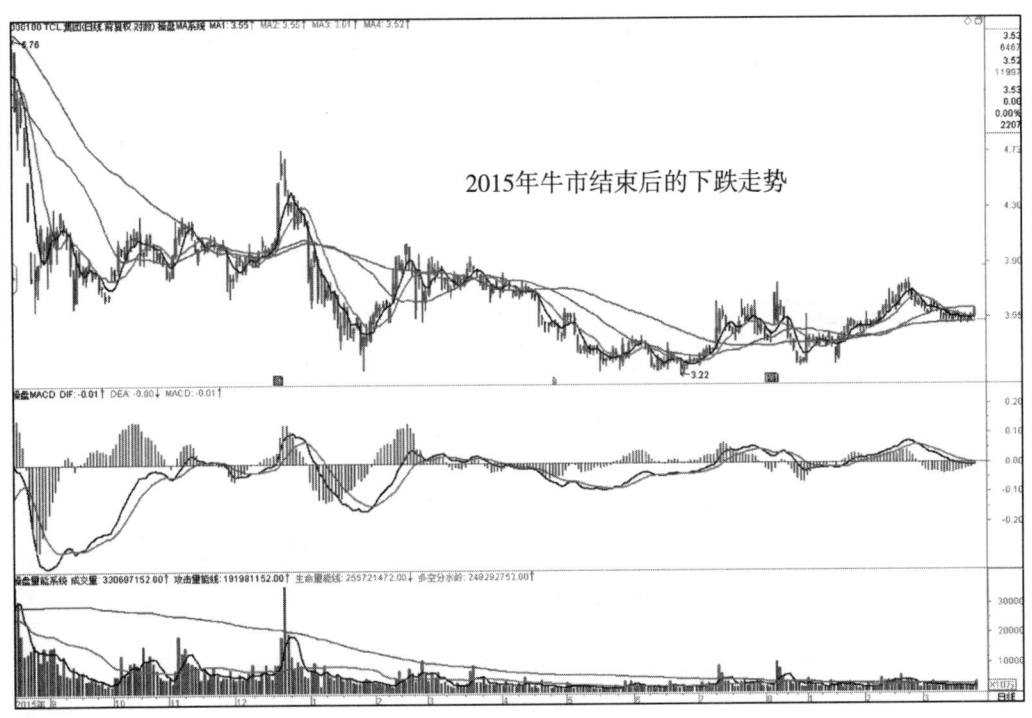

TCL集团（000100）2015年8月~2017年3月日K线走势图

上文已经对美的集团在行业中的优势进行了介绍，这里从另一个方向——技术形态寻找交易点位。在2016年行业整体向好的行情中，美的集团是做了非常大的贡献的，股价整体已经处于大多头形态中，2016年12月市场整体出现下跌走势，美的集团也顺势调整，最后在决策线的位置得到了支撑。从下图的走势中不难发现，在12月的整个回踩决策线的走势中，成交量是逐渐萎缩的，且在第一次回踩的过程中出现了地量，也就是在前期上涨过程中进场的筹码还没有充分逃跑，股价还会进一步拉升。关于决策线的使用方法请参阅《黑马在线》一书。

格力电器和美的集团旗鼓相当，笔者的一些学员更偏好格力电器，原因很简单，喜欢董明珠，因为他们更相信企业经理人的品质，德行兼备的经理人一定会对企业和投资人负责任。原则上是这样的，但是企业的管理者很多时候也很难应付市场中的大资金投资者，格力电器在遇到野蛮人掠夺时股价也很难坚挺。笔者更偏好美的集团的原因很简单，就是公司在整体收益上比格力电器更强。

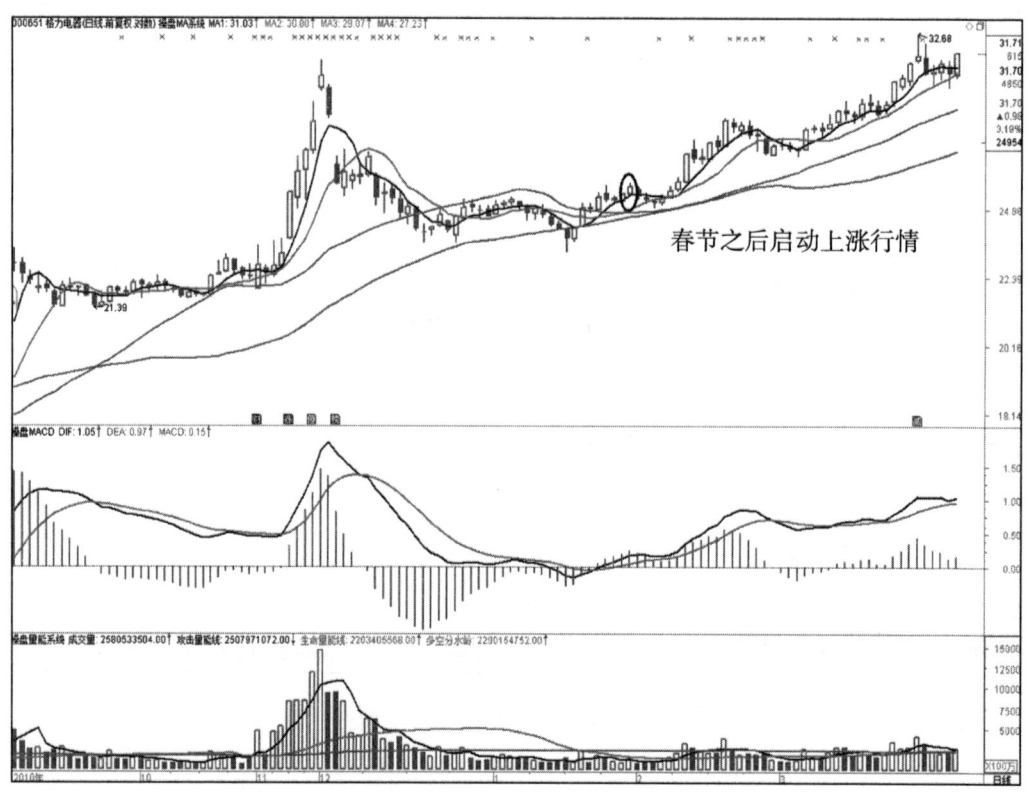

格力电器（000651）2016年10月~2017年4月日K线走势图

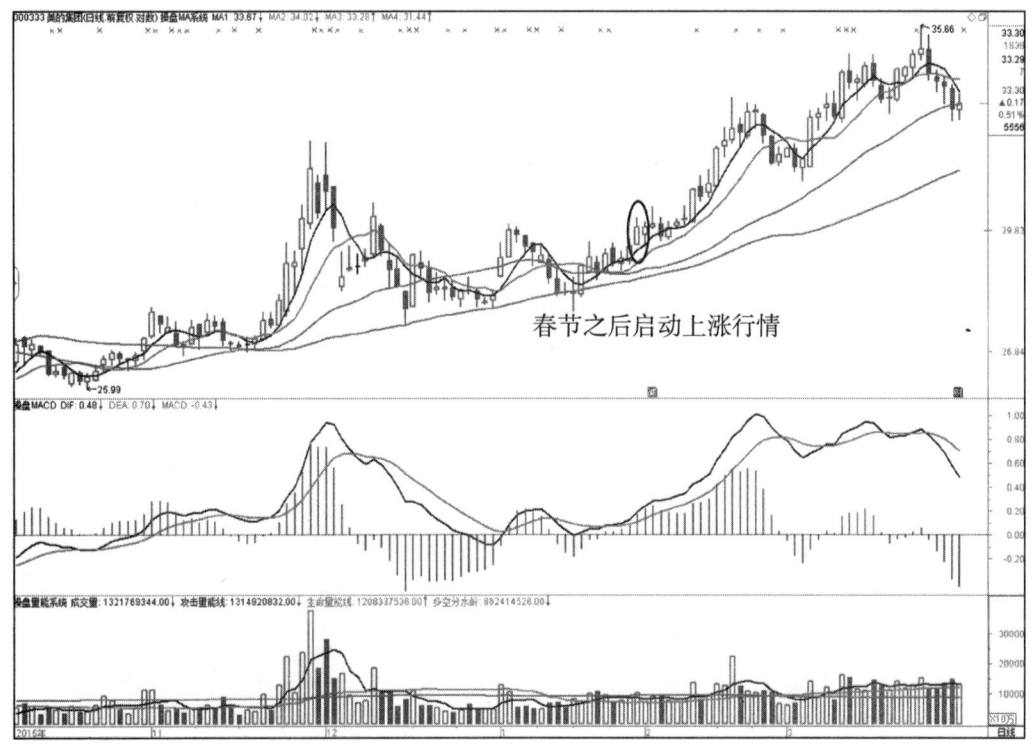

美的集团（000333）2016年10月~2017年4月日K线走势图

老板电器曾经是笔者非常看好的一只股票，在2015年的牛市中也获利颇丰，作为家用电器的后起之秀有"第二个苏宁电器"之称。老板电器在"股灾"时是非常坚挺的，验证了基本面优良的上市公司在"股灾"时抗跌的论断。对于长期上涨还没有深度下跌和充分调整换手的股票，市盈率已经高于行业平均水平，从技术分析上很难找到好的操作点位，只有对于基本面有深度了解、不介意买入点的操作方式才会更合适。春节后在家用电器的上升行情中，老板电器的涨幅是非常可观的，达到了27%。

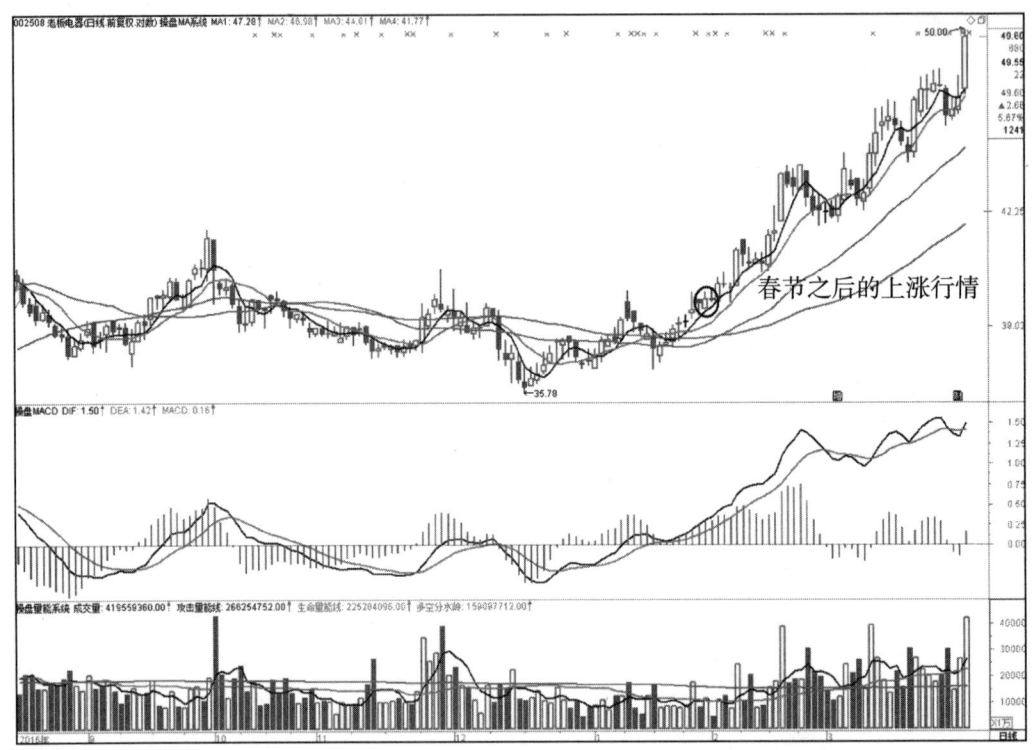

老板电器（002508）2016年8月~2017年3月日K线走势图

从技术形态上来说，虽然新宝股份整体处于震荡上升趋势中，但是从其走势的不连贯性可以看出，主力资金的控盘程度比较低，筹码比较分散，以致多空的行为不明显，股价很难走出强势上涨或者强势下跌的行情。在上升趋势中，股价涨一天跌两天，在下降趋势中股价跌一天涨两天，上下影线较多，K线实体重合严重，属于非常扭捏的走势，在形成新的有效蓄势期之前不建议操作。

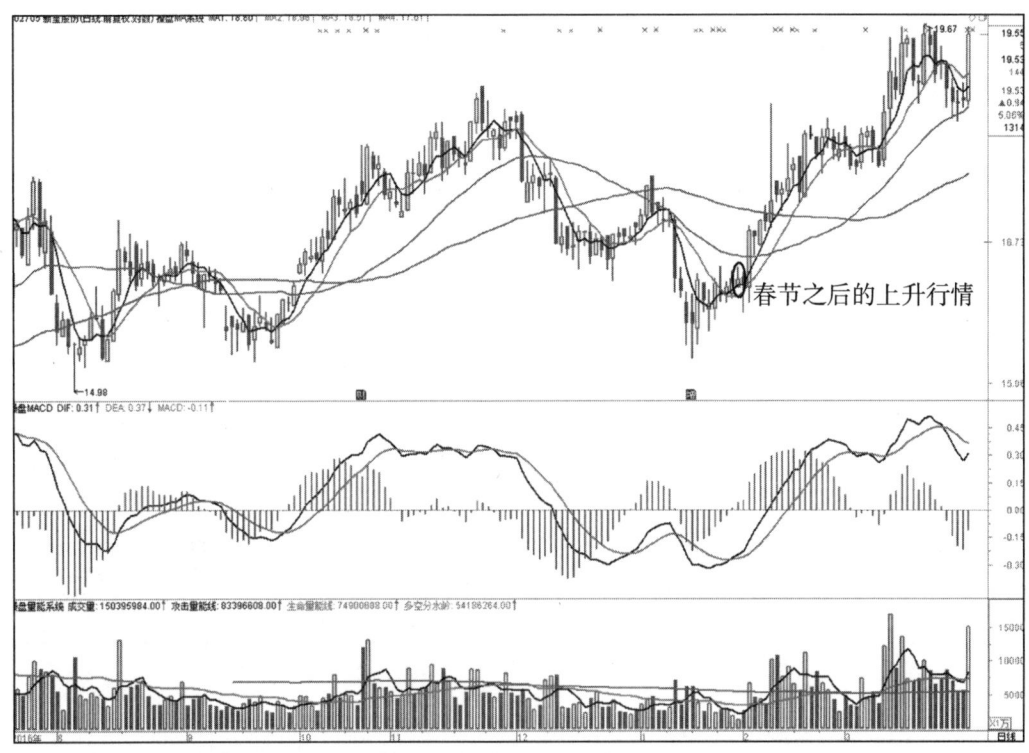

新宝股份（002705）2016年7月~2017年3月日K线走势图

2. 看"现"的不看欠的

在课堂上笔者和学员经常会提到，大家要提高识别上市公司是否在编故事的能力。现金流的"现"字真是一语中的，强调了当下可以兑现的，财务报表中很多都可以玩数字游戏，投资者的问题出在了不懂游戏规则，因为在大鱼吃小鱼、小鱼吃虾米的市场中，大鱼是不会告诉虾米游戏规则的。而本套丛书的目的就是告诉投资者本该知道但是被蒙蔽的游戏规则。

下图是上海钢联2008~2016年净利润柱状图，在2011年以前均是盈利的，处于缓慢增长状态，从2011年开始逐渐下降，在2015年之前还都是正数，但是2015年出现了巨幅亏损，而且从财务数据上可以看到2015年的亏损基本把之前几年的利润全部亏光了。上市公司给出的解释是，"由于公司目前正处于快速发展期，电商平台交易服务业务尚需培育，各项成本、费用同比上升，加上钢材价格波动,导致报告期内实现归属于上市公司股东的净利润同比下降"。

根据监管部门的规定,一旦出现连续两年的亏损,上市公司就要被ST,也就是我们通常说的"戴帽"。所以市场上有一个惯例,公司可以出现一年的亏损,第二年会尽量不出现亏损,哪怕是通过玩数字游戏的办法,因为一旦被ST就意味着给自己贴上了一个"差公司"的标签。虽然A股中也有实现暴涨的ST股,可毕竟是少数,在赚快钱之前要先掂量下风险。

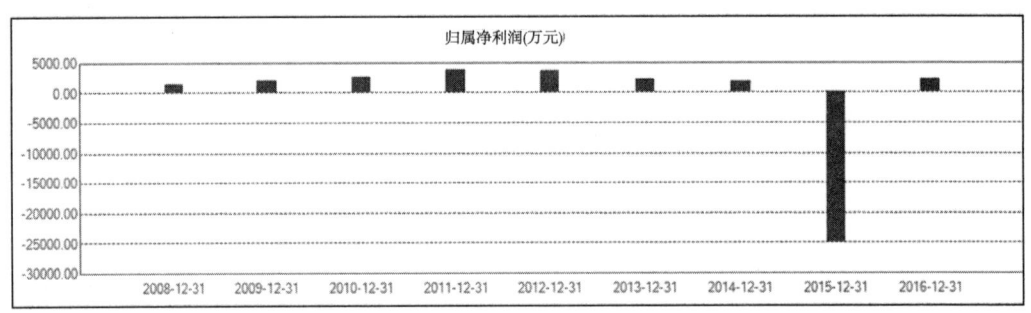

如果只从盈利方向看,上海钢联在2016年实现了从亏损到盈利的扭转,从净利润增长率上看大于100%,是非常吸引人的,如果对财务报表不进行细致解读就会把这个消息看成是一个利好。上海钢联2015年亏损4.48亿,年末现金流为3.06亿,负债比率72.47%;2016年盈利2210万,年末现金流为1.42亿,负债比率为81.17%。也就是说,2016年的盈利是在牺牲了现金流和扩大了负债的基础上换来的,也是我们通常理解的"做"出来的收益。

下图是上海钢联2016年的杜邦分析表,从该表中可以看出以下几个问题:

① 资产负债率过高,已远远超过50%;
② 净资产净利率小于15%;
③ 营业成本过高;
④ 预付账款过高,如果是保证金业务往来则属于正常。

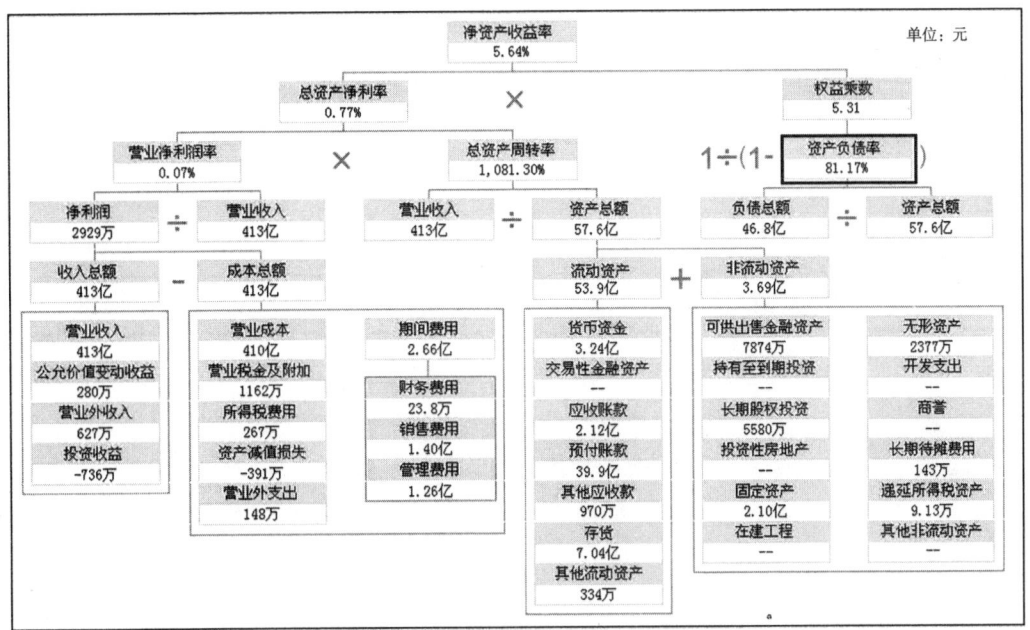

下表是上海钢联在电子信息行业的基本排名情况,从以下几个数据中不难发现,它各方面的数据均处于行业平均水平以下,虽然没有被ST,但是存在着比ST股票更大的风险。2013~2015年互联网行业的快速发展带动了创业板的辉煌,但是随着几轮"股灾"的惨痛教训以及全方位监管的更加严格,创业板去泡沫的行动在持续进行,前期鱼龙混杂的时代即将结束,只有真正具有核心价值和行业竞争力的企业才会在自由竞争的时代存活下来。

	总市值	净资产	净利润	市盈率	市净率	毛利率	净利率	ROE
行业平均	123亿	27.2亿	2.41亿	50.84	4.52	19.47%	7.47%	8.88%
上海钢联	61.3亿	10.9亿	2.21千万	277.48	12.29	0.74%	0.07%	5.64%
行业排名	70|106	71|106	78|106	79|106	92|106	104|106	90|106	55|106

上海钢联从"股灾"后一蹶不振,虽然股价不再创新低,也在酝酿一个收敛的底部形态,但是长期无资金问津,成交量持续萎靡,市场人气极度疲弱,整体经营状态就是潜在的一个大地雷,很难吸引大资金关注。同其他互联网公司不同

的是，上海钢联作为大宗商品交易平台具有独一无二的先天优势，但是在其经营状况出现好转、场外资金进场之前很难走出上升趋势。

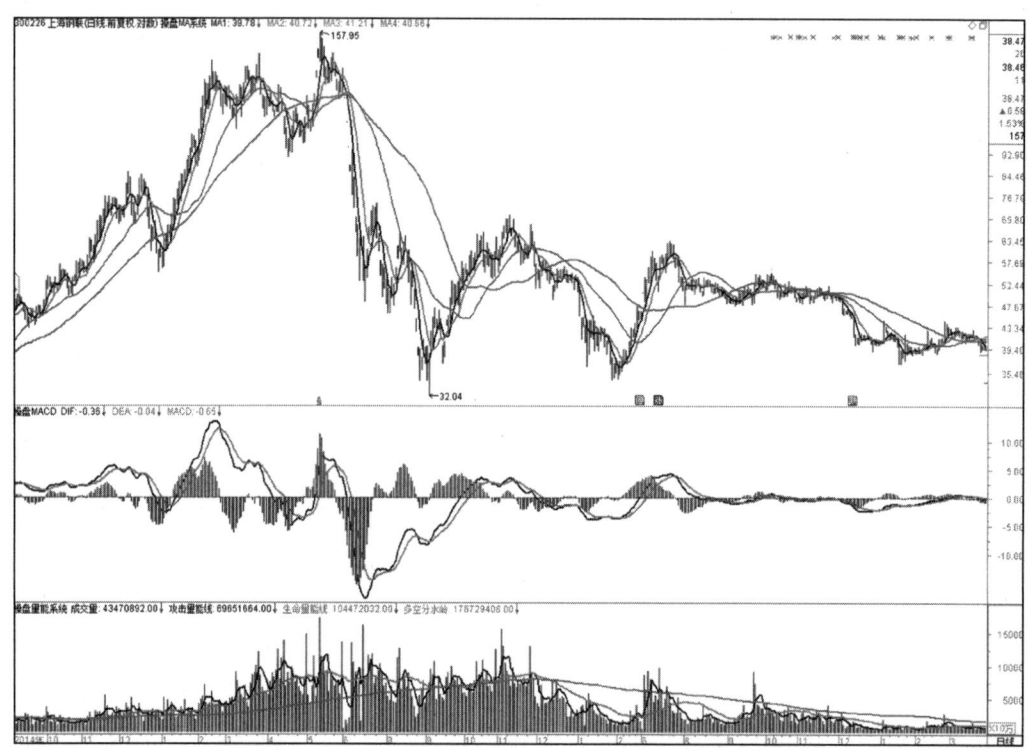

上海钢联（300226）2014年9月~2017年3月日K线走势图

3. 运营流入的现金流

现金流是由三项来源构成的：经营活动产生的现金流、投资活动产生的现金流和筹资活动产生的现金流。投资者在选择上市公司时要注意，如果一个上市公司的健康现金流是由投资活动或者筹资活动产生的，其中一定有玩数字游戏的环节，需要我们认真去研究。当然如果光靠经营活动产生的现金流就可以维持现有的发展水平，那么其就是一个有发展潜力的好企业，就要关注技术形态上有没有好的操作点位。

【财报摘要】- 现金流量表

指标（万元）	2016-12-31	2015-12-31	2014-12-31	2013-12-31
审计意见	-	无保留	标准无保留审计意见	标准无保留审计意见
销售商品收现	5088058.82	2517352.34	883768.68	182724.23
经营现金流入	5105998.65	2581853.63	892838.25	184401.50
经营现金流出	5183053.96	2597668.99	935875.33	184074.10
经营现金流净额	-77055.31	-15815.36	-43037.08	327.40
投资现金流入	1722.99	1407.93	230.21	0.49
投资现金流出	7034.52	55881.95	4238.30	7166.08
投资现金流净额	-5311.52	-54474.02	-4008.09	-7165.59
筹资现金流入	98894.32	142034.00	72761.50	18600.00
筹资现金流出	33056.33	56860.32	29351.15	10192.79
筹资现金流净额	65837.99	85173.68	43410.35	8407.21
汇率变动对现金的影响	-	-	-	-
现金及现金等价物净增加额	-16528.85	14884.30	-3634.83	1569.02
期末现金及现金等价物余额	14161.89	30690.73	15806.43	19441.26

上表是上海钢联的现金流量表，虽然从现金流的基数上看它还是一个比较健康的公司，但是一旦深究其现金流的来源时就会发现，经营活动产生的净现金流已经连续3年是负数了，此外投资活动产生的现金流也是连续3年是负数，只有筹资互动产生的现金流是正数，也就是说现金流的维持靠的是借钱。

4. 上交母公司后还有盈利才是真英雄

如果上市公司的盈利有大部分是上交给母公司的，且上交后账面上还有和同行业平均水平相差不多甚至优于行业平均水平的业绩表现时，说明它经营状况非常好、盈利能力非常强，这样的上市公司可投资的价值会更大。

【财务指标】- 主要财务指标

财务指标	2016-09-30	2015-12-31	2014-12-31	2013-12-31
审计意见	-	无保留	标准无保留审计意见	标准无保留审计意见
【每股指标】				
基本每股收益(元)	0.2188	0.2200	0.4155	0.6000
基本每股收益扣除(元)	-	0.1700	0.4055	0.5700
摊薄每股收益(元)	0.2186	0.2158	0.4155	0.5954
稀释每股收益(元)	0.2186	0.2200	0.4155	0.6000
每股净资产(元)	3.1641	3.0138	2.8003	3.5830
每股资本公积金(元)	0.3073	0.3052	0.3053	0.9576
每股盈余公积金(元)	0.1740	0.1740	0.1468	0.1675
每股未分配利润(元)	1.6664	1.5248	1.3620	1.4725
每股经营现金流净额(元)	0.1570	0.0176	0.6406	0.0814
每股现金流净额(元)	-0.2501	0.1906	-0.2152	0.2388
【盈利能力指标】				
加权净资产收益率%	6.9800	7.4300	16.0500	17.8800
加权净资产收益率扣除%	-	5.9200	15.7500	17.1500
摊薄净资产收益率%	6.9077	7.1601	14.8379	16.6183
摊薄净资产收益率扣除%	6.6043	5.7050	14.5574	15.9351
总资产收益率%	3.5775	4.2144	9.4358	10.0827
销售毛利率%	15.1313	12.7428	15.0802	13.1680
销售净利率%	6.5585	5.6527	9.3655	9.3748
营业利润率%	6.8323	5.6194	10.1872	10.4820
成本费用利润率%	8.1926	6.8145	12.3482	12.2190
【成长能力指标】				
归属母公司净利润(万元)	35003.49	34565.11	66566.24	63588.55
归属母公司净利润增长率%	-19.01	-48.07	4.68	18.56
营业收入(万元)	514715.94	609587.72	710762.50	677611.98
营业收入增长率%	15.50	-14.23	4.89	4.94
营业利润增长率%	-25.94	-52.69	1.94	14.38
总资产增长率%	-2.49	37.11	-4.39	33.87
净资产增长率%	4.13	8.05	17.66	14.60
经营现金流净额增长率%	-	-97.25	1081.07	-75.85

2016年9月30日兆驰股份的每股收益情况较2015年12月31日相差不多，2015年12月31日归属母公司的净利润达到了34565.11万元，2016年9月30日归属母公司的净利润达到了35003.49万元，向母公司上交了大额净利润之后的盈利能力仍然很强。

5. 资金的分配直接反映管理能力

大家最熟悉的一种上市公司分配现金流的办法就是分红。在美股和港股中更为常见，对于已经进入成熟期的、稳定发展的企业，经营活动会产生足够多的现金流，上市公司会把大量的现金流分配给股东，让投资公司的股东拿到分红收益。对于成熟的上市公司，股价很难会出现暴涨暴跌的走势，而是呈现平稳地上涨，遇到系统性风险时会有调整，但是很少出现跳楼式的杀跌行情。在A股中，经常分红的股票不多，而且分红可拿到的利润和成熟的香港市场、美国市场相比甚微，但是随着A股上市公司的稳健发展，靠分红拿投资收益的上市公司会越来越多，目前像格力电器、贵州茅台等经营活动非常健康的上市公司的分红频率有所提高。

代码	名称	相关	送转股份 送转总比例	送股比例	转股比例	现金分红 现金分红比例	股息率（%）	每股收益（元）	每股净资产（元）	每股公积金（元）	每股未分配利润（元）	净利润同比增长（%）	总股本（亿）	预案公告日	股权登记日	方案进展
300376	易事特	详细 报表	10转30.0	-	10转30.0	10派0.9000	0.16	0.90	6.36	3.32	1.81	69.00	5.76	11-29	04-06	实施分配
603636	南威软件	详细 报表	10转30.0	-	10转30.0	10派1.6000	0.17	0.51	8.68	4.61	3.23	-18.48	1.02	03-01	04-06	实施分配
002383	合众思壮	详细 报表	10转30.0		10转30.0	10派0.0000	0.00	0.46	14.35	11.69	1.43	59.22	2.44	03-01	-	董事会决议通过
600892	大晟文化	详细 报表	10转30.0		10转30.0	-							1.40	02-17		预披露
002464	金利科技	详细 报表	10转30.0		10转30.0	10派0.0000	0.00	1.27	8.03	6.08	0.53	470.58	1.46	12-12		董事会决议通过
002783	凯龙股份	详细 报表	10转30.0		10转30.0	10派5.0000	0.67						0.83	03-01		预披露
002217	合力泰	详细 报表	10转30.0		10转30.0								15.64	02-23		预披露
300377	赢时胜	详细 报表	10转30.0		10转30.0	10派2.0000	0.55						2.97	01-12		预披露
300379	东方通	详细 报表	10转30.0		10转30.0	10派1.8000	0.27	0.88	12.82	9.48	2.15	57.55	1.39	02-13		董事会决议通过
300317	珈伟股份	详细 报表	10转28.0		10转28.0	10派0.5000	0.14	0.72	9.49	7.54	1.06	129.37	4.77	12-20		董事会决议通过
002668	奥马电器	详细 报表	10送10.0转18.0	10送10.0	10转18.0	10派2.5000	0.32	1.80	12.40	2.98	7.69	11.61	2.27	03-14		董事会决议通过
002699	美盛文化	详细 报表	10转28.0		10转28.0	10派1.5000	0.42	0.41	6.79	4.76	0.95	50.27	5.05	12-21		股东大会决议通过
300230	永利股份	详细 报表	10转26.0		10转26.0	10派1.5000	0.50						2.52	01-18		预披露
300531	优博讯	详细 报表	10转25.0		10转25.0								0.80	11-21		预披露

上表中包含了截至2017年4月2日部分已经公布分红的上市公司，其中大部分是次新股，转股和分红同时进行。如珈伟股份10派0.5的意思就是，每10股派0.5元，现在股本4.77亿股，10转28后股本变为13.356亿股，每10股派0.5元，派息的总额为6678万元。截至2016年12月31日公司账面现金流总额为104415万元，足够支付股息。上市公司分红一方面说明公司的现金流非常充足，更重要的是说明公司运营、管理状况非常乐观，让投资者一起分享上市公司健康发展的红利，以提高上市公司在投资者心目中的美誉度。

6. 现金流不能只看账面数字

不要完全相信上市公司的账面数据，它不能完全体现整个公司的经营全貌。单纯的一个数据不能告诉我们上市公司各方面是否健康，未来是否有好的发展前景。了解一个上市公司的现金流需要我们对各行各业的运营模式有所了解，在针对性调研时更要对所研究的上市公司进行深度分析。

合力泰是在深圳上市的一家电子元器件公司，在F10页面的财务数据中可以看到它的经营范围是新型平板显示器件、触摸屏、摄像头及其周边衍生产品（含模块、主板、方案、背光、外壳、连接器、充电系统、电声、电池、电子元器件）、智能控制系统产品、智能穿戴设备、家电控制设备及配件、指纹识别模组、盖板玻璃、工业自动化设备及配件等产品的设计、生产、销售、研发和以上相关业务的技术开发、技术咨询、技术服务等，业务范围相对广泛，在行业中的地位见下表。其总规模水平在行业中靠前，整体盈利情况较好，但是利润率不高，基本可以判断是一家靠规模和量支撑起来的公司。

	总市值	净资产	净利润	市盈率	市净率	毛利率	净利率	ROE
行业平均	125亿	32.0亿	1.64亿	57.31	3.91	20.84%	7.16%	6.83%
合力泰	305亿	60.9亿	5.78亿	39.52	2.7	16.64%	7.50%	9.93%
行业排名	11|169	16|169	15|169	26|169	23|169	131|169	97|169	62|169

从季度归属净利润的柱状图上可以清晰看到，整体盈利水平在增加，尤其2016年全年稳健上涨，所以整体分析的第一步可以看出合力泰是电子器件行业规模和发展还不错的一家公司。

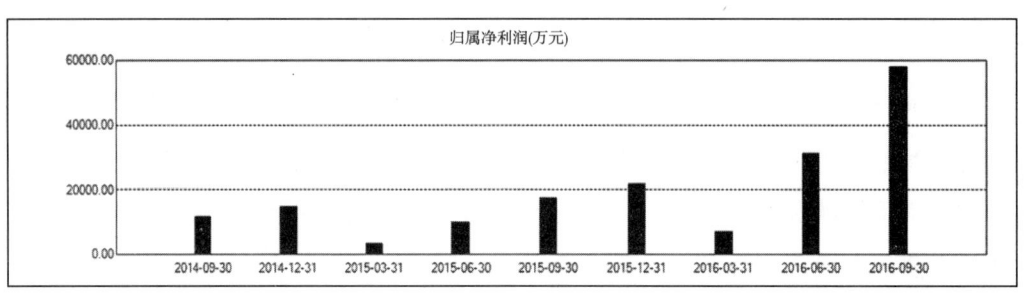

有了初步结论后要进行深度分析。从成长能力指标中可以看到，该公司营业总收入情况全年上涨，而且收入水平超过了上一年同期的一倍以上，是对上文初步结论的进一步印证。

成长能力指标	16-09-30	16-06-30	16-03-31	15-12-31	15-09-30	15-06-30	15-03-31	14-12-31	14-09-30
营业总收入(元)	77.1亿	49.2亿	16.9亿	49.5亿	28.9亿	17.6亿	7.91亿	30.5亿	22.0亿
毛利润(元)	12.6亿	7.37亿	2.70亿	8.65亿	4.77亿	2.84亿	1.19亿	4.66亿	3.32亿
归属净利润(元)	5.78亿	3.11亿	7074万	2.18亿	1.73亿	9871万	3422万	1.47亿	1.17亿
扣非净利润(元)	5.25亿	2.88亿	6857万	1.14亿	1.43亿	7308万	2531万	1.15亿	9408万
营业总收入同比增长(%)	166.56	178.86	113.62	62.22	31.68	40.56	158.46	162.48	217.16
归属净利润同比增长(%)	235.18	215.40	106.72	48.15	47.17	18.54	36.55	2.48	62.53
扣非净利润同比增长(%)	267.25	294.06	170.90	-0.71	51.90	14.95	1.01	-3.34	46.71
营业总收入滚动环比增长(%)	20.52	38.51	18.15	32.12	5.25	0.67	15.89	14.49	32.55
归属净利润滚动环比增长(%)	44.82	69.16	16.74	7.70	24.50	4.02	---	---	---
扣非净利润滚动环比增长(%)	50.82	109.34	38.04	-30.39	31.70	8.06	0.22	30.88	348.34

在对合力泰初步分析的时候已经发现它的利润率水平不高，在盈利能力指标的分析中可以看到，2016年整体毛利率水平和上一年相差不多，有非常细微的减少痕迹，也就是说，合力泰在2016年实现了销售规模的快速扩大，但是盈利水平并没有提高。但是其净利率和毛利率有所差别，尤其从2016年第二季度开始，虽然毛利率水平在降低但是净利率却在升高，第三季度的净利率从2015年的5.95%上升到了2016年的7.50%。这个环节微小的变化，说明合力泰在税费的管理上有所改进，整体的管理水平在改善，进而实现了净利润率的有效增长。

盈利能力指标	16-09-30	16-06-30	16-03-31	15-12-31	15-09-30	15-06-30	15-03-31	14-12-31	14-09-30
加权净资产收益率(%)	9.93	5.49	1.27	8.70	9.02	5.26	1.86	10.75	9.46
摊薄净资产收益率(%)	9.50	5.35	1.26	3.94	5.03	5.19	1.85	8.09	6.41
摊薄总资产收益率(%)	5.38	3.20	0.75	3.51	3.32	2.76	1.04	6.34	5.04
毛利率(%)	16.64	15.26	16.15	17.90	16.90	16.53	15.28	15.65	15.44
净利率(%)	7.50	6.33	4.18	4.38	5.95	5.58	4.33	4.82	5.34
实际税率(%)	13.46	12.60	11.09	24.64	19.81	20.05	21.68	21.89	18.63

合力泰的整体负债水平在50%左右，虽然2016年第三季度的负债水平有所增加，但是幅度并不大，还处于健康发展的范围内。流动负债占总负债的比率达到了80%，也就是说大部分负债都是短期的，没有太多的长期负债。一家优秀的上市公司，不会有太多的长期负债，短期负债只是为了让经营活动的效率更高，而不是实质性缺钱。

上文所介绍的优势与问题在杜邦分析体系的报表中也比较明显，资产负债率和营业净利润率是一定要关注的。下文会详细介绍如何通过杜邦体系的报表快速定位上市公司的优势和存在的问题。

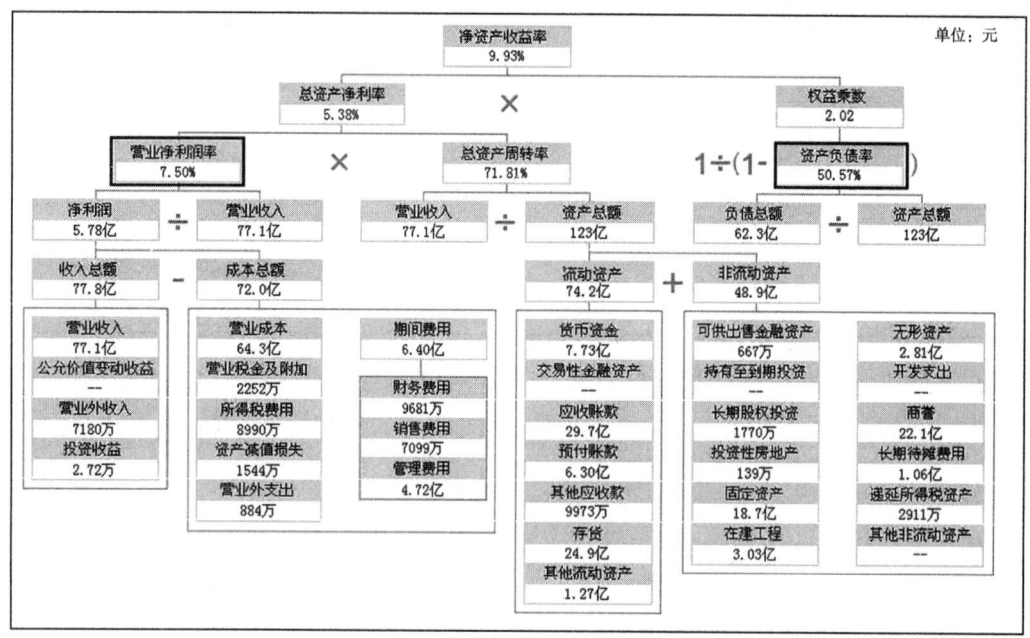

对基本面的走势分析完毕后，一定要回归到盘面上，K线之外的信息是决定股价涨跌的魂，K线的走势是股价涨跌的表现，通过前者选择有发展潜力的大牛股，通过后者确定交易过程的下单点位，避免进场就被套牢的悲剧。合力泰在2016年1月的低点以后处于震荡上升的形态，只是上升动能不够强。通过对前面几个基本面具有投资价值的上市公司的分析可以看出，在2016年这样的牛皮市，只要基本面不是太差的上市公司基本不会出现太大的风险。这就是交易时一定要结合基本面和技术面进行综合分析的原因。2016年最后一波年报发布时，成绩好的股已经早早向投资者披露了去年一年的战绩，成绩差的大都是拖到披露的截止日期。这个时候经常会有投资者咨询我们：为什么我的股突然变成ST了，然后不断跌停？这根本不是突然，而是必然，因为股票连续两年亏损就被ST，这个游戏规则你都不知道，就不要抱怨投资出现巨亏了。

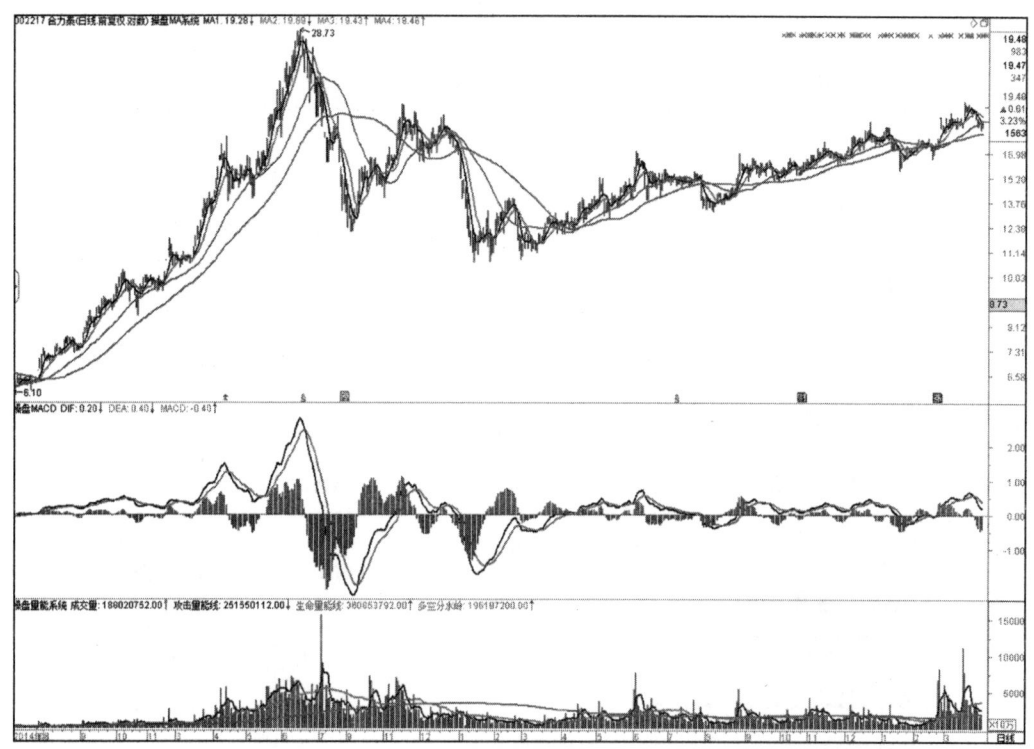

合力泰（002217）2014年7月~2017年3月日K线走势图

7. 现金流并不是趴着的死钱

现金流也可以理解为是一笔趴在公司账上的钱，现金流少了公司运营会有问题，但是现金流多了也会导致资金利用率太低。投资者的证券账户也是一样的，当你不得不空仓的时候，不要让现金趴在账上，可以去操作理财产品和国债逆回购，这些都是保本的，国债逆回购每天的利率都不一样，赶上银行都缺钱的时候，1天期国债逆回购的年化利率可以达到40%。在大盘深度调整时，国债逆回购绝对是一个好的资产配置方式。

对于企业账面上的资金，一方面可以参与银行定制的一些短期固收产品，另一方面也可以通过对国家货币政策的分析判断人民币的升值或贬值，进而获得更多的投资机会。在合力泰的现金流量表中有一栏是"汇率变动对现金的影响"，一旦上市公司进行外汇相关的划转或者投资，产生收益或者亏损在此都会有所体现，当该现金流为正数的时候，说明公司的管理者在积极提高资金利用率，如果该栏为负数或者为0，说明管理层对现金流的管理处于不作为状态。

合力泰（002217）的现金流量表

【财报摘要】- 现金流量表

指标（万元）	2016-09-30	2015-12-31	2014-12-31	2013-12-31
审计意见	-	无保留	标准无保留审计意见	标准无保留审计意见
销售商品收现	603933.24	435953.65	250485.12	134900.76
经营现金流入	633298.81	451152.69	256403.08	137095.48
经营现金流出	654419.64	431071.95	273481.55	122199.06
经营现金流净额	-21120.83	20080.74	-17078.47	14896.42
投资现金流入	49551.03	4430.17	111096.96	5064.60
投资现金流出	78824.62	101183.30	123538.02	17128.90
投资现金流净额	-29273.59	-96753.13	-12441.06	-12064.30
筹资现金流入	253170.28	302123.20	110730.88	41201.68
筹资现金流出	222017.29	163191.81	75806.46	48031.28
筹资现金流净额	31152.99	138931.39	34924.42	-6829.60
汇率变动对现金的影响	139.79	24.01	-12.51	-118.16
现金及现金等价物净增加额	-19101.64	62283.02	5392.38	-4115.63
期末现金及现金等价物余额	56434.39	75536.03	13253.01	10556.53

8. 每股经营现金流更有说服力

上文已经介绍了现金流的重要性，以及如何从现金流来源的角度分析健康、有效的现金流。上文分析几家家用电器的上市公司时就面临一个问题：对于规模不同的上市公司，没有办法直接进行同年度下现金流的横向对比。规模越大的公司需要的现金流越大，去除规模效应最好的一种对比方法就是用平均每股现金流的方式来评价一家上市公司手上资金应对当下经营状况的能力。

公司	总股本（亿）	总现金流（万元）	经营活动产生的现金流（万元）	每股现金流（元）	每股经营现金流（元）
TCL集团	122.14	2168553.62	534370.32	1.78	0.44
美的集团	64.59	1251373.00	2669500.00	1.94	4.13
格力电器	60.16	8734956.09	1416226.00	14.52	2.35
老板电器	7.30	343883.98	154544.00	4.71	2.12
新宝股份	6.26	88453.01	66986.00	1.41	1.07

关于5家上市公司基本面的情况在上文已经详述，此处不再赘述。从上表的差异可以看出，在每股经营活动产生的现金流上，美的集团是最具有竞争力的，最差的是TCL集团。此外，美的集团和格力电器的经营活动产生的现金流要比总现金流更大，也就是说它们在投资或者筹资上有巨大的现金流流出，如果要做出交易决策，就需要寻找到其他导致现金流流出的根本原因。

第二节 利润表的黄金八条

利润表是一个反映结果的表格，告诉我们公司经营过程中最直接的信息：收入多少、花费多少、还剩多少钱。通过分析利润表就能够看出这个公司是否能够创造利润，是否具有持久竞争力。对于普通投资者来说，现金流量表和资产负债表还有些难以理解的地方，但是利润表是非常贴近我们的生活的，和自己或者家庭的收支报表是一样的，通过对财务状态的分析来制订后期的赚钱、消费计划等，以保证不出现财务危机。

宁波港（601018）2016年利润表

利润表	16-12-31	16-09-30	16-06-30	16-03-31	15-12-31	15-09-30	15-06-30	15-03-31
营业收入(元)	163亿	125亿	83.8亿	47.3亿	167亿	130亿	86.1亿	43.2亿
营业成本(元)	123亿	93.8亿	65.0亿	37.4亿	122亿	94.6亿	64.9亿	32.7亿
销售费用(元)	174万	142万	124万	59.6万	153万	171万	119万	22.7万
财务费用(元)	3.25亿	2.61亿	1.25亿	6287万	4.47亿	3.45亿	1.61亿	7449万
管理费用(元)	13.7亿	10.1亿	5.83亿	3.01亿	13.4亿	9.44亿	5.72亿	2.92亿
资产减值损失(元)	2089万	725万	-25.9万	-353万	2875万	128万	-471万	-871万
投资收益(元)	7.85亿	6.18亿	3.78亿	1.96亿	9.16亿	7.51亿	5.79亿	2.95亿
营业利润(元)	30.2亿	24.6亿	15.3亿	8.08亿	35.3亿	29.8亿	19.4亿	9.71亿
利润总额(元)	31.2亿	25.4亿	15.8亿	8.45亿	36.1亿	30.4亿	19.6亿	9.81亿
所得税(元)	6.31亿	4.96亿	3.03亿	1.29亿	6.89亿	5.63亿	3.41亿	1.61亿
归属母公司所有者净利润(元)	23.0亿	18.9亿	11.8亿	6.58亿	26.4亿	22.9亿	15.1亿	7.65亿

1. 利润的来源比本身更有意义

利润的来源是决定这个公司经济增长的原动力，企业能否盈利仅仅是一方面，做交易决策一定要辩证地看待利润和企业经营状态的关系。有的时候，为了将来更好地发展而进行大规模投入，必然会导致利润减少，但是绝对不能以此判断这是一家没有投资价值的公司；有的时候，过多的预收账款和刻意减少的折旧摊平都会促使利润的增加，这也很难判断企业当前是否处于健康运营中。投资者对主力有着天然的不满，总觉得自己被主力一个又一个故事骗得团团转，但是却忽略了一个更会讲故事的主体——上市公司。无论是财报，还是各种公告，一定都是斟酌再三后才会和投资者见面的。

下文第一个表格是天齐锂业的利润表，2016年第四季度的净利润为17.9亿元。第二个表格是洛阳钼业的利润表，2016年第四季度的净利润为10.2亿元。两者都是有色行业的龙头上市公司，天齐锂业侧重于锂电池整个产业链的研发、生产和销售，洛阳钼业侧重钼和钨矿产资源的勘探、开采、冶炼、加工和销售。但是，从利润表中可以看出一个非常值得关注的问题，营业收入更低的天齐锂业反而有更高的净利润。非常明显，天齐锂业的营业成本和期间费用更低，在经营管理上更为合理、高效，产品的绝对定价权更高。

天齐锂业（002466）2015年第三季度到2016年第四季度利润表

利润表	2016-12-31		2016-09-30		2016-06-30		2016-03-31		2015-12-31		2015-09-30	
指标	数值	占比	数值	占比	数值	占比	数值	占比	数值	占比	数值	占比
营业收入(元)	39.0亿	100%	27.7亿	100%	17.1亿	100%	7.54亿	100%	18.7亿	100%	13.1亿	100%
营业成本(元)	11.2亿	-28.75%	7.94亿	-28.66%	4.71亿	-27.62%	2.28亿	-30.21%	9.91亿	-53.06%	6.76亿	-51.71%
营业税金及附加(元)	4363万	-1.12%	1811万	-0.65%	1078万	-0.63%	426万	-0.56%	688万	-0.37%	257万	-0.20%
期间费用(元)	39.0亿	-8.44%	27.7亿	-6.15%	17.1亿	-6.48%	7.54亿	-7.43%	18.7亿	-16.16%	13.1亿	-17.69%
销售费用(元)	3589万	-0.92%	2278万	-0.82%	1409万	-0.82%	654万	-0.87%	3045万	-1.63%	1868万	-1.43%
管理费用(元)	1.98亿	-5.07%	1.30亿	-4.67%	7061万	-4.14%	3182万	-4.22%	1.72亿	-9.21%	1.13亿	-8.61%
财务费用(元)	9551万	-2.45%	1825万	-0.66%	2567万	-1.51%	1766万	-2.34%	9941万	-5.32%	1.00亿	-7.65%
资产减值损失(元)	2.66亿	-6.81%	569万	-0.21%	475万	-0.28%	-53.6万	0.07%	6079万	-3.26%	5753万	-4.40%
其他经营收益(元)	---	---	---	---	---	---	---	---	---	---	---	---
公允价值变动损益(元)	218万	0.06%	433万	0.16%	510万	0.30%	-234万	-0.31%	173万	0.09%	---	---
投资收益(元)	7132万	1.83%	1872万	0.68%	1350万	0.79%	469万	0.62%	584万	0.31%	118万	0.09%
营业利润(元)	22.2亿	56.77%	18.0亿	65.16%	11.3亿	66.09%	4.69亿	62.18%	5.15亿	27.56%	3.41亿	26.08%
加：营业外收入(元)	1650万	0.42%	1070万	0.39%	425万	0.25%	261万	0.35%	725万	0.39%	447万	0.34%
补贴收入(元)												
减：营业外支出(元)	7437万	-1.90%	364万	-0.13%	393万	-0.23%	21.8万	-0.03%	871万	-0.47%	130万	-0.10%
利润总额(元)	21.6亿	55.29%	18.1亿	65.41%	11.3亿	66.11%	4.71亿	62.50%	5.13亿	27.48%	3.44亿	26.32%
减：所得税(元)	3.72亿	-9.53%	4.20亿	-15.16%	2.66亿	-15.59%	1.32亿	-17.49%	8722万	-4.67%	1.70亿	-13.01%
净利润(元)	17.9亿	45.76%	13.9亿	50.25%	8.62亿	50.51%	3.39亿	45.02%	4.26亿	22.81%	1.74亿	13.31%

洛阳钼业（603993）2015年第三季度到2016年第四季度利润表

利润表	2016-12-31		2016-09-30		2016-06-30		2016-03-31		2015-12-31		2015-09-30	
指标	数值	占比	数值	占比	数值	占比	数值	占比	数值	占比	数值	占比
营业收入(元)	69.5亿	100%	35.0亿	100%	22.6亿	100%	11.6亿	100%	42.0亿	100%	31.7亿	100%
营业成本(元)	46.2亿	-66.53%	20.8亿	-59.47%	14.1亿	-62.30%	7.09亿	-61.23%	26.2亿	-62.49%	19.5亿	-61.53%
营业税金及附加(元)	2.30亿	-3.31%	1.30亿	-3.71%	8542万	-3.78%	3886万	-3.36%	2.42亿	-5.78%	1.66亿	-5.22%
期间费用(元)	69.5亿	-17.45%	35.0亿	-14.19%	22.6亿	-13.61%	11.6亿	-11.63%	42.0亿	-11.63%	31.7亿	-13.57%
销售费用(元)	9062万	-1.30%	5598万	-1.60%	3734万	-1.65%	1838万	-1.59%	8467万	-2.02%	6180万	-1.95%
管理费用(元)	7.15亿	-10.28%	2.77亿	-7.91%	1.81亿	-8.02%	8007万	-6.92%	3.57亿	-8.51%	2.31亿	-7.26%
财务费用(元)	4.08亿	-5.87%	1.63亿	-4.68%	8900万	-3.94%	1.19亿	-10.26%	4618万	-1.10%	1.38亿	-4.36%
资产减值损失(元)	3.52亿	-5.06%	2.55亿	-7.30%	2153万	-0.95%	696万	-0.60%	2.30亿	-5.49%	1.82亿	-5.74%
其他经营收益(元)	---	---	---	---	---	---	---	---	---	---	---	---
公允价值变动损益(元)	4642万	0.67%	5253万	1.50%	3498万	1.55%	964万	0.83%	-277万	-0.07%	123万	0.04%
投资收益(元)	1.74亿	2.51%	1.56亿	4.45%	1.39亿	6.17%	3702万	3.20%	1.17亿	2.78%	1.04亿	3.27%
营业利润(元)	7.51亿	10.81%	7.44亿	21.29%	6.12亿	27.07%	2.32亿	20.08%	7.27亿	17.33%	5.48亿	17.25%
加：营业外收入(元)	4.67亿	6.72%	2163万	0.62%	354万	0.16%	334万	0.29%	5015万	1.20%	4203万	1.32%
补贴收入(元)												
减：营业外支出(元)	2805万	-0.40%	2333万	-0.67%	1993万	-0.88%	1880万	-1.62%	9460万	-2.25%	6139万	-1.93%
利润总额(元)	11.9亿	17.13%	7.43亿	21.24%	5.95亿	26.35%	2.17亿	18.75%	6.83亿	16.27%	5.28亿	16.64%
减：所得税(元)	1.71亿	-2.46%	1.74亿	-4.99%	9390万	-4.16%	8228万	-7.11%	-2029万	0.48%	-7008万	2.21%
净利润(元)	10.2亿	14.67%	5.68亿	16.25%	5.02亿	22.19%	1.35亿	11.64%	7.03亿	16.75%	5.98亿	18.85%

天齐锂业的股价从2012年开始整体走出了震荡上升的走势，虽然期间有过较强烈的调整，但是并不影响股价重心持续上移。在2014~2015年的牛市行情中，天齐锂业的上涨空间比较有效，这轮牛市并不是资源类股票带动的，在笔者助理曲君洁即将出版的《股市立论与财富革命》一书中将会深度介绍牛熊转化的重要因素。在2015年10月的反弹行情和2016年3月的有色板块行情中，天齐锂业的股价持续性爆发，不断创新高。从天齐锂业的财务报表中可以非常清晰地看出，该公司各方面的运行状况良好，持续、稳定盈利的能力较强，是投资者投资首选的"好公司"，但是它在牛市中的走势却让所有人大跌眼镜。其实，牛市一定是各板块轮动上涨，但是非常遗憾，在有色板块还没有强势爆发之时牛市就结束了。这也就说明，等大盘环境企稳之后，牛市中没有充分释放多方动能的优秀公司要爆发了。

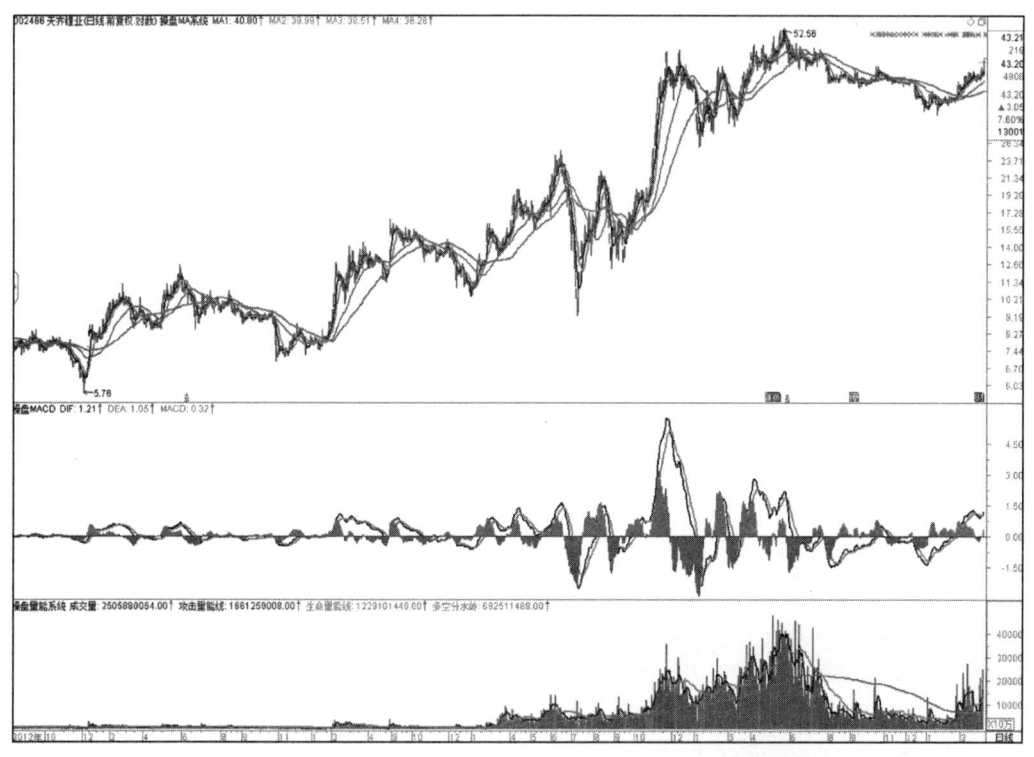

天齐锂业（002466）2012年9月~2017年3月日K线走势图

自2016年的上涨之后,虽然有色板块还有几次小的行情,但是已除权的天齐锂业始终维持着震荡下跌的走势,直到2017年1月特斯拉和锂电池概念被重新点燃。

洛阳钼业是有色板块中股本最大的上市公司,但是和其他大盘蓝筹一样有着非常强大的规模,股价很低,只有5元。在牛市中,虽然整体上涨也有2倍多,但是整个上升趋势蜿蜒曲折,很难有一致性看多的资金将股价推高,这也是很多大盘蓝筹股所要面对的问题。牛市结束后,股价处于强势宽幅振荡状态,结构性行情有,但是一直都没有走出日线级别的行情。关于日线级别行情的要素请参见《趋势为王》一书。

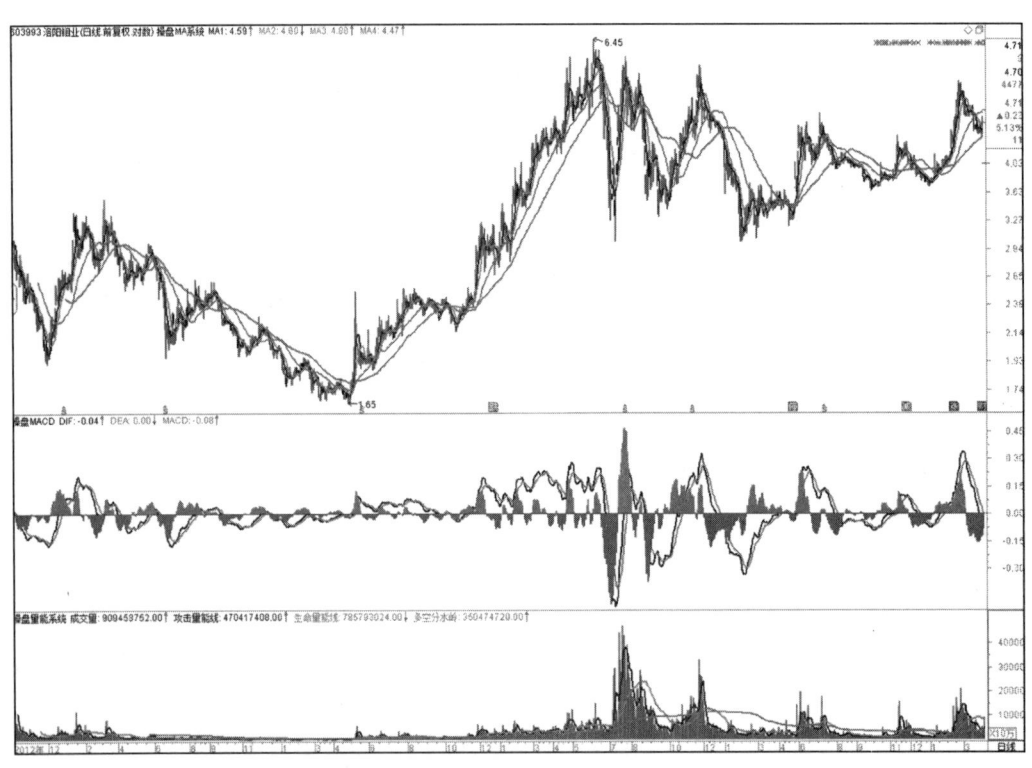

洛阳钼业(603993)2012年11月~2017年3月日K线走势图

2. 毛利率比净利率更重要

净利润是毛利率扣除相关税费之后计算得来的,所以毛利率不高,绝对不会有高的净利率。最重要的是,毛利率是能够直接反映企业产品在行业中的竞争力和定价权的盈利能力数据，净利润则是在此基础上扣除了企业管理成本后得到的数据，所以毛利率是公司运营收入的根本。

毛利率高的公司在同行业中有较高的竞争优势，甚至拥有行业的垄断性资源和绝对定价权。不同行业的毛利率有所不同，在评价一家上市公司毛利率水平时一定要参考其所在行业的平均毛利率水平。如果一家公司的毛利率较低，说明该公司是在其提供的产品或服务的成本附近来定价的，单位产品或者服务只能够赚取微薄的利润，只有通过规模性量产才会获得更大收益。

如果一个行业的平均毛利率低于20%，则该行业一定存在过度竞争或者整个行业面临淘汰的边缘，不是投资者资产布局首选行业。通常一家公司的毛利率在其所在行业平均水平50%以上，则认为其有着某种竞争优势，如果不考虑行业平均水平，一家优秀公司的毛利率最好在40%以上。

序号	细分行业	毛利率均值(%)	序号	细分行业	毛利率均值(%)	序号	细分行业	毛利率均值(%)
1	白酒	62.59	21	园区开发	37.35	41	半导体	28.81
2	生物制药	62.59	22	乳制品	37.14	42	轻工机械	28.79
3	酒店餐饮	56.69	23	水务	36.62	43	食品	28.56
4	路桥	56.24	24	水力发电	36.48	44	全国地产	28.19
5	中成药	55.95	25	新型电力	36.37	45	软饮料	28.02
6	商品城	55.85	26	啤酒	36.16	46	电气设备	27.92
7	互联网	50.66	27	环境保护	35.43	47	矿物制品	27.86
8	医疗保健	48.61	28	家居用品	34.85	48	广告包装	27.64
9	多元金融	47.28	29	铅锌	34.48	49	玻璃	27.55
10	旅游景点	46.72	30	染料涂料	33.99	50	种植业	27.54
11	化学制药	46.51	31	陶瓷	33.81	51	日用化工	27.48
12	红黄药酒	43.37	32	专用机械	32.85	52	港口	27.15
13	软件服务	42.98	33	出版业	32.50	53	文教休闲	27.09
14	电器仪表	42.04	34	通信设备	32.22	54	其他建材	26.82
15	房产服务	41.49	35	纺织机械	31.67	55	机械基件	26.51
16	旅游服务	40.33	36	运输设备	31.11	56	化工原料	26.25
17	电信运营	40.28	37	电脑设备	31.02	57	家用电器	26.17
18	机场	38.84	38	橡胶	30.46	58	元器件	25.78
19	服饰	38.50	39	其他商业	29.97	59	农业综合	25.56
20	影视音像	38.01	40	区域地产	29.70	60	林业	25.43

序号	细分行业	毛利率均值(%)	序号	细分行业	毛利率均值(%)	序号	细分行业	毛利率均值(%)
61	汽车配件	25.34	81	空运	19.55	101	保险	13.28
62	供气供热	25.01	82	建筑施工	19.53	102	铁路	11.89
63	航空	24.19	83	综合类	19.28	103	焦炭加工	11.87
64	农用机械	24.00	84	水运	19.23	104	电器连锁	10.16
65	塑料	23.48	85	饲料	19.16	105	石油贸易	9.87
66	火力发电	23.36	86	装修装饰	19.14	106	证券	9.28
67	百货	22.72	87	仓储物流	18.80	107	普钢	8.27
68	黄金	22.57	88	造纸	18.35	108	铜	7.68
69	石油开采	22.53	89	公路	18.29	109	批发业	7.62
70	机床制造	22.31	90	小金属	18.15	110	银行	—
71	水泥	21.96	91	农药化肥	17.86			
72	超市连锁	21.83	92	公共交通	17.21			
73	工程机械	21.67	93	医药商业	16.44			
74	化工机械	21.59	94	船舶	15.68			
75	钢加工	20.49	95	摩托车	15.61			
76	纺织	20.45	96	特种钢	15.02			
77	煤炭开采	20.36	97	商贸代理	14.73			
78	汽车服务	20.07	98	铝	14.54			
79	石油加工	19.83	99	化纤	13.66			
80	渔业	19.75	100	汽车整车	13.30			

说明：银行因为行业特殊性，不计算毛利率。

上表是截至2017年4月1日110个细分行业的毛利率均值排名。这组数据对投资者认知行业的未来发展会有非常大的帮助，同时也希望投资者每年计算一次各板块的平均毛利率，从该数据的微小变化中，一定能够捕捉到热点行业或者相对大盘抗跌的行业。上表中排在第一位的是白酒板块，这充分说明在2016年的牛皮市中白酒板块为何能够持续走强。

天齐锂业和洛阳钼业所属的细分行业为小金属，小金属板块平均毛利率为18.15%，在所有细分行业中排在第90名。再看洛阳钼业和天齐锂业的毛利率，洛阳钼业2010~2016年的毛利率稳定在30%~40%，明显高于同行业的平均水平；天齐锂业的毛利率更是独占鳌头，近3年呈现快速增长的趋势，2016年毛利率达到了71.25%，远远领先于行业的平均水平。

洛阳钼业（603993）2010~2016年盈利能力指标

盈利能力指标	16-12-31	15-12-31	14-12-31	13-12-31	12-12-31	11-12-31	10-12-31
加权净资产收益率(%)	5.52	4.77	14.39	9.88	9.50	--	0.00
摊薄净资产收益率(%)	5.33	4.39	12.47	9.64	9.10	10.76	9.07
摊薄总资产收益率(%)	1.71	2.39	7.21	5.76	6.62	8.07	8.14
毛利率(%)	33.47	37.51	41.89	32.57	29.80	35.88	41.21
净利率(%)	14.67	16.75	27.02	19.60	17.80	18.95	23.50
实际税率(%)	14.36	-2.97	16.19	12.24	7.35	23.53	25.30

天齐锂业（002466）2010~2016年盈利能力指标

盈利能力指标	16-12-31	15-12-31	14-12-31	13-12-31	12-12-31	11-12-31	10-12-31
加权净资产收益率(%)	39.41	8.24	3.73	-14.11	4.19	4.13	8.06
摊薄净资产收益率(%)	32.93	8.07	4.41	-15.29	4.13	4.09	4.08
摊薄总资产收益率(%)	19.08	6.24	7.21	-8.15	3.10	3.70	5.41
毛利率(%)	71.25	46.94	32.23	14.86	21.41	16.52	21.87
净利率(%)	45.76	22.81	19.79	-31.90	10.52	9.99	13.21
实际税率(%)	17.24	17.00	14.12	--	14.75	16.95	18.08

3. 最易作假的销售费用

在收入一定的前提下，重要的成本支出有：营业成本、销售费用、管理费用和财务费用。营业成本由于行业不同、公司的商业模式不同会有所差别，很难单凭营业成本的高低判断一个公司的好坏，如果分析该数据一定是要在对公司整个运营模式进行深度分析后再判断，但是销售费用则不一样。公司在运营的过程中都会产生销售费用，这部分费用不是增加产品核心价值的，是为了进行宣传或者提供更好的服务所需要花费的费用，销售费用过高会直接降低毛利率。对投资者而言，更重要的是要研究销售费用的构成。

从天齐锂业和洛阳钼业的利润表中可以看出，天齐锂业的销售费用明显要比洛阳钼业少，也就是说，天齐锂业的管理层在销售费用的管控上更为有效。再看中国铝业的销售费用，占其总营业收入的1.43%。通常情况下，有色行业上市公司的销售费用不要超过1%，如果有广告费的则需要综合考虑。

中国铝业（601600）2015年第三季度到2016年第四季度利润表

利润表	2016-12-31		2016-09-30		2016-06-30		2016-03-31		2015-12-31		2015-09-30	
指标	数值	占比	数值	占比	数值	占比	数值	占比	数值	占比	数值	占比
营业收入(元)	1441亿	100%	914亿	100%	497亿	100%	209亿	100%	1235亿	100%	955亿	100%
营业成本(元)	1332亿	-92.47%	852亿	-93.20%	458亿	-92.10%	194亿	-92.75%	1192亿	-96.55%	908亿	-95.12%
营业税金及附加(元)	8.60亿	-0.60%	2.78亿	-0.30%	1.83亿	-0.37%	7916万	-0.38%	3.81亿	-0.31%	2.97亿	-0.31%
期间费用(元)	1441亿	-6.38%	914亿	-7.02%	497亿	-8.46%	209亿	-9.43%	1235亿	-7.57%	955亿	-7.29%
销售费用(元)	20.7亿	-1.43%	14.7亿	-1.60%	9.46亿	-1.90%	4.11亿	-1.97%	17.8亿	-1.44%	12.8亿	-1.34%
管理费用(元)	29.0亿	-2.01%	17.1亿	-1.87%	11.4亿	-2.30%	4.77亿	-2.29%	23.2亿	-1.88%	16.3亿	-1.71%
财务费用(元)	42.4亿	-2.94%	32.5亿	-3.55%	21.2亿	-4.26%	10.8亿	-5.17%	52.4亿	-4.25%	40.5亿	-4.24%
资产减值损失(元)	6306万	-0.04%	-1.75亿	0.19%	-1.01亿	0.20%	-1.56亿	0.75%	15.0亿	-1.22%	4.37亿	-0.46%
其他经营收益(元)	---	---	---	---	---	---	---	---	---	---	---	---
公允价值变动损益(元)	1.55亿	0.11%	-1591万	-0.02%	-2355万	-0.05%	6216万	0.30%	-2.13亿	-0.17%	-3.02亿	-0.32%
投资收益(元)	-10.0亿	-0.69%	-3.40亿	-0.37%	-3.64亿	-0.73%	6669万	0.32%	32.9亿	2.66%	9.79亿	1.03%
营业利润(元)	-1.18亿	-0.08%	-6.64亿	-0.73%	-7.51亿	-1.51%	-2.49亿	-1.19%	-38.9亿	-3.15%	-23.7亿	-2.48%
加:营业外收入(元)	18.6亿	1.29%	15.1亿	1.65%	12.8亿	2.58%	4.43亿	2.12%	42.9亿	3.48%	13.8亿	1.44%
补贴收入(元)	---	---	---	---	---	---	---	---	---	---	---	---
减:营业外支出(元)	7927万	-0.06%	4387万	-0.05%	3479万	-0.07%	753万	-0.04%	2.67亿	-0.22%	4065万	-0.04%
利润总额(元)	16.6亿	1.15%	8.00亿	0.88%	4.98亿	1.00%	1.87亿	0.90%	1.37亿	0.11%	-10.3亿	-1.08%
减:所得税(元)	4.04亿	-0.28%	3.01亿	-0.33%	1.52亿	-0.31%	1.48亿	-0.71%	-2.30亿	0.19%	-2.62亿	0.27%
净利润(元)	12.6亿	0.87%	4.99亿	0.55%	3.46亿	0.70%	3918万	0.19%	3.67亿	0.30%	-7.68亿	-0.80%

建议投资者把中国铝业全部历史走势调出来看一下，看看它在2007年的时候是如何风光的。风水轮流转，今天的中国铝业又怎样？2015年的牛市结束后，中国铝业一样走出了持续震荡下跌的走势，大盘创新低的时候它也创新低，大盘调整的时候它还在创新低，整体走势非常羸弱。从上表中可以看到，中国铝业最大的问题不是销售费用，而是营业成本，它占了总营业收入的90%以上，这是由于它所在的行业和产出产品的特殊性决定的。但是，随着科技的快速发展，面临这样问题的上市公司如果不做出有效的整改措施，公司后期发展的道路会越来越窄。

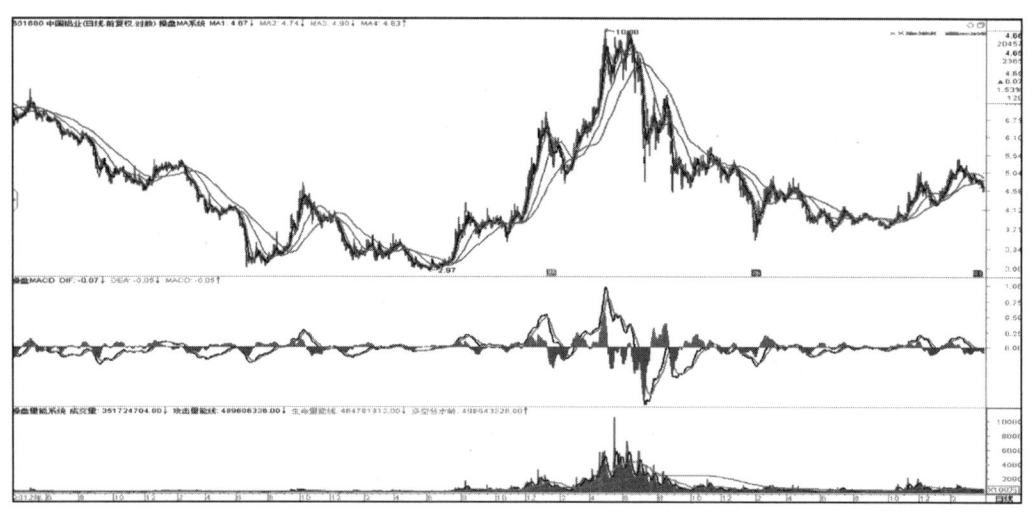

中国铝业（601600）2012年5月~2017年3月日K线走势图

4. 管理费用不能太高

在公司的运营过程中，销售费用和管理费用不容轻视，它们直接反映了管理人员的管理水平，对于存在高额管理费用的上市公司也是要敬而远之的，所以我们一定要努力寻找管理费用低的公司。一般来说，销售费用和管理费用所占的比例越低，公司的ROE就会越高，将销售费用和管理费用占毛利润的比例控制在30%以下的上市公司才算得上是一家值得投资的公司。该比例达到50%以上时，就要谨慎考虑是否投资该公司；一旦该比例达到了80%，一定要放弃该公司。

上文中国铝业的毛利为1441-1332-8.6=100.4亿元，销售费用和管理费用的总和为20.7+29=49.7亿元，两项费用占毛利的百分比为49.7÷100.4=49.50%，已经十分接近50%，属于费用占比偏高的上市公司，不能成为优选投资标的。

下图是恒生电子8年来的利润表，从下表中可以清楚看到，随着上市公司营业收入的增加，管理费用也在持续增加，基本维持在毛利的50%左右。对于一家软件信息服务行业的公司，为了应对互联网信息技术的快速发展必然要持续不断地进行研发，以提供满足市场需求的产品。所以对于管理费用占比比较大的上市公司要关注它所在的行业，进而判断管理费用的支出对企业发展是有效还是无效的。

恒生电子（600570）2009~2016年利润表

利润表	16-12-31	15-12-31	14-12-31	13-12-31	12-12-31	11-12-31	10-12-31	09-12-31
营业收入(元)	21.7亿	22.3亿	14.2亿	12.1亿	10.1亿	10.5亿	8.67亿	7.30亿
营业成本(元)	9950万	1.63亿	8982万	2.20亿	2.11亿	2.14亿	2.14亿	2.14亿
销售费用(元)	6.63亿	5.82亿	3.57亿	2.12亿	1.90亿	1.74亿	1.44亿	1.31亿
财务费用(元)	-95.7万	-358万	-904万	-406万	-331万	102万	-64.2万	-248万
管理费用(元)	13.3亿	10.6亿	8.01亿	5.73亿	5.06亿	4.21亿	3.26亿	2.15亿
资产减值损失	414万	1.24亿	520万	-618万	919万	832万	409万	271万
投资收益(元)	1.19亿	1.64亿	1.23亿	1.04亿	8069万	3473万	1599万	2520万
营业利润(元)	1.41亿	4.28亿	2.92亿	2.88亿	1.36亿	2.17亿	1.56亿	1.85亿
利润总额(元)	-5999万	5.15亿	3.86亿	3.68亿	2.21亿	2.86亿	2.44亿	2.33亿
所得税(元)	-775万	6639万	3110万	2814万	896万	2384万	2197万	2272万
归属母公司所有者净利润(元)	1829万	4.54亿	3.61亿	3.23亿	2.00亿	2.54亿	2.19亿	2.06亿

5. 研究和开发费用的陷阱

研究和开发费用是现代化企业与时俱进必需的一项支出，但是也有很多公司充分利用该财务处理规则成功地和投资者玩起了数字游戏。首先，研发费用会给公司的长期发展提供可以展望的前景，比如重庆啤酒在乙肝疫苗上进行研发，就给市场上的投资者提供了一个非常值得展望的前景，但是一旦研发失败就伴随着"黑天鹅"的诞生，所以研发费用在提示美好蓝图的同时也隐藏着巨大的风险。

对于依靠创新型产品赢得较强竞争优势的企业，必须要有持续性的研发费用来保证产品的独创性，否则很容易被替代，尤其在复制效率极高的中国，一旦同化的产品变多就会导致竞争力减弱，进而直接影响利润。

在恒生电子2016年的审计报告中，有详细解释管理费用的用途是增加创新业务投入，人员有所增加，人力外包及研发投入，以致薪酬费用增加。

恒生电子（600570）2016年审计报告关于管理费用的说明

```
2. 费用
☑适用 □不适用
    2016年公司费用预算总额22亿，预计费用增长30%。2016年实际发生费用总额19.97亿元，较上年数实际增长21.86%。具体说明如下：
    （1）销售费用本期发生数6.63亿元，较上年同期数增长13.96%，主要系公司及控股子公司本期业务规模扩大，运营费用、销售人员薪资、市场营销费用等支出同比有所增加。
    （2）管理费用本期发生数13.35亿元，较上期数增长26.21%，主要系公司本期增加创新业务投入，人员有所增加，人力外包及研发投入使得薪酬费用增加所致。
    （3）财务费用本期利息收入较上年同期数减少212.17万元，主要是银行利率下调，其次，公司将银行间歇不用资金作了固定性收益理财所致。
    （4）2016年公司本期研发费用投入同比增长21.83%，本期享受技术开发费加计扣除政策同比增加。
```

6. 财务费用越少越好

财务费用就是指公司为了债务所要支付的利息，不同行业的债务水平会有所差别，但是无疑利息支出占营业收入比例越低说明上市公司越具有竞争优势。在关注财务费用的同时还要关注债务结构，运营良好的上市公司通常的长期债务会较低，且流动资产一定要能支付起短期债务，即流动比例至少大于1，且越大越好。

上文中有介绍过在110个细分行业中白酒有着最高的毛利率，五粮液作为白酒行业股本最大的上市公司自然具有较强的行业优势。从其财务风险指标中可以看到，22.47%是非常健康的资产负债率，且大部分为流动资产，流动利率接近4倍，公司不能兑付短期债务的风险非常小。按照该负债情况进行推测，五粮液应该会有少量的财务费用，即支付短期债务的利息。然而，从利润表中可以看到，从2011~2016年的6年时间里五粮液的财务费用都是负数，即别人付给它的利息远远大于它要支付给别人的利息。更让小散们感慨的是，五粮液平均每年的利息收入在6亿元左右。

五粮液（000858）2011~2016年财务风险指标

财务风险指标	16-12-31	15-12-31	14-12-31	13-12-31	12-12-31	11-12-31
资产负债率(%)	22.47	15.61	13.09	16.11	30.34	36.47
流动负债/总负债(%)	97.99	97.15	97.52	99.05	99.57	99.63
流动比率	3.98	5.60	6.50	5.25	2.77	2.22
速动比率	3.31	4.51	5.13	4.27	2.29	1.80

五粮液（000858）2011~2016年利润表

利润表	16-12-31	15-12-31	14-12-31	13-12-31	12-12-31	11-12-31
营业收入(元)	245亿	217亿	210亿	247亿	272亿	204亿
营业成本(元)	73.1亿	66.7亿	57.7亿	66.1亿	80.2亿	69.0亿
销售费用(元)	46.9亿	35.7亿	43.1亿	33.8亿	22.6亿	20.7亿
财务费用(元)	-7.66亿	-7.32亿	-6.58亿	-8.27亿	-7.90亿	-4.77亿
管理费用(元)	21.4亿	21.3亿	20.5亿	22.6亿	20.1亿	17.5亿
资产减值损失(元)	1220万	2580万	616万	501万	270万	1245万
投资收益(元)	3343万	3414万	1449万	430万	301万	240万
营业利润(元)	92.4亿	82.5亿	80.3亿	114亿	137亿	85.0亿
利润总额(元)	93.4亿	82.9亿	80.2亿	112亿	137亿	85.0亿
所得税(元)	22.8亿	18.8亿	19.6亿	29.2亿	34.0亿	21.1亿
归属母公司所有者净利润(元)	67.8亿	61.8亿	58.3亿	79.7亿	99.3亿	61.6亿

上文还分析过上海钢联，它的财务数据很难告诉我们这是一家可以投资的上市公司，公司2011~2016年资产负债率持续增加，2016年的资产负债率已经达到了81.17%，也就是说，公司已经到了要变卖80%多的资产后才可以抵偿负债的地步，无疑已处于步履维艰的窘境。更让投资者捏一把汗的是，负债中几乎全部是流动负债，且流动比例刚刚大于1，也就是说，公司的流动资产勉强兑付流动负债。此时，投资者想到更多的是，如此大额的债务必然要支付巨额的利息，这会使其流动性雪上加霜。

上海钢联（300226）2011~2016年财务风险指标

财务风险指标	16-12-31	15-12-31	14-12-31	13-12-31	12-12-31	11-12-31
资产负债率(%)	81.17	84.25	46.21	47.07	33.52	31.62
流动负债/总负债(%)	98.73	93.36	84.77	86.46	78.60	81.36
流动比率	1.17	1.03	2.06	1.59	2.55	3.03
速动比率	1.02	0.86	1.60	1.36	2.21	2.88

每家上市公司都是一个背后有着无数故事的个体，上海钢联也不例外。对于一个拥有46.7亿元负债的上市公司，财务费用只有23.8万元。从财务账面上我们能够得到的信息就是负债总额在增大，但是要付的财务费用在减少，这不得不令人匪夷所思。上海钢联作为钢铁交易平台，收取和支付货款的定金、保证金等是其往来款的主要来源，而预收的账款是要直接计入短期负债的，最重要的是这种负债是不需要支付利息的。

上海钢联（300226）2011~2016年利润表

利润表	16-12-31	15-12-31	14-12-31	13-12-31	12-12-31	11-12-31
营业收入(元)	413亿	214亿	75.6亿	15.5亿	9.54亿	3.50亿
营业成本(元)	410亿	215亿	73.6亿	14.0亿	7.92亿	1.90亿
销售费用(元)	1.40亿	1.76亿	1.11亿	7573万	7144万	6461万
财务费用(元)	23.8万	1962万	1158万	297万	-58.4万	17.1万
管理费用(元)	1.26亿	8745万	7244万	5158万	4804万	4492万
资产减值损失(元)	-391万	1906万	30.1万	19.3万	22.9万	16.9万
投资收益(元)	-736万	-206万	-143万	-152万	-25.6万	--
营业利润(元)	2718万	-4.48亿	179万	2095万	3661万	3952万
利润总额(元)	3196万	-4.42亿	1159万	3010万	4564万	4694万
所得税(元)	267万	555万	-173万	631万	732万	678万
归属母公司所有者净利润(元)	2210万	-2.50亿	1878万	2159万	3526万	3864万

上海钢联（300226）2016年审计报告中关于预收款项的说明

项目	年末余额	年初余额
递延收入预收款	111,825,270.64	81,039,452.79
预收货款	3,331,181,351.40	432,040,128.84
合计	3,443,006,622.04	513,079,581.63

7. 可以控制盈亏的折旧费用

对于拥有庞大固定资产的上升公司来说，固定资产折旧是非常必要的摊平公司前期投入的一种方式，该规则对于轻资产行业的适用性较小，因为固定资产基数小，涉及的折旧金额也很小，对整个财务体系的影响不大。对于处于盈亏边缘、固定资产庞大的上市公司来说，适当地改变折旧计提和分摊方式就会直接影响盈亏的结果。

8. 不可忽视的非经常性损益

非经常性损益为上市公司不知道怎么处理的支出提供了说辞。一方面会计准则中有明确哪些支出和所得是计入非经常性损益的，另一方面也为上市公司没有办法解释的支出和所得提供了说辞。在考察上市公司的经营状况时，如果出现了大额的非经常性损益一定要关注其产生的根源，如果连续几年出现大额的非经常性损益则更需要引起关注。

第三节　资产负债表的黄金七条

资产负债表可以提供某一日期资产、债务和股权的总额和构成，表明企业拥有或控制的资源及其分布情况，表明企业未来需要清偿的债务以及清偿时间，表明所有者拥有的权益。此外，资产负债表为深度财务数据的分析提供了数据基础，如流动比率、速动比率、资产负债率等，以表明企业的变现能力、偿债能力和资金周转能力，从而帮助投资者做出投资决策。

资产负债表就像是我们个人的资产清单，银行有多少存款、名下的房子值多少钱、车子值多少钱、收藏的古董值多少钱、别人欠你多少钱、银行还有多少贷款没有还等，所有的和所欠的差值就是个人的净资产，减掉数年来学习、培训的投入，以及为了应对孩子读书、父母生病所花的保险金，剩下的就是我们真正的权益。

宁波港（601018）2015年第一季度到2016年第四季度资产负债表

资产负债表	16-12-31	16-09-30	16-06-30	16-03-31	15-12-31	15-09-30	15-06-30	15-03-31
资产:货币资金(元)	58.3亿	33.1亿	24.8亿	18.8亿	25.8亿	26.6亿	30.6亿	29.1亿
应收账款(元)	20.6亿	27.3亿	23.9亿	22.3亿	21.9亿	23.1亿	21.5亿	20.0亿
其他应收款(元)	3.82亿	3.20亿	2.48亿	2.30亿	2.85亿	3.82亿	2.35亿	1.91亿
存货(元)	1.73亿	1.77亿	2.04亿	2.31亿	3.13亿	3.99亿	4.82亿	2.09亿
流动资产合计(元)	120亿	107亿	88.9亿	78.8亿	90.3亿	93.6亿	92.2亿	80.2亿
长期股权投资(元)	81.9亿	83.4亿	81.5亿	83.0亿	79.2亿	78.7亿	75.7亿	77.4亿
累计折旧(元)	14.0亿	--	6.39亿	--	13.3亿	--	6.10亿	--
固定资产(元)	253亿	227亿	202亿	201亿	220亿	192亿	194亿	197亿
无形资产(元)	55.2亿	55.8亿	52.4亿	49.4亿	53.5亿	47.1亿	47.3亿	48.4亿
资产总计(元)	581亿	586亿	493亿	478亿	550亿	482亿	468亿	455亿
负债:应付账款(元)	10.6亿	10.5亿	9.79亿	9.40亿	11.9亿	10.9亿	11.4亿	6.67亿
预收账款(元)	1.39亿	3.97亿	2.85亿	3.68亿	3.46亿	3.86亿	4.66亿	5.54亿
存货跌价准备(元)	--	--	--	--	99.3万	--	--	--
流动负债合计(元)	148亿	147亿	113亿	92.5亿	126亿	108亿	104亿	87.8亿
长期负债合计(元)	66.8亿	72.0亿	38.7亿	38.5亿	65.3亿	37.8亿	34.9亿	34.7亿
负债合计(元)	215亿	219亿	152亿	131亿	191亿	146亿	139亿	122亿
权益:实收资本(或股本)(元)	132亿	132亿	128亿	128亿	128亿	128亿	128亿	128亿
资本公积金(元)	86.3亿	88.9亿	78.7亿	78.7亿	88.6亿	78.6亿	78.6亿	78.6亿
盈余公积金(元)	18.2亿	16.7亿	16.4亿	15.6亿	16.2亿	14.6亿	14.6亿	13.3亿
股东权益合计(元)	367亿	367亿	342亿	347亿	359亿	336亿	329亿	333亿
流动比率	0.81	0.73	0.79	0.85	0.72	0.87	0.89	0.91

1. 合理的负债

真正的好公司是不需要大量借钱的，当然如果在较低的负债情况下还能够拥有健康的运营、漂亮的业绩，就说明这个公司是值得关注的。通常情况下，负债比例在50%以下都是可以接受的，一旦负债率超过50%一定要有足够的证据证明负债的合理性，否则就要放弃该标的，对于负债率超过70%的上市公司不建议关注。

2. 不同行业负债率有所不同

在选股时都是先确定行业，然后再从行业中选潜在的龙头，所以在评判一家上市公司的负债率是否合理的时候一定要参考同行业的平均水平，这样才能保障该数据的合理性。

3. 积极型负债比消极型负债多更多的机会

上市公司进行贷款的原因有很多种，有的是为了给自己公司锦上添花的，我们称之为积极型，有的是为了给自己公司雪中送炭的，我们称之为消极型。当公司已经处于稳健发展期，为了将来更大的愿景要积极投入新的场地、招聘人员等所需的资金而进行借款就是积极型负债；如果公司正常经营已经出现了问题，借款是为了发工资、应对不断升高的市场成本等就属于消极型负债。

4. 公司最基本的保障：现金、现金还是现金

上文和投资者分享了现金流量表，也就是告诉大家在关注上市公司运营是否健康、未来是否有发展时首先应该关注的就是现金流！在资产负债表中一定要再次强调这个要素，在上市公司的资产构成中还是一样的，现金对于上市公司具有扭转乾坤的能力。

我们中国人有个习惯，更喜欢购置固定资产，比如房子，所以房价一涨再涨。在北上广深或许会出现这样一幕：一对年轻人甚至两个家庭拿出全部积蓄为北京一套50平方米的"豪宅"付了首付，过上了20年"房奴"的生活，从此不敢辞职、不敢出去旅游、不敢买喜欢的衣服。添置了固定资产，严重稀释了现金流，从此一家人都过上了幸福指数非常低的生活。此时，另一对年轻人选择了租房，用自己手上的钱参加各种学习，然后选择了辞职创业，5年后两人轻松购买了真正的豪宅。

这个案例就是为了向读者强调现金流的作用，只有现金流充沛的上市公司才能够保持真正的获利空间、创造力以及维持公司正常运营的能力。

5. 如何看待固定资产

不同行业对固定资产的要求差别较大，选择投资的上市公司时，尽量避免那些需要持续更新、维护厂房和设备的，除非是垄断性行业，否则资金利用率会降低，影响投资回报的周期。上文介绍了固定资产和现金流之间的关系，在公司经营状况允许的前提下购置必要固定资产是可以的，毕竟这也可以看成一种投资行为，但是在租赁办公场地比买下办公场地更能实现现金流有效使用的情况下，不建议过多地购入固定资产。

6. 无形资产的骗局

一旦关注的上市公司中披露无形资产时投资者就要引起注意，如果无形资产的金额还很大，就更要花精力去研究该上市公司是否有足够好的信誉和声誉支撑起该无形资产。

7. 优秀公司很少有长期贷款

关于短期负债和长期负债的问题已经强调多次了,虽然短期负债具有偿还的压力,但是只要上市公司运营情况良好,具有偿还短期负债的能力,就不存在大的风险,该负债完全可以看作资金的周转,但是长期负债就不一样了,虽然长期偿付的风险小,但是可能是由于公司实质性缺钱造成的,说明公司的运营状况没有办法支持其长期发展。

? 思考题

1. 如何分析现金流量表?
2. 如何分析利润表?
3. 如何分析资产负债表?

第六章
讲故事的工具

　　每家上市公司的股价就像是一场戏，决定每一幕唱得是否精彩的原因很多，需要编剧的精心策划、演员的精湛表演，更需要台下观众的完美配合。每次曲终人散，搭台唱戏的满足，看戏的满意，下一场开始的时候观众才会再度积极买票、踊跃进场。

　　在本书的导读中和投资者分享了笔者对上市公司股价走势的理解：股价是活的，它的变化都是有生命的，主力就如同搭台唱戏的，而普通投资者只是买票看戏的。虽然这个比喻似乎不那么恰当，但是确实道出了散户在这个市场中的地位。试问投资者，你真的了解股价变化的真谛吗？你知道上市公司对股价的影响有多大吗？

　　描述上市公司的大股东和管理层之间的关系，如果都用"沆瀣一气"这个词似乎有点牵强，毕竟还有少数上市公司愿意顾及广大中小股东的利益，但是除此之外又找不出更合适的词。本章笔者想和投资者一起去回顾那些我们明明可以看得懂却又让我们亏钱的故事。

第一节 市值管理

市值是指上市公司的股价和股本的乘积,是评价一家上市公司是否优秀、是否得到市场认可的一个重要指标。2017年5月8日,随着对iPhone8销量增加的预期,苹果公司的市值突破8000亿美元,成为全球首家市值突破这一关口的上市公司。2014年9月20日阿里巴巴在纽约证券交易所上市,市值达到了2383.32亿美元。市场上不缺少一个又一个市值神话,近20年来科技类公司成为市值榜首的宠儿,到底哪些因素决定了一家上市公司的市值?

股本的数量:通常情况下上市公司的股本数量是不变的,但是随着公司发展规模和融资水平的变化,股本的数量是会发生变化的,但是每次股本数量发生变化的时候,股价也会随之调整,也就是说,股本变化不会直接导致市值的变化。

2016年5月27日天齐锂业实施除权除息,股本从原来的26146.9万股变为99358.22万股,但是股价也从原来的181.6元变为43.81元,市值从原来的4748277.04万元变为4352883.62万元,期间还针对26146.9万股进行了10派3的分红,也就是7844.07万元,市值真正的变化为[4748277.04−(4352883.62+7844.07)]÷4748277.04=8.16%,和天齐锂业5月27日的跌幅8.21%相差无几。也就是说,当上市公司出现投资者可以看到的股本变化时,股本变化是不会影响其市值的变化的。

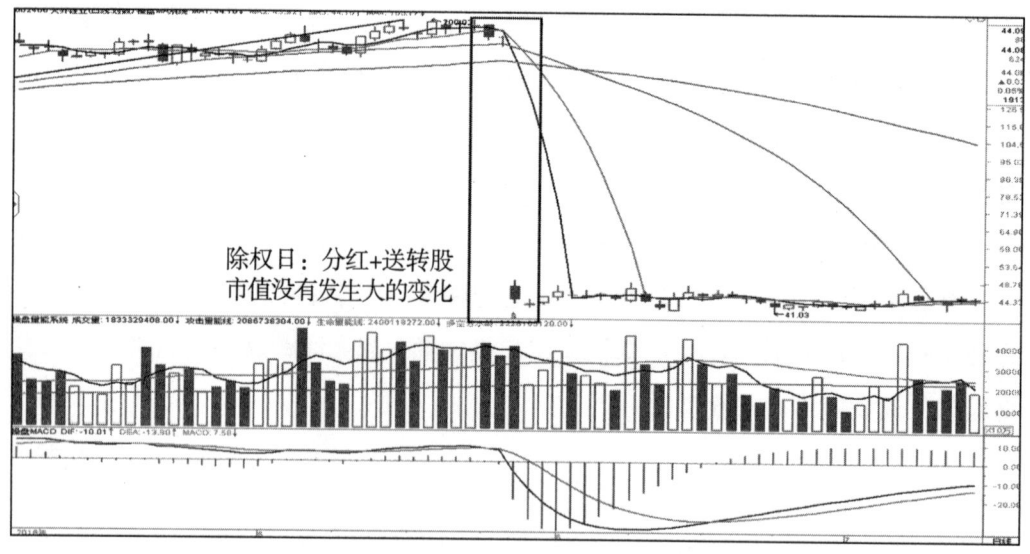

天齐锂业(002466)2016年4月~2016年7月日K线走势图

股价：股价的变化才是影响上市公司市值变化的真正原因，而影响股价变化的原因则是所有专业和非专业投资者在投资这条道路上一直探索的问题。通过调控股价的变化就可以实现上市公司价值的变化，而上市公司的股东和管理层最想看到的一定是市值增加，这样才会提升持有股份的价值，才会增加财富。还有一个非常重要的原因，当上市公司的市值越来越高，也就是公司越来越值钱了，那么对于要收购它的投资者的要求会越来越高，也就是被收购的概率会越来越小，这是上市公司实际控制人最想看到的结果。

下表是天齐锂业上市以来股本发生变化和股价发生大的趋势变化时对应的市值，2010~2017年天齐锂业的市值从起初的81个亿变为500个亿，也就是说，理论上，在2010年用81个亿就可以买下天齐锂业的全部股份，但是到了2017年就需要用500个亿才能够买下天齐锂业全部的股份。当然这是在理论的前提下，实际操作时大量的买入会让市场产生惜售行为，导致收购成本提高。7年时间公司的市值增长了6倍，然而通过对财务报表的分析不难发现，公司在这7年的时间里整体的发展所创造的价值远远不止6倍。

日期	总股本（万股）	收盘价（元）	市值（万元）
2010年8月31日	9800	83.05	813,890
2011年5月24日	14700	30.33	445,851
2012年12月4日	14700	23.85	350,595
2013年5月29日	14700	46.63	685,461
2014年3月3日	25876	48.8	1,262,748.8
2015年6月12日	25876	92.35	2,389,648.6
2015年7月8日	25876	37.8	978,112.8
2015年9月30日	26146.9	63.44	1,658,759.34
2016年5月27日	99358.22	43.81	4,352,883.62
2016年8月2日	99427.02	38.63	3,840,865.78
2017年4月17日	99442.22	50.78	5,049,675.93

天齐锂业总资产规模从2010年的10.5亿元增加到2016年底的112亿元，增长10倍，实收资本从9800万元增加到9.94亿元，增长9倍，营业收入水平从2.94亿元增加到39.0亿元，增长12倍，利润水平从4746万元增加到21.6亿元，增长40多倍。即使上市首日的收盘价包含一定的对公司未来发展的预测成分，但是整个证券市场环境以及锂电池市场环境的变化，直接导致了天齐锂业公司的快速发展，然而市值的增长速度并没有赶上其公司发展的速度，也就是说，它仍然属于具有价值洼地的上市公司。

天齐锂业（002466）2009~2016年上市历年资产负债表

资产负债表	16-12-31	15-12-31	14-12-31	13-12-31	12-12-31	11-12-31	10-12-31	09-12-31
资产:货币资金(元)	15.0亿	5.76亿	4.36亿	6.82亿	5.00亿	3.77亿	5.30亿	4535万
应收账款(元)	2.09亿	3243万	1.63亿	8605万	2603万	2691万	1671万	533万
其他应收款(元)	2411万	1004万	1444万	8980万	169万	152万	246万	124万
存货(元)	4.71亿	4.00亿	5.11亿	5.86亿	2.33亿	1.84亿	1.44亿	8103万
流动资产合计(元)	39.1亿	17.1亿	16.7亿	5.86亿	8.32亿	6.99亿	7.76亿	1.99亿
长期股权投资(元)	5.56亿	5.28亿	5.40亿	2.44亿	8309万	8240万	2.00亿	3.00亿
累计折旧(元)	1.62亿	1.30亿	7793万	5576万	1803万	1444万	951万	1038万
固定资产(元)	14.8亿	15.7亿	10.3亿	10.8亿	2.02亿	1.65亿	7616万	6704万
无形资产(元)	28.5亿	26.7亿	27.7亿	29.8亿	1.32亿	4373万	4481万	4475万
资产总计(元)	112亿	75.2亿	61.3亿	66.7亿	15.7亿	11.2亿	10.5亿	3.88亿
负债:应付账款(元)	2.26亿	1.33亿	1.12亿	1.48亿	4136万	3492万	3370万	1220万
预收账款(元)	1.52亿	7229万	488万	767万	575万	1023万	756万	223万
存货跌价准备(元)	--	--	--	434万	78.1万	--	--	--
流动负债合计(元)	29.7亿	16.4亿	11.2亿	12.2亿	2.98亿	1.13亿	5599万	7940万
长期负债合计(元)	24.4亿	18.0亿	2.63亿	3.41亿	2.59亿	2568万	3981万	7141万
负债合计(元)	54.1亿	34.4亿	13.8亿	15.6亿	5.57亿	1.39亿	9580万	1.51亿
权益:实收资本(或股本)(元)	9.94亿	2.61亿	2.59亿	1.47亿	1.47亿	1.47亿	9800万	7350万
资本公积金(元)	26.4亿	33.2亿	32.2亿	34.4亿	7.23亿	7.23亿	7.72亿	1.19亿
盈余公积金(元)	5978万	3953万	3079万	3079万	1944万	1546万	1161万	822万
股东权益合计(元)	57.9亿	40.7亿	47.4亿	51.1亿	10.1亿	9.84亿	9.54亿	2.37亿
流动比率	1.32	1.04	1.25	1.37	2.79	6.19	13.85	2.51

天齐锂业（002466）上2010~2016年利润表

利润表	16-12-31	15-12-31	14-12-31	13-12-31	12-12-31	11-12-31	10-12-31
营业收入(元)	39.0亿	18.7亿	14.2亿	10.7亿	3.97亿	4.03亿	2.94亿
营业成本(元)	11.2亿	9.91亿	9.64亿	8.87亿	3.12亿	3.36亿	2.30亿
销售费用(元)	3589万	3045万	2116万	2012万	1086万	1067万	762万
财务费用(元)	9551万	9941万	1920万	2318万	150万	-611万	86.7万
管理费用(元)	1.98亿	1.72亿	1.13亿	3.88亿	2913万	2005万	1390万
资产减值损失(元)	2.66亿	6079万	1279万	3553万	93.4万	60.1万	73.9万
投资收益(元)	7132万	584万	241万	130万	69.4万	30.9万	9040
营业利润(元)	22.2亿	5.15亿	2.93亿	-2.94亿	4167万	4053万	4048万
利润总额(元)	21.6亿	5.13亿	3.28亿	-2.83亿	4896万	4844万	4746万
所得税(元)	3.72亿	8722万	4627万	1079万	722万	821万	858万
归属母公司所有者净利润(元)	15.1亿	2.48亿	1.31亿	-1.91亿	4173万	4023万	3888万

> **特别说明**

不复权的股价是上市公司在股市中交易的真实价格，但是在分红和股本发生变化的时候容易形成价格的缺口。前复权是指以最近的真实价格为基础，保证股价连续的前提下向前折算；后复权是指以某个指定日期为基准，保证股价连续的前提下向后折算。如果上市公司没有定向增发的融资行为，前复权后股价的变化就是上市公司市值的变化。

下文给投资者提供了2017年3月29日A股市值前100名的榜单，虽然国企无论在名次还是数量上都遥遥领先，但是并没有阻挡A股市场中逐渐成长起来的民营企业。具有垄断优势的国企本身条件得天独厚，但是随着科技的发展，一些传统企业必然要面临大的变革，原来的"铁饭碗"也会摇摇欲坠，甚至会被新科技颠覆。

排名	代码	名称	流通市值	排名	代码	名称	流通市值
1	601398	工商银行	12887.46亿	11	601088	中国神华	3158.03亿
2	601857	中国石油	12710.88亿	12	601166	兴业银行	3059.81亿
3	601288	农业银行	9674.42亿	13	601668	中国建筑	2799.45亿
4	601988	中国银行	7692.94亿	14	600104	上汽集团	2717.80亿
5	600028	中国石化	5437.24亿	15	600016	民生银行	2517.81亿
6	601628	中国人寿	5178.81亿	16	601328	交通银行	2413.93亿
7	600519	贵州茅台	4819.40亿	17	601766	中国中车	2406.36亿
8	601318	中国平安	3984.25亿	18	000333	美的集团	2143.49亿
9	600036	招商银行	3938.07亿	19	601800	中国交建	2136.82亿
10	600000	浦发银行	3430.82亿	20	601998	中信银行	2105.74亿

排名	代码	名称	流通市值	排名	代码	名称	流通市值	排名	代码	名称	流通市值	排名	代码	名称	流通市值
41	600887	伊利股份	1128.84亿	51	601336	新华保险	864.21亿	61	601018	宁波港	752.64亿	71	600795	国电电力	630.78亿
42	601006	大秦铁路	1095.68亿	52	600585	海螺水泥	851.68亿	62	601669	中国电建	751.68亿	72	002142	宁波银行	618.34亿
43	002304	洋河股份	1093.94亿	53	002252	上海莱士	845.69亿	63	601633	长城汽车	751.66亿	73	601225	陕西煤业	614.00亿
44	601628	保利地产	1021.08亿	54	600725	京东方A	836.19亿	64	000895	双汇发展	749.54亿	74	600115	东方航空	609.79亿
45	000776	广发证券	1011.61亿	55	601618	中国中冶	834.68亿	65	600011	华能国际	744.45亿	75	601788	光大证券	603.19亿
46	300498	温氏股份	938.78亿	56	600518	康美药业	830.23亿	66	601111	中国国航	713.30亿	76	603993	洛阳钼业	589.39亿
47	603288	海天味业	925.30亿	57	601727	上海电气	829.49亿	67	601009	南京银行	674.38亿	77	000625	长安汽车	588.20亿
48	601688	华泰证券	915.63亿	58	600340	华夏幸福	798.72亿	68	000768	中航飞机	672.50亿	78	000063	中兴通讯	583.84亿
49	600538	云南白药	894.56亿	59	600999	招商证券	772.15亿	69	600690	青岛海尔	658.97亿	79	000568	泸州老窖	582.02亿
50	601211	XD国泰君	866.01亿	60	600023	浙能电力	657.85亿	70	600703	三安光电	657.85亿	80	600029	南方航空	575.16亿

排名	代码	名称	流通市值	排名	代码	名称	流通市值
81	600309	万华化学	573.23亿	91	300072	三聚环保	538.76亿
82	601939	建设银行	568.90亿	92	600196	复星医药	524.59亿
83	600031	三一重工	568.77亿	93	600547	山东黄金	520.28亿
84	600663	陆家嘴	567.14亿	94	601901	方正证券	515.77亿
85	002450	康得新	560.52亿	95	601600	中国铝业	515.11亿
86	600068	葛洲坝	555.80亿	96	601377	兴业证券	514.30亿
87	601898	中煤能源	551.87亿	97	002673	西部证券	511.03亿
88	601888	中国国旅	549.33亿	98	600886	国投电力	504.88亿
89	601899	紫金矿业	546.81亿	99	600741	华域汽车	497.91亿
90	002024	苏宁云商	542.93亿	100	600637	东方明珠	494.62亿

表中前20名，有中国石油和中国石化，以及成群的银行股。随着新能源的不断探索和广泛应用，石油作为地球上有限的能源，其开采难度以及引起的环境问

题越来越引起人类的重视。人类对新资源的探索逐渐缓解石油的紧缺问题，或许未来会出现能够完全取代石油的新能源。

电子银行的广泛应用对传统银行提出了更多的挑战，2016年各大国有银行均开始普及智能机器服务进而取代人工服务，跨行转账等业务的手续费也开始大幅减免，市场上各种独立于银行的理财产品更是大放异彩。

其他上榜的上市公司可谓是百花齐放，各行各业都有，除了金融股外，还有地产的龙头万科、电器的老大格力电器、高端酒的代表五粮液，以及建筑、电力、钢铁、医药等公司。榜单最大的共性就是国家队的身影较多，在群雄逐鹿的A股市场，没有先天优势是很难崭露头角的，但是所有企业同样要面临时代变革带来的挑战，如果不能有效地创新和发展，也就很难维持自己强势市值的地位。

从以上的统计中可以发现，A股中市值达到万亿人民币以上的只有工商银行和中国石油，它们能上榜的理由投资者都心知肚明。市值达到千亿人民币以上的有45家，也就是说，市值前100名的上市公司有一半以上的市值没有达到千亿，这和2015年A股的持续下跌有明显关系，它直接导致了上市公司市值整体水平较低。

> **特别说明**
>
> 市值管理也可以称之为资本运作，尤其在A股市场中对于上市公司更是不可缺少的。上市公司较非上市公司相比最大的区别是，它能够提供一个平台，这个平台越大就会吸引越多的银行、券商、信托等部门提供更多资源和机会，管理者的路就会越来越宽。所以市值对于上市公司来说，是一个能够撬动更多资源的支点，上市公司不会允许市值任意波动。

第二节　优秀的管理团队

董明珠是众所周知的出色的企业经营管理人，有的投资者购买格力电器的股票就是因为她。A股的上市公司中不乏优秀的企业管理人，像万科的王石、中国平安的马明哲、民生银行的史玉柱等，他们带领出色的管理团队将上市公司的规模壮大、利润增加，这些上市公司因此也成为价值投资者首选标的。通过财务数据就可以评价一家上市公司运营得如何，但是在A股市场中经常让投资者头痛的是那些具有欺骗性的信息。本书总结了几种在A股市场中让投资者欲哭无泪的骗局，以帮助投资者在分辨利空和利好消息时更能擦亮眼睛。

对于优秀的上市公司不再举例，投资者可自行研究一下格力电器、天齐锂业、老板电器、酒鬼酒等规模不断扩大、盈利稳健增长的上市公司。接下来，我们一起回顾一场上市公司高管和投资者捉迷藏的游戏。

山东墨龙主要从事石油钻采专用设备的设计研发、加工制造、销售服务和出口贸易，最近几年来业绩惨淡，2016年第三季度末发生重大亏损并持续到2016年底，但是2016年10月26日的公告却指出业绩预告盈利600万~1200万元。在2016年年报披露前期，距离上次的盈利公告不到3个月的时间，山东墨龙发生了大变脸，从盈利状况变为亏损超过4.8亿元，让本想投资该股的投资者大跌眼镜。

证券代码：002490　　证券简称：山东墨龙　　公告编号：2016-028

山东墨龙石油机械股份有限公司
关于公司股东减持股份的提示性公告

本公司及全体监事保证公告内容真实、准确和完整，不存在虚假记载、误导性陈述或者重大遗漏。

一、股东减持情况

本公司于2016年11月24日收到公司副董事长、总经理张云三先生关于减持公司股份的通知。张云三先生于2016年11月23日，通过深圳证券交易所交易系统以大宗交易方式减持公司无限售条件的流通股750万股，减持股份占公司总股本的0.94%，具体情况如下：

1、股东减持股份情况

股东名称	减持方式	减持期间	减持均价（元）	减持股数（万股）	减持比例（%）
张云三	大宗交易	2016年11月23日	10.97	750	0.94
		合计		750	0.94

然而，更具戏剧化的并不是公司盈利状况的惊天逆转，而是在前期利好公布后，公司高管便减持套现约3.6亿元。上市公司高管减持套现早就见怪不怪了，但是作弊这么明目张胆也实在过分。

> 在年报中，山东墨龙承认，公司在2016年前三季度的业绩报告中存在"重大错报"。此前，2016年10月26日，山东墨龙发布业绩预告称盈利600万元~1200万元。但短短3个月后，山东墨龙又发布业绩预告修正公告，预亏逾4.8亿元。在业绩变脸的同时，公司董事长张恩荣和总经理、副董事长张云三父子两人"精准"减持套现约3.6亿元未及时公告，现已遭证监会立案调查。值得注意的是，在此期间权益受损的投资者可以起诉索赔损失。

山东墨龙因重大错报被监管部门立案调查的公告

山东墨龙在2016年1月的熔断行情中没有创新低，属于典型的大盘创新低但是个股不创新低的强势个股，可是财务报表中显现出来的亏损让我们望而却步。纵观山东墨龙的历史股性，虽然上市7年有余，但是只有痛快跌过没有痛快涨过，考虑其所在的行业，其未来的成长就愈加难以确定，所以从基本面和股性的角度看山东墨龙都很难进入我们的股票池。

在2016年大盘震荡的环境中，山东墨龙的股价从5月到11月上涨了一倍，其强势程度不免会引起普通投资者的跟盘。管理层对普通投资者追涨杀跌的心理太了解了，选择在这个位置"精准"套现，让接盘的散户又一次孤零零地站在了山冈上。

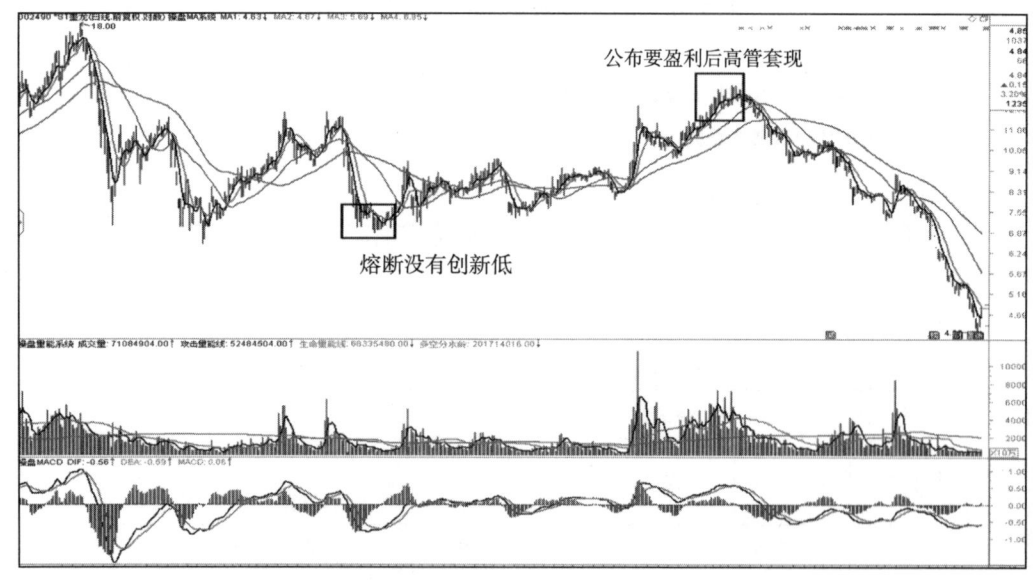

山东墨龙（002490）2015年5月~2017年5月日K线走势图

> **特别说明**

　　大股东和高管减持分为精准减持、巨额减持、顶格减持、清仓减持以及变脸减持，减持力度的不同会对市场间接造成不同程度的利空。2016年，大股东和高管减持现象非常普遍，让投资者顿感无力的是减持的理由：有套现买房的、有为了给孩子交学费的、更有为了改善生活的……任何人都没有权力阻止其套现行为，每当投资者看到这些奇葩的减持理由都哭笑不得。

第三节　增持与减持

　　证券市场就是依靠买卖行为才得以生存的，任何人的买进和卖出都是符合市场规律的，但是对于上市公司交易举足轻重的大股东和关系上市公司未来发展的管理层的这一行为会直接形成利好或利空消息，进而达到套现或者影响股价的目的。

　　关于增持，有经验的投资者的第一反应一定是主力在出利好消息诱多出货。如果每次做出投资决策时都能够有这样的辩证思维，普通投资者就不会输掉那么多冤枉钱了，但切记的是不能将一次成功的经验当作永恒不变的规律，市场在变、参与者也在变。上市公司出利好消息诱多出货虽然是比较常见的，但是如果利用增持这种利好消息进行诱多时增持的量一定不会很大，否则就达不到出货的目的了。

　　发生在阶段性低位或者是长期整理平台期间的大量增持行为属于实质性利好，但是该利好兑现的时间长短难说；发生在阶段性高位的少量增持属于诱多性利好，投资者一定要谨防受骗。

　　永清环保在2015年第一轮"股灾"中，股价在16个交易日内被拦腰折断，属于第一轮"股灾"中急跌的排头兵。但是，在股价经过了快速超跌后，普通投资者还在为"何时到底"而烦恼时，永清环保迎来了它的救命稻草——高管拼命增持。从历史数据中不难看到，董事刘正军于2015年7月7日、8日、9日连续增持，增持的总量占总股本的2%。第一天增持，股价遭遇跌停板；第二天股价直接以跌停板跳空低开，但当天股价开始反弹到红盘区；第三天高管继续在集合竞价位置增持，股价当天迎来了久违的涨停板，且之后又出现了2个连续的涨停板。此次高管增持行为快速奏效。

其实大股东、高管以及我们看不到的主力资金对于股价走势的研判水平要远远高于普通投资者，他们为什么会在如此特殊的位置大举增持，一定不是和散户一样盲目地抄底，而是看准了大盘要走出超跌后的反弹行情。高管增持加上大盘环境稳健，永清环保的反弹还是比较强势的，但是无奈在第二轮"股灾"时它再次难逃厄运，股价跌至上次超跌的低点，即高管增持的位置。

虽然第二轮"股灾"让大盘再次创新低，众多个股也难逃被屠杀的结局一再创新低，但是此时永清环保表现出了它的强势：在高管增持的位置止跌。股价在这样的走势上构成了简单的双底，可以确定短期会有一波强势的反弹，最重要的是高管不会让投进来的钱打水漂。

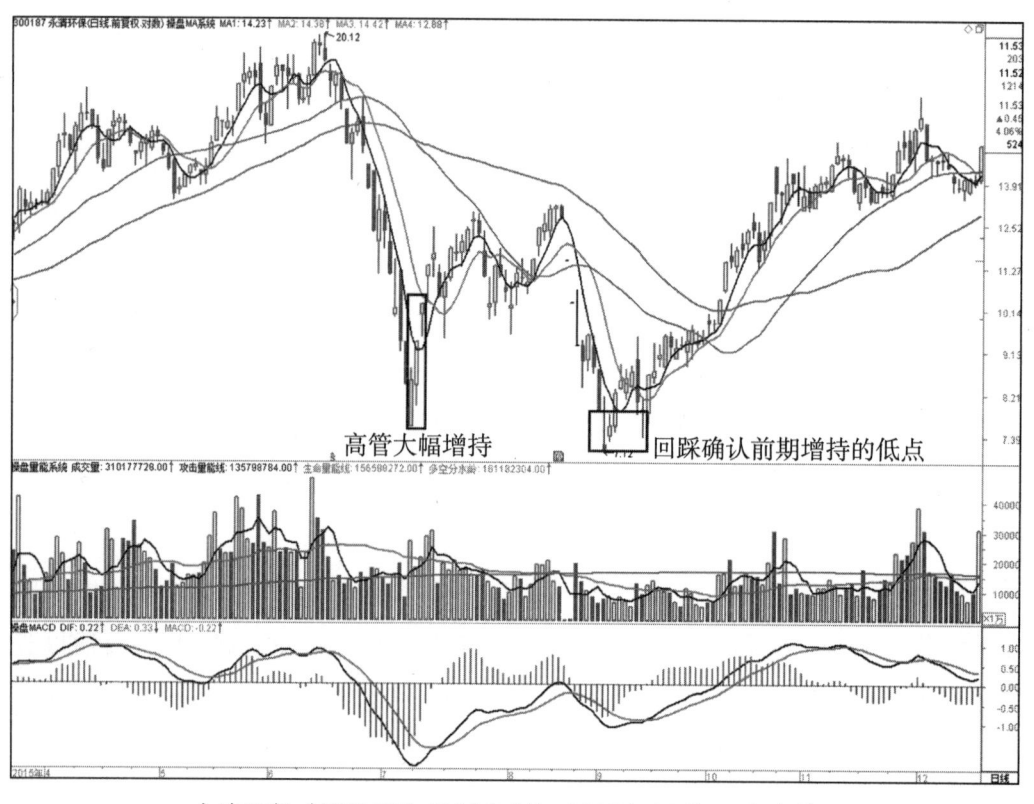

永清环保（300187）2015年4月~2015年12月日K线走势图

其实减持和增持一样，投资者不能机械地看成利空还是利好，一定要结合当下股价的位置以及市场整体的环境进行判断，否则很容易犯顾此失彼的错误。股价到高位出现减持行为基本可以确认是套现，而在相对低位却有可能是利用利空消息诱骗投资者交出筹码。

德宏股份是2016年上市的新股，到2017年5月总股本7840万股，流通股本3904万股，上市以来股价从19.16元上涨到89.9元，再次回落到39元。从德宏股份上市以来的数据看，虽然2016年出现明显的亏损，但是从2016年第四季度开始营业收入由递减变为上涨，在2017年第一季度出现了更为明显的上涨走势。然而，悲观的大盘环境和一再去杠杆的创业板让德宏股份的股价一再走低，曾经辉煌的次新股如今物是人非。

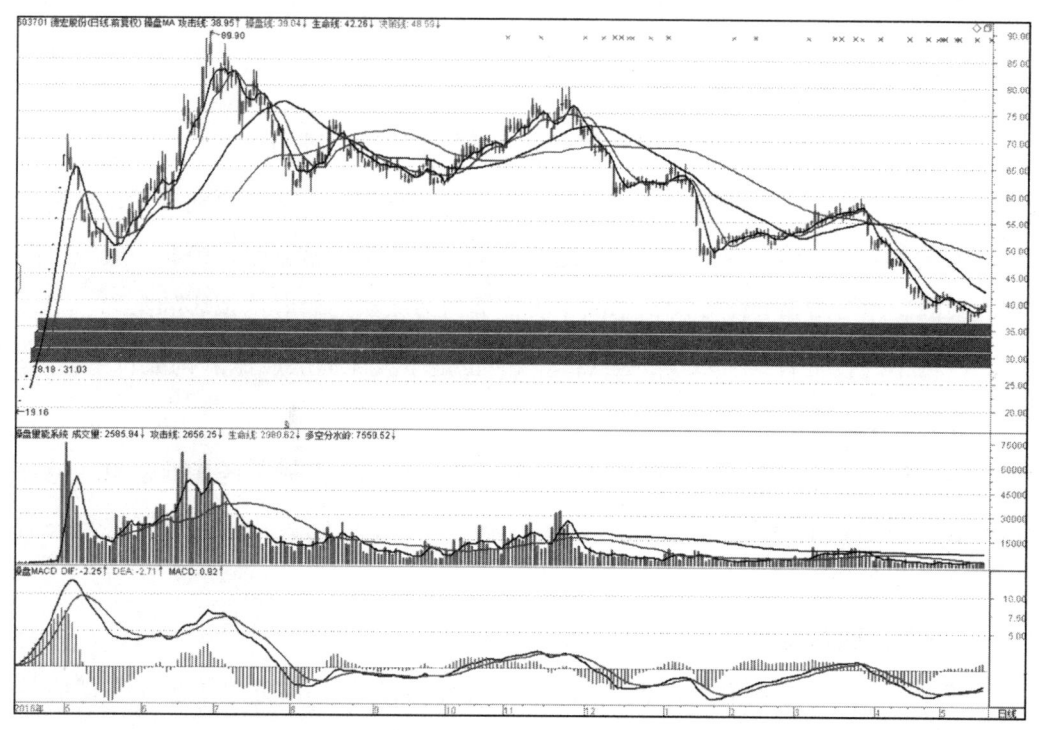

德宏股份（603701）2016年4月~2017年5月日K线走势图

证券市场中的涨涨跌跌本也正常，但是上市公司高管的行为会让我们重新审视股价的每次上涨和下跌。2017年5月德宏股份三位高管在二级市场集中相继减持，而此时股价已经从高位下跌了50%。虽然作为次新股的高管，前期可能会受到新股上市一年限售的约束,但是从2017年4月12日解禁到2017年5月9日,股价又下跌了20%左右。也就是说,虽然股价没有明显的坐底痕迹,但是可以确认无疑的是众高管在公司财务状况转好的情况下,在相对低位抛售公司的股票,可能套现的真实意图很简单,只是因为自己缺钱花了,但是真相到底如何需要静观后效。

第四节　股东分析

任何一个资本市场中,都存在非常严重的信息不对称现象,普通投资者很难在第一时间获得各方面有价值的投资信息,但是市场中具有资金优势和信息优势的股东们却可以领先一步,所以研究这些大股东的动作是非常有价值的。

1. 十大流通股股东

投资者对于十大股东这个词不会陌生,最刺激股民心脏的就是:牛市末期满仓进场,然后信了某些股评家的摊平成本理论,越跌越加仓,从浅套到深套,最终成了"大股东"。当然,真正的十大流通股股东,实力都非常雄厚,绝非一般股民能够匹敌的。本节就是要深度解密不同十大流通股股东构成对股价走势的影响。

市场中的投资者共有八类,当然这八类也是十大流通股股东的构成:

(1)母公司

对于集团类上市公司,很多子公司的大股东和实际控制人是其母公司,母公司持有的股份在不出现重大变故的情况下是不会发生变化的,所以可以将母公司持股的份额视为非流通股。

(2)"国家队"

被国家、省、市国有资产监督管理委员会,国务院,国务院子公司等持股的国有性质的企业有强大的政府支持,但是这类"国家队"的公司属于控股类的公司,股权不会轻易发生变化,也可以被视为非流通股。中央汇金、财政部等将资金注入上市公司不是为了真正拿到控制权,而是以投资为目的持有上市公司股份,在股价变动的过程中获得投资收益。后者是投资者通常所说的国家队资金,因为这些资金在市场上的流动会直接影响大盘的走势,甚至关系到牛熊的转换,是投资者需要关注的重要风向标之一。

（3）公募基金

前几年，投资者对于公募基金持股的上市公司还是比较青睐的，紧跟公募基金的脚步布局相关个股。但比较郁闷的是如今公募基金的业绩实在是不尽如人意。公募基金有其天然的特性：基金经理管理的规模大，但是对其收益要求不高，只有在年底私募基金排名的时候才会更加关注基金的收益；无论牛熊，公募基金的仓位不能低于60%；一旦多家公募基金盯上了一只票，谁都不会积极去拉升，都怕自己拉升后给别人出货机会。所以，公募基金的规模和投资者关注的程度江河日下，取而代之的是私募基金。

（4）私募基金

2016年私募基金的规模呈爆发式发展，在监管极其严苛的环境下，2017年初私募基金的规模突破了10万亿大关，在短短的几年时间里突破了公募基金十几年都没有超越的规模。公募基金经理"奔私"已经不是什么新鲜话题了，尤其是在2015年的牛市期间，一些优秀的公募基金经理选择了自己掌管一片天地。从最近几年市场的整体收益水平上看，私募基金的收益水平明显高于公募基金，尤其在优秀基金经理的带动下，很多私募基金布局的上市公司会给投资者的交易带来新的机会。

（5）投资公司

除了私募基金，市场上还有一类投资公司是以直接持有而不是通过发行基金的方式持有上市公司股权的，有的可以通过二级市场购买，有的直接通过大宗交易或者一级市场购买。这类投资公司的投资周期较长，进出的频率较小，和后面的QFII模式有些类似，对于价值投资者来说是有助于实现选股的重要方式之一。

（6）金融机构

投资银行、券商、信托计划、保险产品等金融机构会有自己的资管部门，但是这类资金的分配更多是以对冲的模式进行的，所以无论在证券市场上盈利与否，都会通过在其他标的上的资金布局来规避风险实现稳健的收益。在上市公司的十大股东中出现了金融机构的影子，这很难成为投资者判断股价后市走势的条件。

（7）QFII

十大股东中有DFII的上市公司是值得关注的，尤其是QFII新入驻的上市公司,因为国外的投资者更加注重上市公司整体运营情况和未来发展的前景,如果这两项有问题是不会有外资关注的。决定A股股价是否会上涨还有一个非常重要的因素——是否有主力资金参与。所以有QFII持股的上市公司满足了在基本面上帮助投资者选股的需求,但是否会形成买卖点还要回归到技术分析上。

(8)自然人

前几类都是机构投资者,自然人与机构投资者相比在资金量上会稍有逊色,但是自然人之间却是最容易形成一致行动人的。对于没有形成一致行动人的自然人持股,只将其看成股权相对分散的状态即可,除非能够在上市公司没有公告的前提下可以找到其他证据证明他们是一致行动人。但是对于上市公司公告构成一致行动人的,或者我们寻找到了足够证据证明几位自然人的持股是相互关联的,就需要将他们所持有的股份视为同一个人的持股,这样累计起来的股份对上市公司的影响会变大,也是我们关注的上市公司被资金关注的重要方法之一。

在雄安新区概念中,冀东装备是当之无愧的龙头,仅一个月的时间股价从14元上涨到45元,涨幅达到了220%。从冀东装备的股东结构上看,最大股东冀东发展集团有限责任公司持股30%,是真正的实际控制人,第二股东唐山国有资本运营有限公司持股11.52%,两者都属于长期持股占有控制权地位的股东,它们所持有的股份可以看作非流通股本。最值得关注的是,中国农业银行的一只基金在十大流通股东中排在第八位,中国农业银行的证券投资基金并不是对冲型投资基金,而是2017年第一季度新进大股东,值得关注。

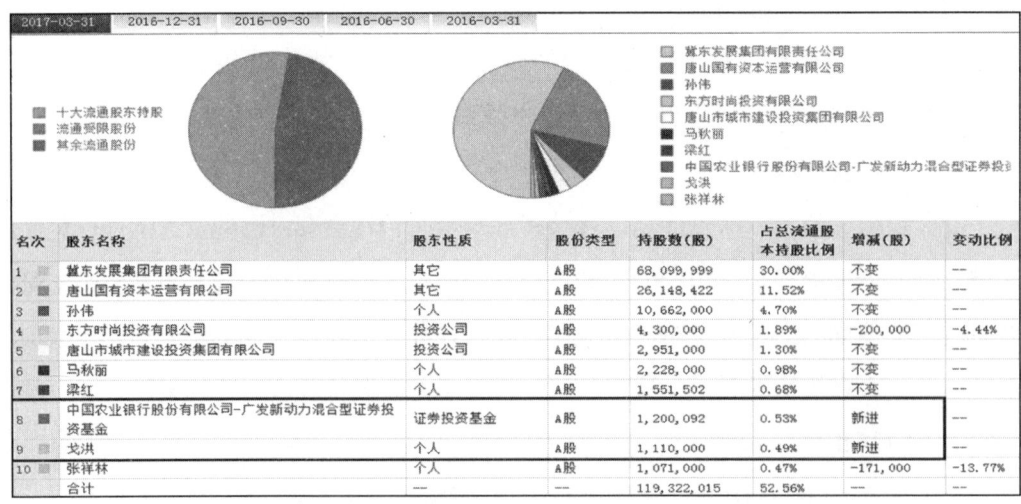

冀东装备(000856)2017年3月31日十大流通股东

冀东装备在雄安新区概念引爆之前一直处于低位横盘状态,但是在默默潜行中已经完成了对更大周期技术形态的修复,且有资金缓慢进场的迹象,关于对不同周期均线修复的内容请参阅《黑马在线》一书。在雄安新区概念启动前,几只早已经有特殊资金埋伏进去的黑马股都做了一个向下打压洗盘的动作,只有通过基本面和技术面的结合分析才能保证坚定持仓,不被主力蒙骗。

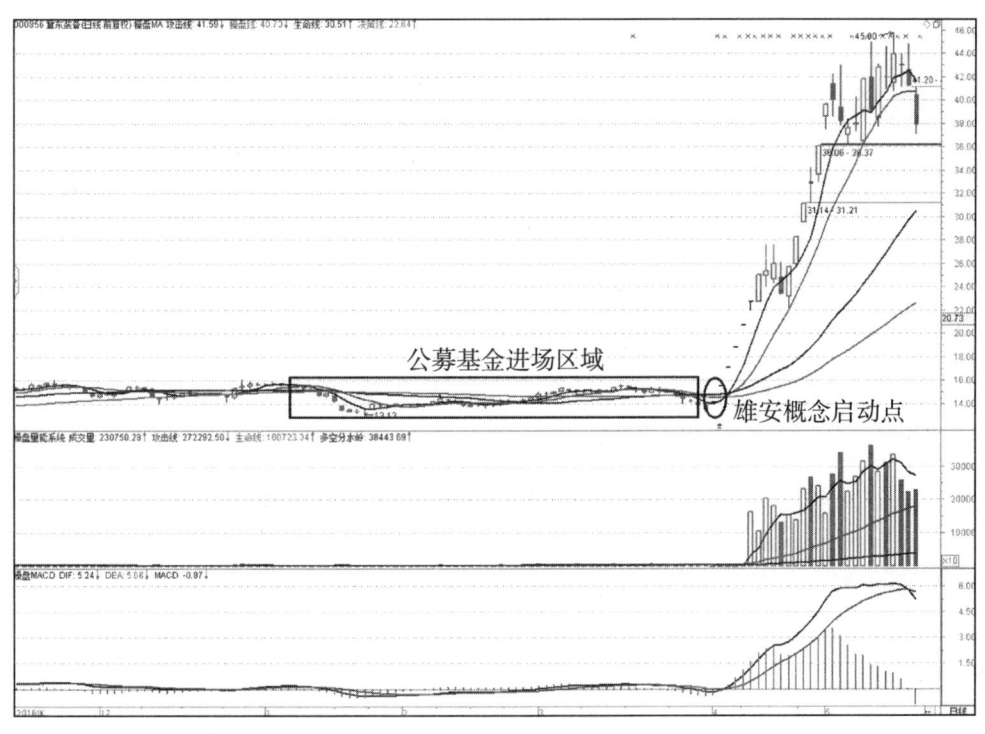

冀东装备(000856)2016年11月~2017年5月日K线走势图

东方能源的十大股东结构则完全不同,以社保基金和金融机构的资产管理计划为主,十大股东可谓全都是大财主级别的。如果各位股东能够达成默契一致看多,一定会走出极度强势的大黑马,但是一旦各怀鬼胎就会导致谁都不愿意主动去拉抬股价,总是会担心自己拉升后让别人出货了。这是市场中比较常见的一种现象,尤其对于基本面业绩良好但是没有太大题材热点的股票,会出现典型的机构投资者扎堆但是涨不起来的憋屈走势。但是雄安新区的效应让众上市公司股东坐不住了。

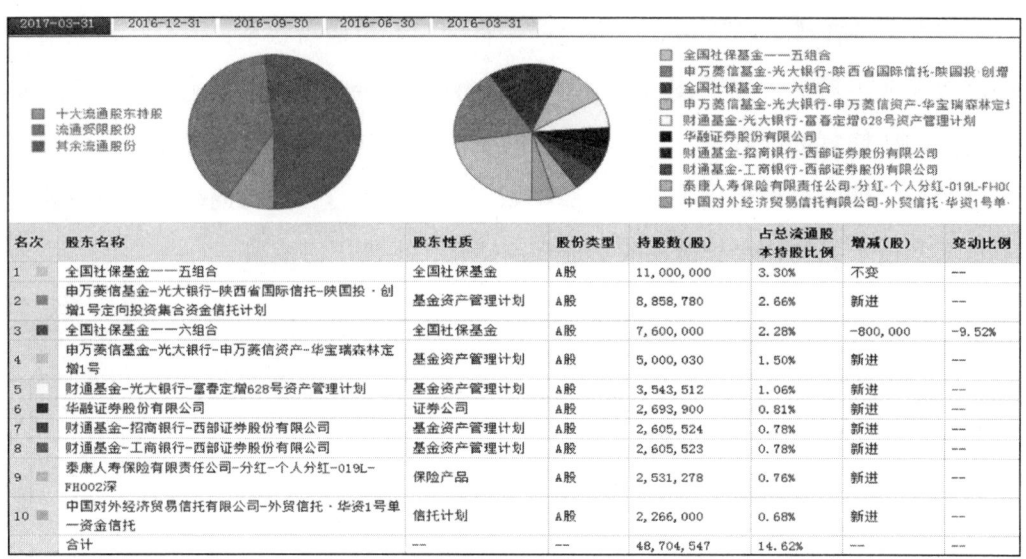

雄安新区概念上涨初期，东方能源随着整个板块以一字板的形式开启了加速上升模式，但是和六七个一字板的龙头相比东方能源实在是弱势，从第二天开始只能维持缓慢上升的走势，盘中多空双方分歧较大，在多头大背景下都很难走出强势上涨行情。但是，完成了前一个上涨波段，经过了ABC三浪充分调整后，多空双方再次达成了一致，股价在雄安新区概念再次发动时强势上涨。

东方能源（000958）2016年1月~2017年5月日K线走势图

太空板业的十大流通股东的结构又是另一种状态：以自然人为主。第一大股东樊立，第二大股东樊志，从名字上就很容易判断两大股东有着亲属关系，很容易构成一致行为人。除了第三、第四大股东外，十大股东全部都是自然人，且从第三大股东往后持股比例都小于5%，如果有主力机构要运作该上市公司的股价，将各大股东统筹成一致行动人是比较容易的。所以，选股时一旦遇到前十大股东均是以自然人为主、股东总数在持续减少且股价又处在相对低位的股票，要引起我们的注意。

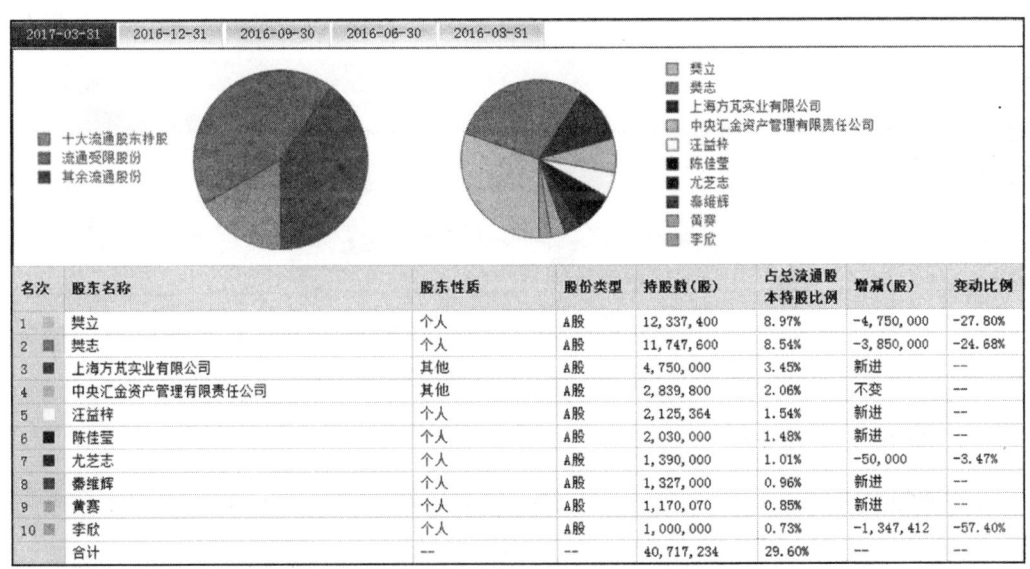

太空板业（300344）2017年3月31日十大流通股东

太空板业从2016年10月到2017年4月经过了长时间的宽幅振荡，且幅度越来越窄，每次上涨放量、下跌缩量是典型的有主力资金关注的行为。在笔者的助理曲君洁将要出版的《股市立论与财富革命》中会详细介绍主力在阶段高位如何进行吸筹和洗盘，进而为后期的拉升做准备，以及该如何操作这样的股票。在4月初雄安新区概念启动的第一波行情中，太空板业以预热的方式向上测试了抛压，之后股价向下强势回踩，在雄安新区概念后一轮启动时着实走出了大黑马的架势。

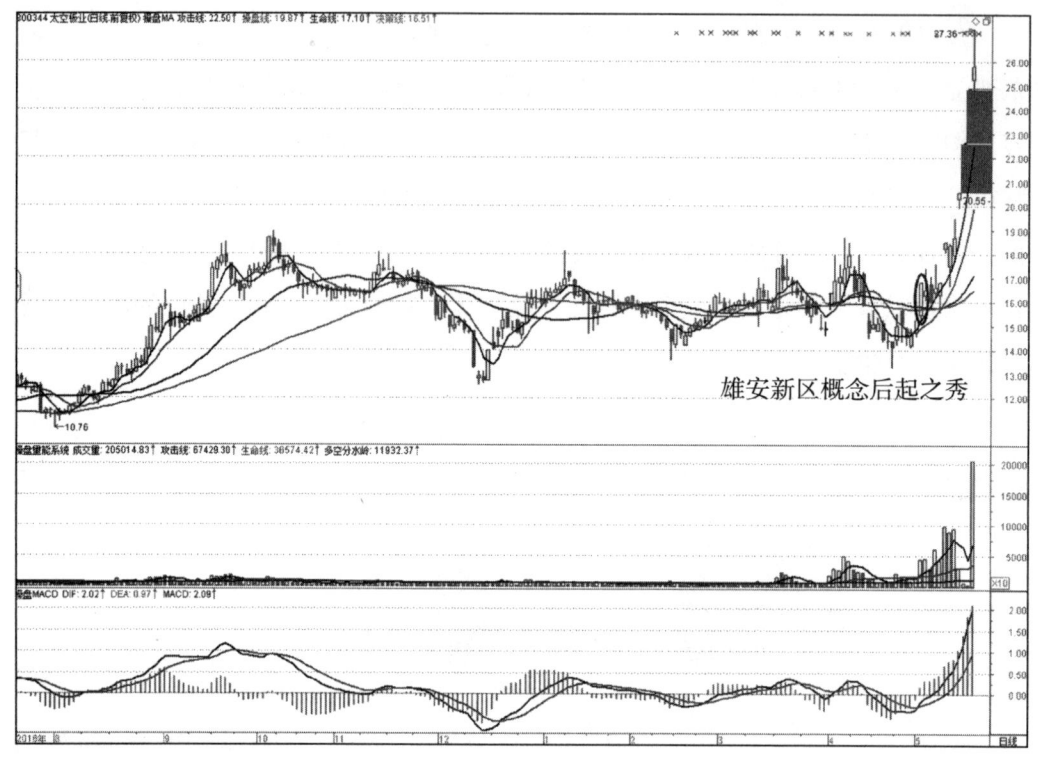

太空板业（300344）2016年7月~2017年5月日K线走势图

2. 股东人数变化

普通投资者更多地关注自己买了多少股票、赚了多少钱，很少能够站在更高的高度、更宽的角度看待上市公司和这个市场。整个证券市场中参与某只股票交易的所有投资者对其股价的走势都有影响，虽然普通投资者的资金量不大，但是当众多普通投资者的投资行为达成一致时对股价的影响力是不容忽视的。

市场参与者众多，我们没有办法充分了解每位参与者的状态，但是可以通过市场中比较常见的一些总体数据来对当下筹码的分布进行探究。对于主力资金来说，运作一家上市公司股价的时间越长，需要的控盘度就越高，市场上表现出来的就是股东人数减少、平均持股数量增多、筹码越来越集中。股东人数的变化是筹码是否正在从分散状态向汇聚状态转化的重要指标，不是股东人数减少了股价就会被拉升，但是股价被强势拉升之前很容易出现股东人数减少的现象，而且股东人数减少的越明显说明筹码集中的速度越快、集中的程度越高。

天山股份是一带一路板块当之无愧的龙头，但无论是刚跟随笔者学习的学员还是普通投资者都会面临一个问题：只有股价涨起来了才能够确定之前股价在坐底阶段，尽管股票给了我们无数个坐底信号。在启动之前不是没有关注过它，只是未能看穿它在未来会成为货真价实的大牛股。

从天山股份股东人数的变化上可以看出，2015年第三季度和第四季度股东人数在8万左右，2016年上半年减少到7万，2016年12月减少得更加明显，只有6.45万。一年的时间市场上的投资者数量减少了20%，这部分离开的投资者手上的筹码转移给了剩下的80%的投资者，这80%投资者的平均持股数量在增加，市场筹码的集中度越来越高。

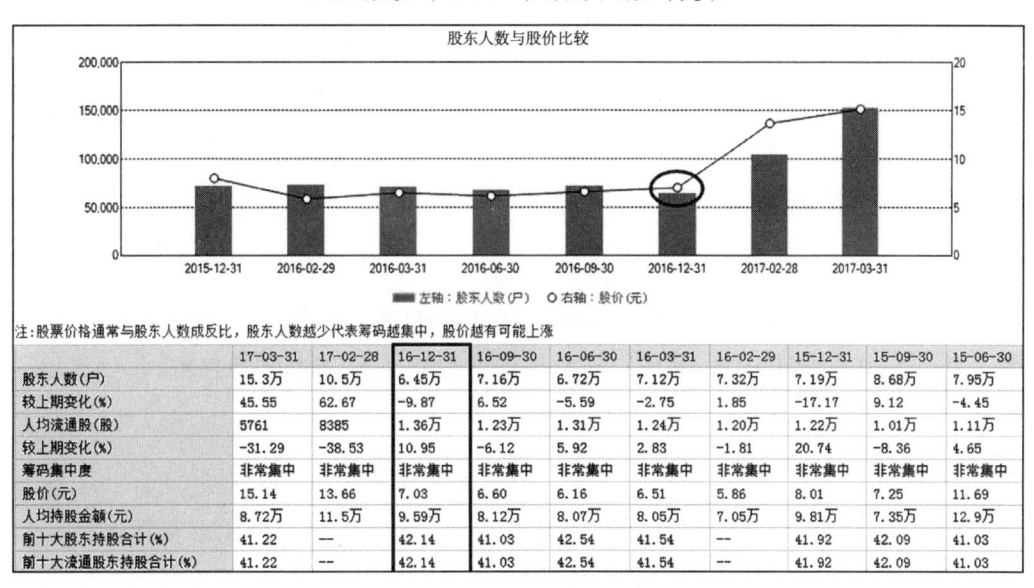

天山股份（000877）股东人数的变化

	17-03-31	17-02-28	16-12-31	16-09-30	16-06-30	16-03-31	16-02-29	15-12-31	15-09-30	15-06-30
股东人数(户)	15.3万	10.5万	6.45万	7.16万	6.72万	7.12万	7.32万	7.19万	8.68万	7.95万
较上期变化(%)	45.55	62.67	-9.87	6.52	-5.59	-2.75	1.85	-17.17	9.12	-4.45
人均流通股(股)	5761	8385	1.36万	1.23万	1.31万	1.24万	1.20万	1.22万	1.01万	1.11万
较上期变化(%)	-31.29	-38.53	10.95	-6.12	5.92	2.83	-1.81	20.74	-8.36	4.65
筹码集中度	非常集中	非常集中	非常集中	非常集中	非常集中	非常集中	非常集中	非常集中	非常集中	非常集中
股价(元)	15.14	13.66	7.03	6.60	6.16	6.51	5.86	8.01	7.25	11.69
人均持股金额(元)	8.72万	11.5万	9.59万	8.12万	8.07万	8.05万	7.05万	9.81万	7.35万	12.9万
前十大股东持股合计(%)	41.22	—	42.14	41.03	42.54	41.54	—	41.92	42.09	41.03
前十大流通股东持股合计(%)	41.22	—	42.14	41.03	42.54	41.54	—	41.92	42.09	41.03

天山股份在启动前处于震荡盘升的走势中，但是多空双方分歧非常大，普通投资者买进后的持仓时间非常有限，经常面临"高买低卖"的风险，即使是再好的股票也不愿意再多花时间和精力去分析和等待。在遇到多空双方分歧较大，但是股价可以缓慢上涨的股票时，要特别注意其基本面的变化，虽然在K线图上的走势差强人意，但是股价背后暗流涌动。

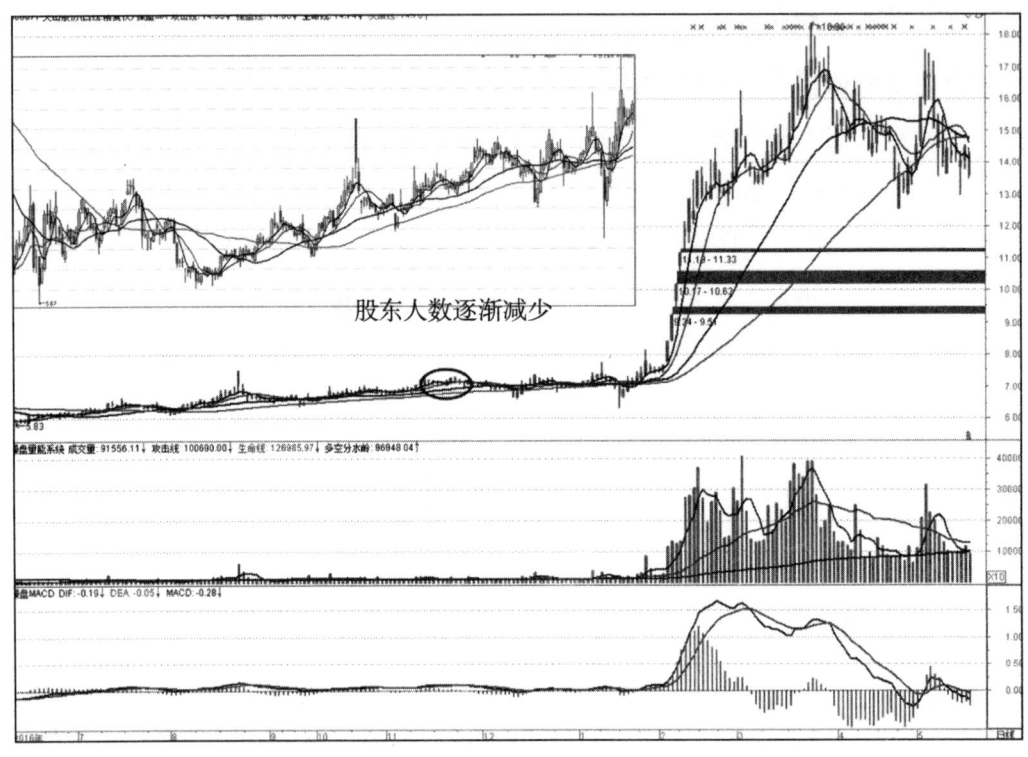

天山股份（000877）2016年6月~2017年5月日K线走势图

雄安新区概念的另一大龙头创业环保在启动前也出现了股东数量减少的现象。从2015年6月到2017年2月，创业环保的股东人数基本维持在8.2万~8.8万，虽然上下有浮动，但是变化并不是特别明显。可是在2017年3月股东人数减少了2.5%，降到了两年来的最低值8.09万。该数据的变化一定要引起投资者的注意，雄安新区板块的热潮逐渐褪去，但是未来一定会有一个又一个比雄安新区更强的热点概念等着我们，在它们出现之前我们要做的是学习足够多的证券市场知识，在市场再次给我们大礼包的时候得保证我们自己具备接受礼物的能力。

创业环保（600874）股东人数的变化

股东人数与股价比较

注：股票价格通常与股东人数成反比，股东人数越少代表筹码越集中，股价越有可能上涨

	17-03-31	17-02-28	16-12-31	16-09-30	16-06-30	16-03-31	16-02-29	15-12-31	15-09-30	15-06-30
股东人数(户)	8.09万	8.30万	8.24万	8.81万	8.42万	8.49万	8.77万	8.71万	8.64万	8.56万
较上期变化(%)	-2.50	0.77	-6.54	4.65	-0.76	-3.19	0.62	0.85	0.90	-4.94
人均流通股(股)	1.34万	1.31万	1.32万	1.23万	1.29万	1.28万	1.24万	1.25万	1.26万	1.27万
较上期变化(%)	2.56	-0.76	6.99	-4.44	0.77	3.30	-0.62	-0.84	-0.89	5.20
筹码集中度	非常集中	非常集中	非常集中	非常集中	非常集中	非常集中	非常集中	非常集中	非常集中	非常集中
股价(元)	8.16	8.65	8.13	8.76	7.70	8.52	7.83	10.46	8.90	12.55
人均持股金额(元)	11.0万	11.3万	10.7万	10.8万	9.94万	10.9万	9.71万	13.0万	11.2万	15.9万
前十大股东持股合计(%)	75.85	--	75.82	75.87	76.09	76.32	--	76.08	78.77	75.30
前十大流通股东持股合计(%)	75.85	--	75.82	75.87	76.09	76.32	--	76.08	78.77	75.30

创业环保后期的上涨真正显示了雄安新区"百年大计"的力量，雄安新区、环境保护和小盘股等多方面的优势成就了它在这波行情中独领风骚。投资者牢记黑马起涨之前的形态，这样才能帮助我们下次提前找到黑马，而不是在黑马启动后惋惜。分析创业环保启动前的走势不难发现，前期周线上的形态已构成收敛三角形，所以股价一旦选择向上突破周线上的收敛三角形形态，后期的上涨空间是非常值得期待的。

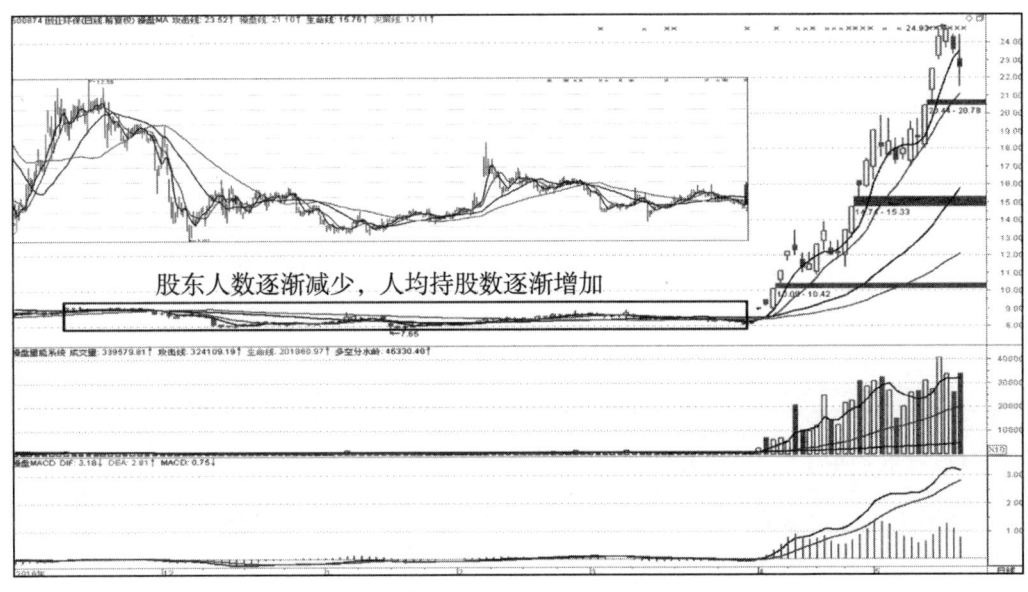

创业环保（600847）2016年11月~2017年5月日K线走势图

> **特别提示**
>
> 好的投资机会都是等出来的！很多投资专家要来反驳了，机会天天有为什么要等待？机会是天天有，但是有的机会你操作的胜率是90%，有的机会你操作的胜率是1%。如果你操作具有1%胜率的投资机会成功了，必然会加大你下次操作的风险。如果你有能力成功操作10次胜率仅为1%的投资机会，但是在第11次失败，这一次失败通常会让你将前面的盈利全部吐出来。

3. 关联公司

外国人在学中国文化时，对"关系"着实头痛，完全不能理解在中国人的日常交际过程中关系的复杂性和灵活性。股性如人性，股价的走势具备人具有的一切的特征，A股自然会具备中国人的特质。提到关联公司，投资者会直接联想到母公司、子公司、兄弟公司，也就是简单的三种关系对股价的走势会造成不可小视的影响。

关于母公司在上文讲述十大流通股东的一节中提到过，公司之间的控制关系很多时候不止一个级别，还会有孙公司，甚至孙公司旗下也会有子公司，那么母公司的范围就会被扩大，只要是对本公司直接或者间接持股的都算是母公司。母公司持股的比例越大，我们分析其关联性的有效性就越大。

中船防务的控股股东为中国船舶工业集团公司，但是投资者有没有思考过中国船舶工业集团公司的控股股东又是谁？中国船舶工业集团公司不是上市公司，在相关企业信息的网站上可以查到它的股东是国务院，而且是100%控股。其实，"中"字头的公司基本都是国有企业，只是国有的比例有所差别。

【控股股东和实际控制人】	
控股股东	中国船舶工业集团公司（持股35.50%）
实际控制人	国务院国有资产监督管理委员会（持有中国船舶工业集团公司股权100%）

中船防务（600685）的控股股东

兄弟公司是指有同一个母公司的两家或者多家子公司，如果母公司对几家子公司的控股比例相差不多，子公司很可能会走出相似走势，一旦走势出现了偏离就会出现套利机会。

乐凯胶片和乐凯新材的控股股东都是中国乐凯集团有限公司，持股比例都在30%以上，中国乐凯集团有限公司是中国航天科技集团公司100%控股的，而中国航天科技集团公司又是国务院100%控股的，所以乐凯胶片和乐凯新材算是国企曾孙辈的子公司。辈分相差越大影响就越小，所以不能将乐凯胶片和乐凯新材当作国企来看待，但是从两家上市公司在同一段时间的K线走势图中可以看出，它们的走势存在非常强的共性，每次趋势转折点发生的时间都近乎一致。

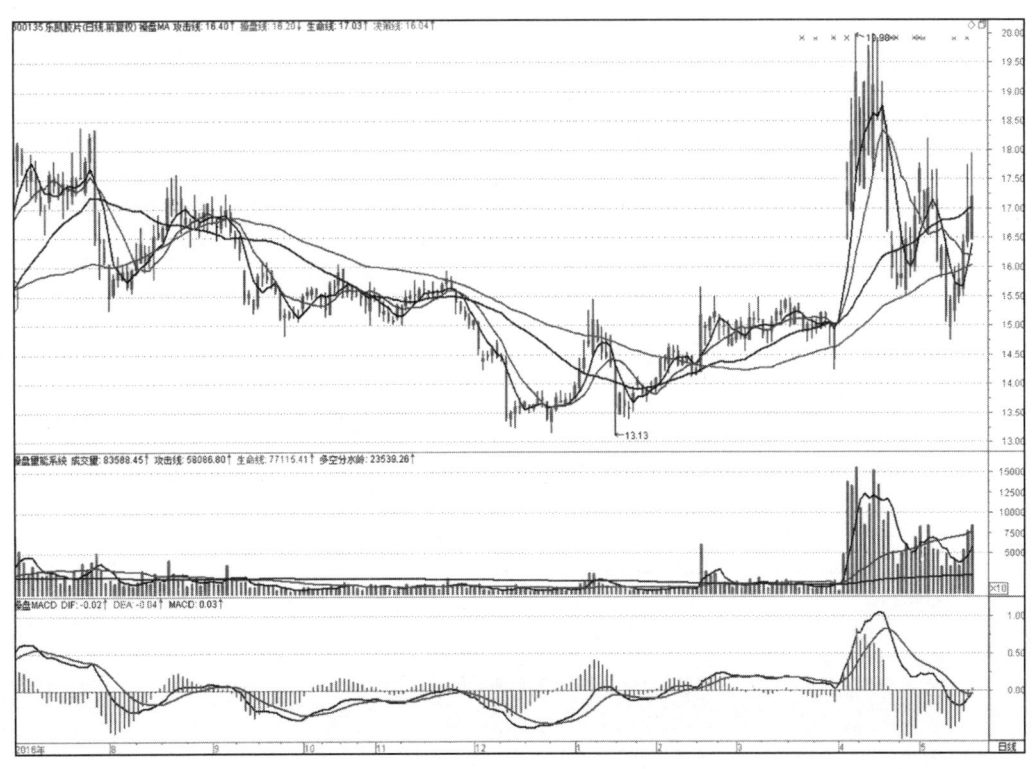

乐凯胶片（600135）2016年7月~2017年5月日K线走势图

乐凯胶片在2016年的后半年一直维持震荡下跌的走势，2017年1月走出了阶段性低点13.13元，该低点是对前一次下跌低点的确认，只是因为回踩洗盘的强度加大导致股价创了新低，但是当天的收盘价收在了前低点的上方。乐凯新材的走势略有差别，在2016年12月快速杀跌的行情中，乐凯新材下跌动能没有丝毫减弱，导致在2017年1月再次探底的行情中继续创新低。也就是说，在乐凯胶片回踩确认底部的同时，乐凯新材股价继续维持了强势下跌的走势，但是两只股票确认低点的时间基本一致，在后期的场外资金逐渐布局的走势中，乐凯新材因前期的超跌导致股价走势偏弱，技术形态很难快速修复好，然而一根强势涨停大阳线，保证了其和乐凯胶片走势的一致性。

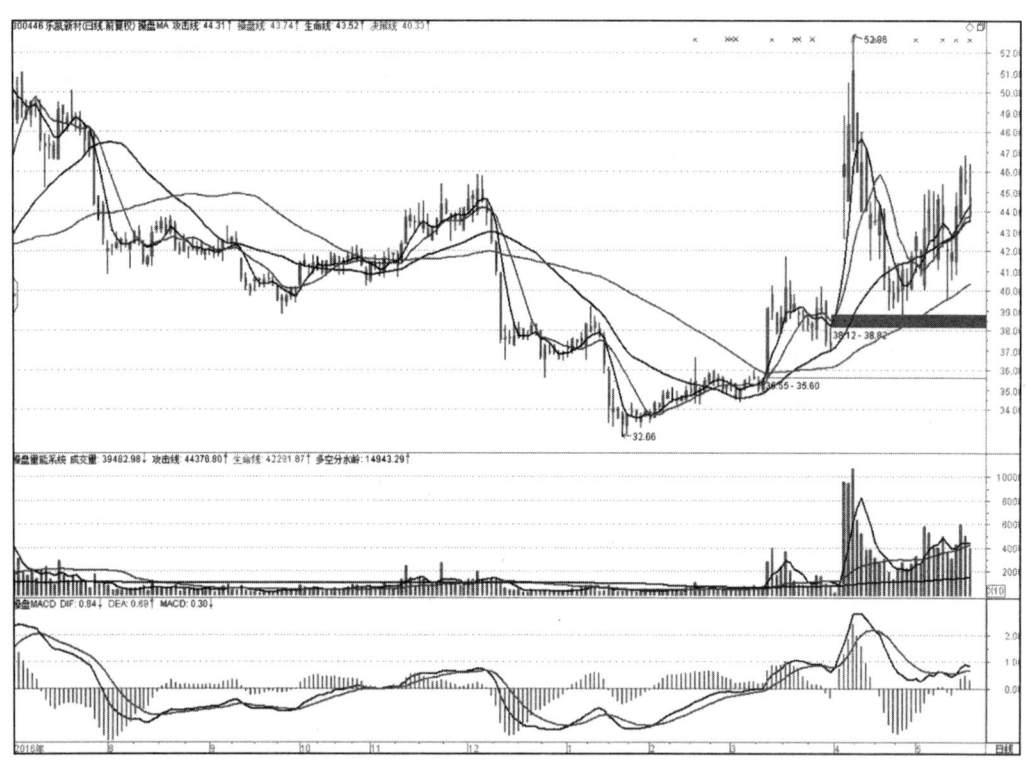

乐凯新材（300446）2016年7月~2017年5月日K线走势图

华谊集团的控股股东是上海华谊（集团）公司，持股比例为42.17%，上海华谊集团公司还是氯碱化工、ST爱富的股东。华谊集团的第二大股东上海国盛（集团）有限公司和第三大股东平安大华基金同时参股的公司见下图。每个上市公司都是一个独立的个体，但是上市公司之间会存在某种复杂的关系，这种关系会直接影响它们的股价走势。在此针对华谊集团第二大股东上海国盛（集团）有限公司持股的几家上市公司的走势进行分析，因为国盛集团的持股更偏向于中长期的价值投资，所以股价短期的走势是不会影响它们的持股计划的，上市公司的经营情况和未来发展才是国盛集团持股的最重要原因。

上海华谊（集团）公司

| 600618 | 氯碱化工 | 600636 | *ST爱富 | 900908 | 氯碱B股 |
| 900909 | 华谊B股 | | | | |

上海国盛（集团）有限公司

600170	上海建工	600619	海立股份	600629	华建集团
600676	交运股份	600748	上实发展	600820	隧道股份
601607	上海医药	900909	华谊B股	900910	海立B股

平安大华基金－平安银行－深圳平安大华汇通财富管理有限公司

000050	深天马A	002052	同洲电子	002244	滨江集团
002380	科远股份	300021	大禹节水	600891	秋林集团
900909	华谊B股				

华谊集团（600623）相同大股东个股

国盛集团是上海市人民政府批准设立的国有独资的大型投资控股和资本运营公司，注册资本100亿元，虽然同上文介绍的国务院体系下的国有企业有所差别，但是上海市政府的背景也是非常值得关注的。国盛集团的主要业务就是实施市政府交办的重大产业项目投资，开展对关系上海未来发展全局的战略产业、支柱产业、新兴产业的投资。截至2017年第一季度国盛集团同时持有下表中列明的上市公司的股份，为了保证分析的关联公司具有最大的关联性，选取了国盛集团持股比例差不多且都在二股东位置的几家上市公司进行深度分析，如华谊集团、华建集团、交运股份、上海建工和隧道股份。

华谊集团	27.19%	华建集团	15.25%
交运股份	15.11%	隧道股份	15.4%
上海建工	22.89%	上海医药	1.33%
海立股份	3.49%	上实发展	4.08%（间接持股）

这5家上市公司最大的相同点是上市地点都在上海，所属行业以建筑交通为主，符合上海市政府对重大产业项目投资的要求，而且从产业链的传导机制上看，建筑行情会先于交通设施的建设。从5家公司最近一年半的日K线走势图上来看，基建类的上海建工、隧道股份和华建集团明显强于交通运输类的华谊集团和交运股份。

华谊集团从2016年11月下跌破位后，一直处于持续下跌的趋势，虽然中间出现反抽行情，但是完全没有办法扭转大空头的格局。

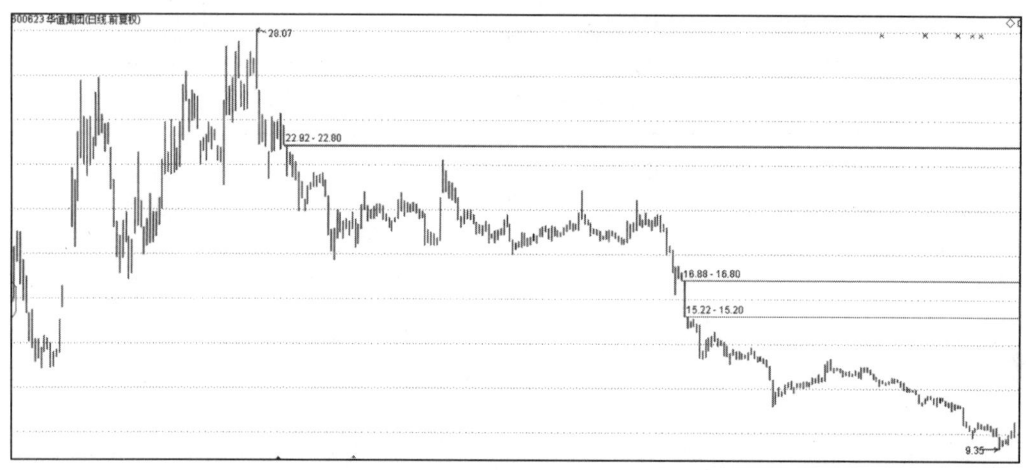

华谊集团（600623）2016年1月~2017年5月日K线走势图

交运股份在趋势上比华谊集团强势，属于宽幅振荡下降的方式，但是在最后也打破通道下轨加速下跌，距离形成由空向多的转势还有一段时间。

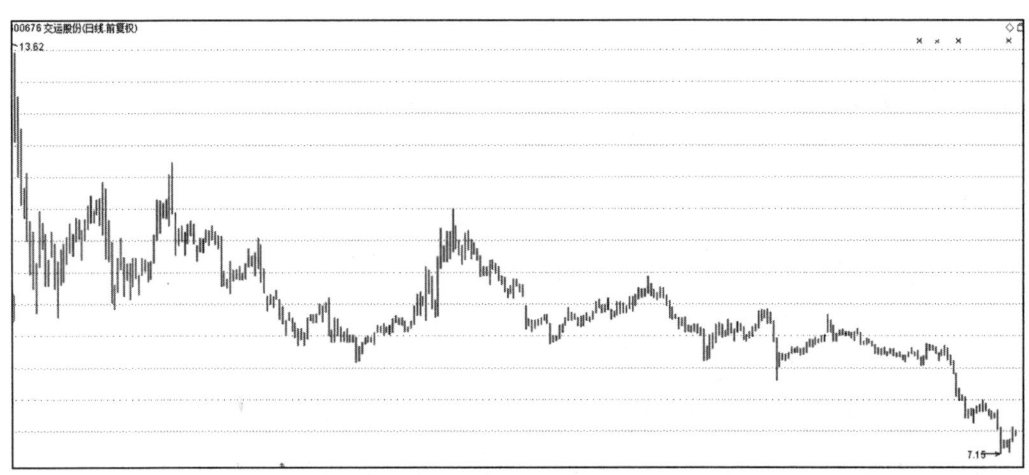

交运股份（600676）2016年1月~2017年5月日K线走势图

2016年受到一带一路概念的影响，全年基建类股票的走势比较乐观，但是较直接受益于一带一路概念的上市公司相比，一些地方性质的基建类股票只能勉强算作强势。在日线上上海建工依然走出了多头趋势行情，但是在更大周期的均线没有修复好之前也只能走出小级别的上升行情。

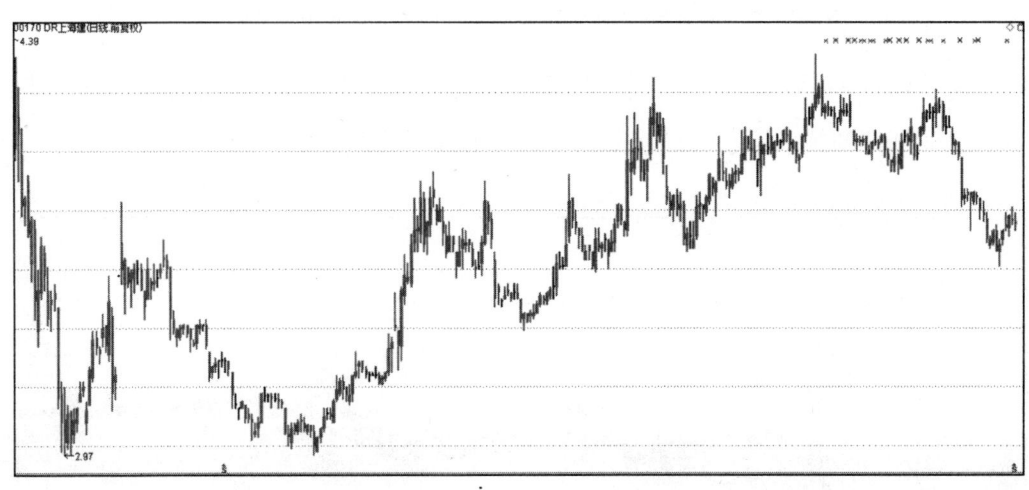

上海建工（600170）2016年1月~2017年5月日K线走势图

> **特别提示**
>
> 投资朝阳、有题材、有热点的上市公司,即使买到了最差的一只你也很难大亏;但是如果投资在了夕阳、没有题材、没有热点的上市公司,即使买到了最强的一只你也很难赚钱。

隧道股份同上海建工的走势几乎相同,但是由于最近的调整行情下跌的幅度较深,后期再次修复好K线形态需要的时间会更长。

隧道股份(600820)2016年1月~2017年5月日K线走势图

同前面的4只股票有所不同,华建集团已经走出了对阶段性底部形态的突破,且各周期的技术形态已经修复完毕,显然是走势最强的一只。

华建集团(600629)2016年1月~2017年5月日K线走势图

第六章 讲故事的工具

格局驿站

保证做好充分的准备接受市场给予的馈赠。从10万开始操作，将账户资产做到100万元的大有人在，但是从100万元做到1000万元的投资者数量开始迅速递减，而且少数可以做到这种巨幅盈利的投资者很难守得住这笔财富，很容易在市场洗牌时被清理出去。

股市120

南京的钟女士来电咨询：在可燃冰概念的带动下，石化油服和潜能恒信涨幅接近30%，整个油气改革板块跃跃欲试。可燃冰属于新能源，存储量大、污染小，作为朝阳行业未来发展的空间非常大，是不是可以作为一个长期关注的题材概念？

【回答】

关于可燃冰国内早在几年前就有报道，但是一直没有实质性的证据证明它的存在，反而成了一些上市公司"讲故事"的砝码，此次可燃冰的龙头石化机械也就是曾经的江钻股份借助该概念反复炒作。虽然《人民日报》这样的权威媒体发布了可燃冰相关信息，但是距离可燃冰能够真正解决人类能源问题还遥遥无期。

可燃冰是分布于深海沉积物或陆域的永久冻土中，由天然气与水在高压低温条件下形成的类冰状的结晶物质，因其外观像冰而且遇火即可燃烧，所以又被称作可燃冰。这种物质在地球上的存在是毋庸置疑的，其在地球上的储量也是可以计算的，但是因为其存在需要的环境极其苛刻，成为日常需求还是比较难的。可燃冰的发现只是打开了一个新能源的窗口，距离解决实质性的问题还任重道远，所以从勘探、发现、开采、储藏到可以利用还需要很长的时间，在科学技术真正地攻克可燃冰按照人类需求燃烧这一问题前，很难形成新能源的重大利好，所以当前只能看作炒作的题材。

下图是可以勘探到的可燃冰的储备量，如果能够将可燃冰真正地利用起来，人类上百年的燃料问题都可以解决。

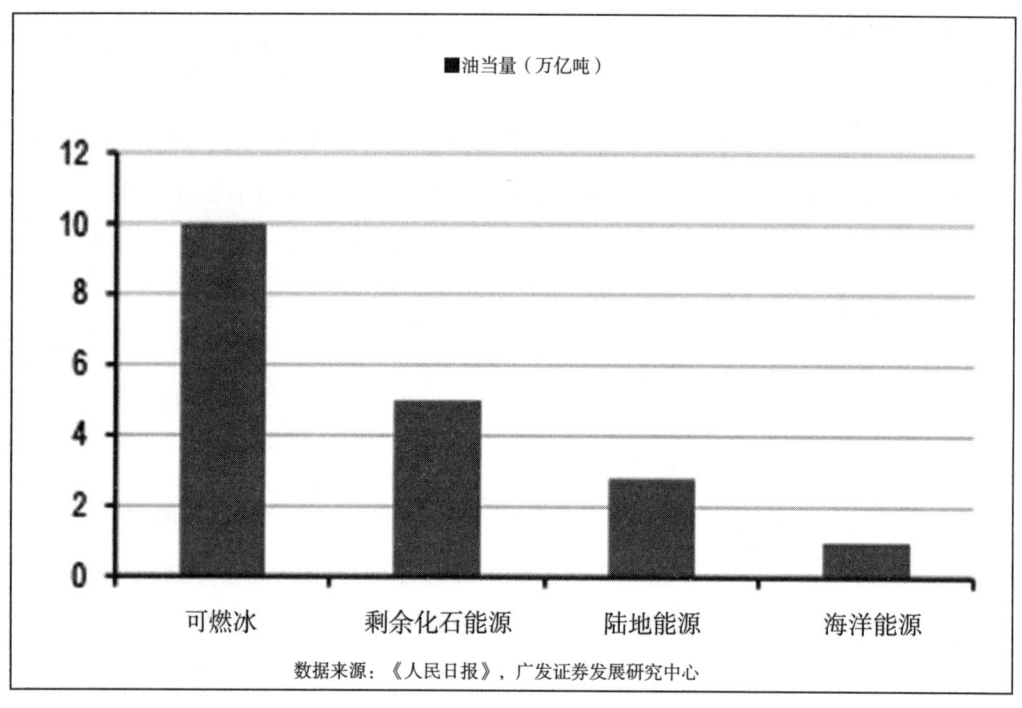

数据来源：《人民日报》，广发证券发展研究中心

　　2017年5月18日，国土资源部部长姜大明在南海神狐海域"蓝鲸一号"钻井平台宣布我国首次海域可燃冰试采成功。消息发布后石化机械强势上涨，同时也掀起了短期可燃冰概念的热炒。上文已经对可燃冰这一新能源做了详细分析，它目前还不具备形成产业链型利好的条件，虽然可能打开新能源的新篇章，但是后期还需要各方面技术的跟进。

　　在可燃冰的利好出现之前，石化机械走出了长期底部横盘形态，且从形态中可以看出有主力资金不断进场且出现股价异动的信号，这就为后期走出强势的日线级别的行情做了铺垫。技术形态好的股票不一定会成为大牛股，但是大牛股形成之前必然会走出漂亮的技术形态，这也再次印证了技术分析和基本面分析两条腿走路的必要性。

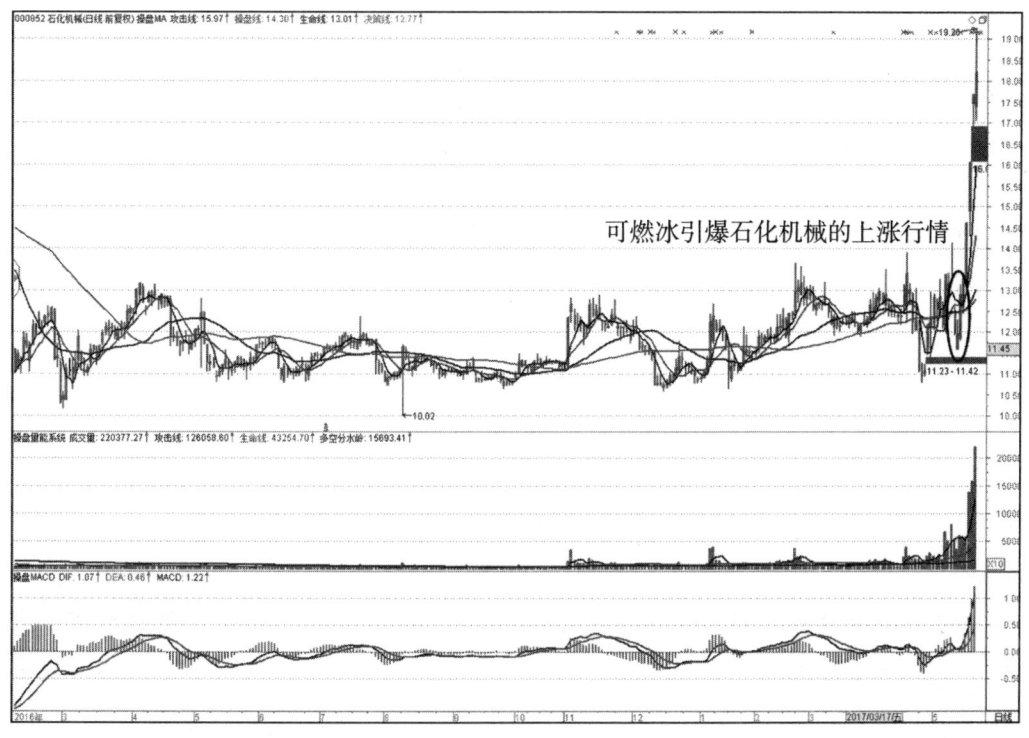

石化机械（000852）2016年2月~2017年5月日K线走势图

思考题

1. 上市公司会利用哪些事件讲故事？

2. 市值管理对于上市公司本身的好处是什么？有哪些方法可以用于市值管理？

3. 如何判断一家上市公司管理团队的水平？其对上市公司股价的变化起到什么作用？

4. 重要股东的增持和减持对股价有什么影响？怎么从中发现操作机会？

5. 股东的结构对股价有何影响？

6. 如何辩证地看待股东人数和筹码分布的问题？

第七章
创业板曾经的翘楚——乐视网

对基本面的敏感性是投资者通过日常一点一滴的分析和操作经验积累起来的，本书在对分析的方向做了讲解后，投资者只有有效地运用到实践中才能对投资决策做出贡献，才能有助于实现财富的积累。本章以乐视网为例全面地分析基本面的变化如何影响一家上市公司股价的变化。

第一节　乐视网是一家做什么的公司？

提到乐视网，投资者的第一反应就是它是一个视频播放网站，在如今优酷、爱奇艺、腾讯视频、土豆网等多家优质视频网站竞争的时代，乐视网有在市场中占据一席的资本，但是很难形成绝对的竞争力，那么这样一家上市公司如何曾经能够在创业板上呼风唤雨？

在公告中，乐视网的主营业务是网络视频技术的研究、开发和应用，主要从事网络视频平台运营及网络视频终端研发及销售业务，视频平台运营包括版权分销、广告投放及付费点播业务。网络视频终端业务包括硬件终端销售及网络视频点播服务。也就是说，乐视网是一家以视频播放为主的网络平台，其所有的收入全部来自于广告费、会员费。

在百度百科的介绍中，乐视网是国内首家互联网视频平台的上市公司，属于互联网高新技术行业，这是乐视网上市后引领整个创业板的强势行情的基础。本书提到过巴菲特对科技公司尤其是网络科技公司不感兴趣的原因，而乐视网在A股上的兴衰历史更验证了"股神"投资哲学的正确性。其实，只要对互联网技术稍有了解，就知道互联网视频平台对技术的要求以及该技术的核心价值在哪里。

乐视网上市首日开盘价是49.44元，曾经的最高价为179.03元，在此期间股本从10000万股到185061.81万股，市值从49.44亿元到3313.16亿元，市值增长65倍。创业板指最大上涨6倍左右，乐视网可谓创业板实实在在的龙头。从下图乐视网和创业板指周K线走势图的对比中可以看出，乐视网的走势远远强于创业板指，创业板指调整时乐视网缓慢上涨，创业板指强势上涨时乐视网上涨得更加强势。

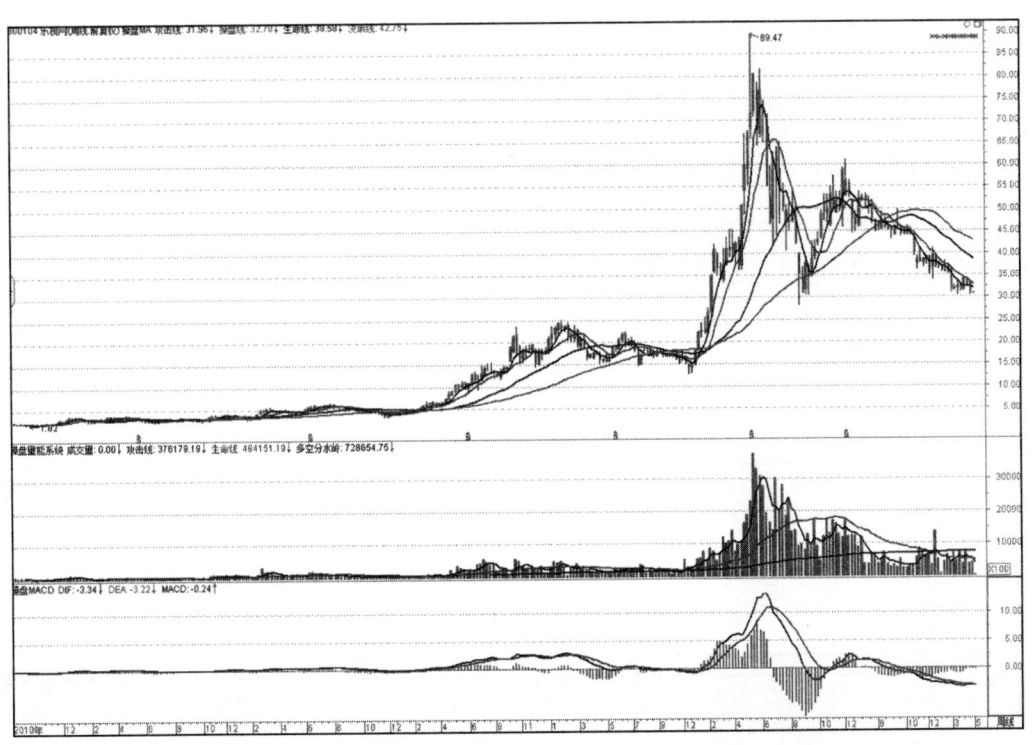

乐视网（300104）2010年11月~2017年5月周K线走势图

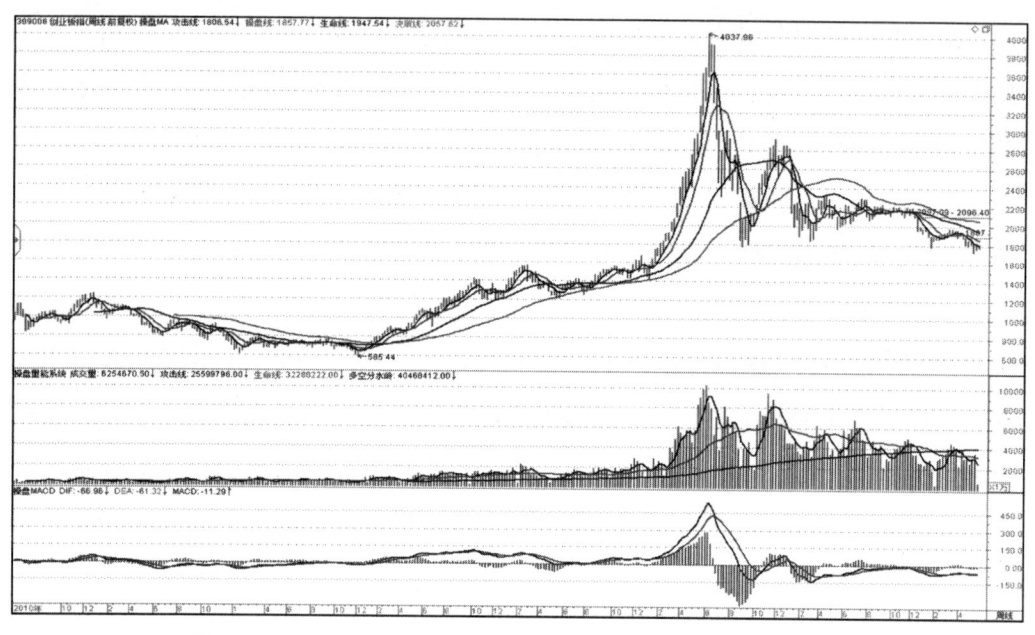

创业板指(399006)2010年11月~2017年5月周K线走势图

以下是乐视网上市以来的资产负债表,进行财务分析时抓住关键要素来分析乐视网的整体运营情况。乐视网从2010年上市到2015年股价走向最高峰,总资产规模从10.3亿元扩大到170亿元,扩张了16倍,2016年在2015年的基础上又扩张了一倍。在此期间乐视网的负债规模也快速放大,从9296万元到132亿元,扩张了100多倍,远远超过了总资产的增长。资产负债率从2010年的9.01%上升到2015年的77.53%,属于依靠负债快速发展起来的科技类公司,其必然存在隐患。

乐视网(300104)2010年上市以来的资产负债表

资产负债表		16-12-31	15-12-31	14-12-31	13-12-31	12-12-31	11-12-31	10-12-31	09-12-31
资产:	货币资金(元)	36.7亿	27.3亿	5.00亿	6.08亿	1.94亿	1.33亿	5.43亿	3356万
	应收账款(元)	86.9亿	33.6亿	18.9亿	9.50亿	3.71亿	1.77亿	6980万	2038万
	其它应收款(元)	6.96亿	1.66亿	7584万	3315万	925万	536万	265万	216万
	存货(元)	9.45亿	11.4亿	7.34亿	1.47亿	2666万	529万	365万	119万
	流动资产合计(元)	159亿	91.1亿	35.8亿	18.6亿	8.91亿	6.64亿	6.74亿	6670万
	长期股权投资(元)	20.7亿	1005万	--	31.9万	--	2000万	--	--
	累计折旧(元)	2.09亿	1.14亿	4669万	3893万	4789万	3693万	2131万	952万
	固定资产(元)	11.4亿	6.29亿	3.43亿	1.79亿	1.79亿	1.66亿	1.41亿	8050万
	无形资产(元)	68.8亿	48.8亿	33.4亿	26.4亿	17.5亿	8.86亿	2.14亿	8850万
资产总计(元)		322亿	170亿	88.5亿	50.2亿	29.0亿	17.7亿	10.3亿	2.37亿
负债:	应付账款(元)	54.2亿	32.3亿	16.1亿	7.82亿	3.27亿	2.37亿	1510万	473万
	预收账款(元)	1.83亿	17.3亿	3.23亿	4433万	683万	1519万	209万	17.8万
	存货跌价准备(元)	--	--	--	320万	--	--	--	--
	流动负债合计(元)	125亿	74.5亿	44.0亿	25.1亿	11.1亿	6.52亿	9296万	4950万
	长期负债合计(元)	92.7亿	57.1亿	11.0亿	4.34亿	5.14亿	6500万	--	--
负债合计(元)		218亿	132亿	55.1亿	29.4亿	16.3亿	7.17亿	9296万	4950万
权益:	实收资本(或股本)(元)	19.8亿	18.6亿	8.41亿	7.98亿	4.18亿	2.20亿	1.00亿	7500万
	资本公积金(元)	62.0亿	5.49亿	13.7亿	1.80亿	4.38亿	6.26亿	7.24亿	6782万
	盈余公积金(元)	2.86亿	1.79亿	1.17亿	6361万	3474万	1655万	1146万	441万
	股东权益合计(元)	105亿	38.2亿	33.4亿	20.8亿	12.7亿	10.6亿	9.39亿	1.87亿
流动比率		1.27	1.22	0.81	0.74	0.80	1.02	7.25	1.35

乐视网（300104）2010年上市以来的财务风险指标

财务风险指标	16-12-31	15-12-31	14-12-31	13-12-31	12-12-31	11-12-31	10-12-31	09-12-31	08-12-31
资产负债率(%)	67.48	77.53	62.23	58.58	56.11	40.42	9.01	20.93	3.71
流动负债/总负债(%)	57.39	56.60	79.96	85.24	68.41	90.94	100.00	100.00	100.00
流动比率	1.27	1.22	0.81	0.83	0.80	1.02	7.25	1.35	15.57
速动比率	1.20	1.07	0.65	0.77	0.78	1.01	7.21	1.32	15.49

下图是乐视网上市以来的利润表。乐视网营业收入从2010年的2.38亿元增长到2015年的130亿元，上涨了50倍，和其资产规模的上涨是相匹配的，但是7年来的总利润差强人意。随着公司规模的扩大，营业成本和各种费用也快速增多，在资产和营业收入快速增长时公司的盈利却没发生太大的变化。2010年公司的盈利为7484万元，2015年的盈利总额也只有7417万元，盈利最多时也只有2.46亿元。通过利润表可以发现，乐视网这个快速发展的视频帝国其实是个空壳，巨额负债加上盈利微薄，随时有坍塌的风险。

乐视网（300104）2010年上市以来的利润表

利润表	16-12-31	15-12-31	14-12-31	13-12-31	12-12-31	11-12-31	10-12-31	09-12-31
营业收入(元)	220亿	130亿	68.2亿	23.6亿	11.7亿	5.99亿	2.38亿	1.46亿
营业成本(元)	182亿	111亿	58.3亿	16.7亿	6.84亿	2.75亿	8021万	4955万
销售费用(元)	23.7亿	10.4亿	4.89亿	1.95亿	1.34亿	9632万	5792万	2892万
财务费用(元)	6.48亿	3.49亿	1.68亿	1.16亿	4224万	139万	371万	51.0万
管理费用(元)	5.96亿	3.09亿	1.75亿	8999万	5778万	3051万	1160万	875万
资产减值损失(元)	3.52亿	1.20亿	5369万	2777万	690万	394万	172万	410万
投资收益	3664万	7875万	5038	-136万	--	--	--	--
营业利润(元)	-3.37亿	6942万	4787万	2.37亿	1.97亿	1.61亿	7293万	4742万
利润总额(元)	-3.29亿	7417万	7290万	2.46亿	2.28亿	1.64亿	7484万	4770万
所得税(元)	-1.07亿	-1.43亿	-5590万	1402万	3805万	3337万	474万	322万
归属母公司所有者净利润(元)	5.55亿	5.73亿	3.64亿	2.55亿	1.94亿	1.31亿	7010万	4447万

分析乐视网的现金流量表，更能看清楚这个视频帝国背后的没落。虽然经营活动产生了和资产规模相匹配的现金流入，但是公司面临着巨额的购买商品、接受劳务支付的现金，所以经营活动产生的现金流净额远远没有赶上资产规模的扩张，属于典型的辛苦赚吆喝。

再来关注7年来投资活动产生的现金流量净额，其一直处于流出状态，而且一年比一年多，即花在投资项目上的钱只见出不见进。而筹资活动产生的现金流量净额一直处于上升趋势，2015年筹资的额度达到43.7亿元，2016年筹资的额度达到94.8亿元。

乐视网（300104）2010年上市以来的现金流量表

现金流量表	16-12-31	15-12-31	14-12-31	13-12-31	12-12-31	11-12-31	10-12-31	09-12-31
经营:销售商品、提供劳务收到的现金(元)	146亿	100亿	58.3亿	14.6亿	5.43亿	3.82亿	1.84亿	1.51亿
收到的税费返还(元)	3029万	113万	18.6万	451万	1219万	154万	--	--
收到其他与经营活动有关的现金(元)	6.83亿	1.13亿	1.39亿	1.46亿	1.09亿	2373万	991万	886万
经营活动现金流入小计(元)	158亿	102亿	59.7亿	16.1亿	6.65亿	4.07亿	1.94亿	1.60亿
购买商品、接受劳务支付的现金(元)	127亿	75.6亿	48.1亿	8.41亿	2.47亿	7226万	2165万	1881万
支付给职工以及为职工支付的现金(元)	11.0亿	5.95亿	3.54亿	2.13亿	1.23亿	6473万	2806万	1542万
支付的各项税费(元)	4.05亿	2.58亿	1.44亿	6187万	4785万	3730万	1669万	1281万
支付其他与经营活动有关的现金(元)	18.9亿	8.68亿	4.22亿	3.17亿	1.41亿	8590万	6215万	2963万
经营活动现金流出小计(元)	168亿	92.8亿	57.3亿	14.3亿	5.59亿	2.60亿	1.29亿	7667万
经营活动产生的现金流量净额(元)	-10.7亿	8.76亿	2.34亿	1.76亿	1.06亿	1.47亿	6549万	8340万
投资:取得投资收益所收到的现金(元)	109万	--	35.5万	301万	150万	750万	--	--
处置固定资产、无形资产和其他长期...	3.75万	4351	2687	7500	--	--	190万	--
投资活动现金流入小计(元)	1.23亿	5656万	7691万	1002万	1150万	5768万	190万	--
购建固定资产、无形资产和其他长期...	54.7亿	28.1亿	12.7亿	9.07亿	7.75亿	8.12亿	2.65亿	1.28亿
处置固定资产、无形资产和其他长期...	3.75万	4351	2687	7500	--	--	190万	--
投资支付的现金(元)	36.6亿	1.42亿	8951万	--	--	1.10亿	--	--
投资活动现金流出小计(元)	98.0亿	30.4亿	16.0亿	9.08亿	7.75亿	9.22亿	2.65亿	1.28亿
投资活动产生的现金流量净额(元)	-96.8亿	-29.8亿	-15.3亿	-8.98亿	-7.64亿	-8.64亿	-2.63亿	-1.28亿
筹资:吸收投资收到的现金(元)	111亿	4791万	4.20亿	5.51亿	3548万	--	6.85亿	--
取得借款收到的现金(元)	62.9亿	90.5亿	26.8亿	15.5亿	7.83亿	4.42亿	2.04亿	4045万
筹资活动现金流入小计(元)	177亿	114亿	30.8亿	21.0亿	12.1亿	4.42亿	8.88亿	4045万
偿还债务支付的现金(元)	49.5亿	67.5亿	17.4亿	8.46亿	4.38亿	1.07亿	1.74亿	45.0万
分配股利、利润或偿付利息支付的现...	4.36亿	1.44亿	1.62亿	1.15亿	5143万	2769万	448万	74.5万
筹资活动现金流出小计(元)	82.3亿	70.3亿	19.3亿	9.87亿	4.95亿	1.35亿	1.81亿	119万
筹资活动产生的现金流量净额(元)	94.8亿	43.7亿	11.5亿	11.1亿	7.18亿	3.07亿	7.08亿	3926万

通过对反映经营范围和理念的财务数据进行简单分析后，对乐视网有了一个基本了解，要分析这样一家问题严重的公司是如何坐上创业板龙头的宝座的，又是如何一败涂地的。

第二节 曾经的辉煌

2010年6月1日起，深圳证券交易所正式编制和发布创业板指数，标志着创业板平稳启动后进入了新的发展时期。虽然早在2004年就已经有了创业板，但是由于制度不完善，一直都没有进入蓬勃发展期。随着创业板指数的发布，科技类公司融资渠道的逐渐完善，整个创业板蕴含着较大的机遇。但是从2010年到2012年，中国整个金融市场还处于单边下跌趋势，并不具备创业板快速发展的基础环境。从2012年底开始，主板市场进入了收敛坐底时期，创业板就在这样的背景下开始走强。A股上一轮大级别的上涨行情是从2014年7月开始的，而创业板上一轮大级别的上涨行情是从2012年12月开始的。

新事物产生后必然会有一个蓬勃发展时期，创业板指数在经历了两年的盘整期后迎来了大好时机,而此时对于具有远见的上市公司来说更是一场大机遇,乐视网就是此次创业板蓬勃发展的直接受益者。表面上看,乐视网股价经过了一次过山车,可大股东没有明显的套现痕迹,管理层依然努力工作,但是在资本市场中每次大机遇的背后必然会有只隐形的手,悄悄地来去,带走普通投资者口袋里的积蓄。

2014年,创业板已经走出了非常明显的上升趋势,而此时主板的各指数也在经过了长期的低位横盘后即将走出一触即发的上升趋势,资本市场环境一片大好,是融资的大好时机。如果此时是在漫长的熊市,整个市场像寒冬一样,那么哪怕基本面再好的上市公司融资的难度都会加大,更何况是前途未卜的乐视网。

【股本变化】

变动日期	总股本(万股)	流通A股(万股)	限售股份(万股)	变动原因
2017-03-24	199472.01	127243.87	72228.14	股权分置方案实施
2016-12-31	198168.01	126222.21	71945.80	-
2016-08-08	198168.01	125055.36	73112.65	增发A股上市
2016-07-26	187385.18	126128.95	61256.23	增发A股法人配售上市
2016-07-22	198168.01	125055.36	73112.65	非公开增发A股
2016-07-01	187168.99	124740.96	62428.03	股权分置方案实施
2016-06-30	187313.64	124885.61	62428.03	-
2015-12-31	185601.52	107941.21	77660.30	-
2015-06-30	185517.41	109242.58	76274.84	-
2015-05-19	185061.81	108823.30	76238.52	增发A股法人配售上市
2015-05-13	185061.81	104827.58	80234.23	送转股上市
2014-07-04	84119.01	47648.90	36470.11	股权分置方案实施
2014-04-11	83716.56	43908.31	39808.25	非公开增发A股
2013-08-26	79846.63	43908.31	35938.32	股权分置方案实施
2013-08-13	79420.00	45120.11	34299.89	发行前股份限售流通
2013-06-05	79420.00	30827.48	48592.52	送转股上市
2012-12-31	41800.00	16215.81	25584.19	-
2012-06-13	41800.00	16238.78	25561.22	送转股上市
2011-08-12	22000.00	8546.72	13453.28	发行前股份限售流通
2011-05-18	22000.00	5500.00	16500.00	送转股上市
2010-11-12	10000.00	2500.00	7500.00	A股发行法人配售上市
2010-08-12	10000.00	2000.00	8000.00	A股上市
2010-08-02	10000.00	2000.00	8000.00	A股发行
2009-12-31	7500.00	-	7500.00	A股发行前股本
2008-12-31	5952.38	-	5952.38	A股发行前股本
2007-12-31	5000.00	-	5000.00	A股发行前股本

乐视网(300104)股本的变化

2010年，在业绩利好和合作项目落实的利好刺激下，乐视网行情整体趋于上涨。2010年8月12日是乐视网在创业板上市的首个交易日，在经过长时间精心地准备后乐视网终于如愿上市。在上市之前披露的招股说明书中阐述的公司主要盈利模式中可以看出，其全部利润的来源就是视频网站的各种收费。随着互联网视频的普及，中国互联网视频用户快速增长，但是在该行业中存在着多个竞争力不相上下的公司，而且，已经有着稳定客户访问量的百度、腾讯、搜狐等大的互联网公司也已经闻到了这块蛋糕的味道。作为首个在创业板上市的互联网视频公司，乐视网能够做到高瞻远瞩，但是在形成行业定价权和垄断性上仍然稍逊一筹，很难让投资者对其后市有所期待。

乐视网（300104）2010年上市前招股说明书中说明的主要盈利模式

类别	业务	客户群	盈利模式
付费服务	网络高清视频服务	付费用户	收取包月服务费
	网络超清视频服务	付费用户	收取服务费
	网络视频版权分销	合作方	收取版权许可使用费
	视频平台广告发布	广告主	收取广告发布费
	视频平台用户分流	具有相关用户群体的网站	收取用户分流服务费
	手机电视技术及内容服务	电信运营商、内容集成商及手机用户	收取技术服务费和内容服务费
	企业TV服务	企业用户	收取技术服务费
免费服务	网络标清视频服务	免费用户	人气聚集和内容积累，提升视频平台价值
	个人TV服务	注册用户	
	3G乐视网视频服务	免费手机用户	

IPO是企业融资的重要方式之一，能够通过监管部门的审核进入A股上市公司行列的至少在短期经营上不会出现太大的问题，当然刻意造假的除外。融资的目的无外乎是扩大公司规模、提高综合发展的能力等。乐视网2009年的财务报告中披露负债总额为4950万元，2010年9月21日要偿还银行8380万元的贷款。很多时候企业融资是因为资金周转出了问题，融资后快速偿还贷款的也不罕见，但是这直接暴露了公司存在严重的资金链问题。

乐视网信息技术（北京）股份有限公司独立董事意见

根据《中华人民共和国公司法》、《上市公司治理准则》、《深圳证券交易所创业板股票上市规则》、乐视网信息技术（北京）股份有限公司（以下简称"公司"）《章程》等有关规定，我们作为公司的独立董事，通过审阅公司提交的相关文件资料，与公司管理层和有关部门进行交流等方式，基于独立客观的判断，现对公司第一届董事会第十五次会议中的下列事项，发表独立意见如下：

关于使用部分超募资金偿还部分银行贷款事项的独立意见

1、公司使用部分超募资金偿还部分银行贷款，有利于降低公司的财务费用，提高资金使用效率，符合全体股东的利益。

2、本次使用部分超募资金偿还部分银行贷款行为没有与募投项目的实施计划相抵触，不会影响募投项目的正常实施，也不存在变相改变募集资金投向、损害股东利益的情形。

3、公司最近12个月内未进行证券投资、委托理财、衍生品投资、创业投资等高风险投资，本次用于偿还银行贷款的超募资金未超过的超募资金总额的20%，公司亦已承诺偿还银行贷款后12个月内不进行证券投资等高风险投资，符合《创业板上市公司规范运作指引》、《创业板上市规则》、《创业板信息披露业务备忘录第1号：超募资金使用（修订）》等相关规定。

4、我们同意以超募资金中的8,380万元偿还部分银行贷款。

独立董事 张长胜 沈艳芳

二零一零年九月二十一日

乐视网（300104）上市一个月后宣布用募集资金偿还贷款的公告

乐视网上市的时机和2015年以后的新股环境相差太多了，上市当天股价直接下行，一直维持震荡下跌的走势，直到2010年10月中旬。随着第三季度业绩预增公告发布，同中国电信股份有限公司汕头分公司政企客户宽带业务增值服务合作项目暨政企客户业务宣传、业务体验及业务维系活动项目中标，乐视网才启动了上市以来的第一波上涨行情。接近年终，乐视网2010年整体业绩的上涨让市场对第一个吃螃蟹的互联网视频公司充满了期待，在12月继续维持上涨趋势，一度创了上市以来的新高。

证券代码：300104　　　证券简称：乐视网　　　公告编号：2010-008

乐视网信息技术（北京）股份有限公司
2010年前三季度业绩预增公告

本公司及其董事会全体成员保证信息披露内容的真实、准确、完整，没有虚假记载、误导性陈述或重大遗漏。

一、本期业绩预计情况
1. 业绩预告类型：同向大幅上升
2. 业绩预告情况表：

项目	本报告期 2010年1月1日—2010年9月30日	上年同期 2009年1月1日—2009年9月30日	增减变动
营业收入	约16,600万元—18,200万元	10,387万元	增长60%—75%
净利润	约4,700万元—5,100万元	2,927万元	增长60%—75%
基本每股收益	约0.60元—0.66元	0.39元	增长54%—69%

乐视网（300104）2010年第三季度业绩预增公告

乐视网（300104）2010年年度业绩预增

项目	本报告期 2010年1月1日—2010年12月31日	上年同期 2009年1月1日—2009年12月31日	增减变动
营业收入	约22,500万元—23,500万元	14,573万元	增长54%—62%
净利润	约6,800万元—7,100万元	4,447万元	增长52%—60%
基本每股收益	约0.82元—0.85元	0.59元	增长38%—45%

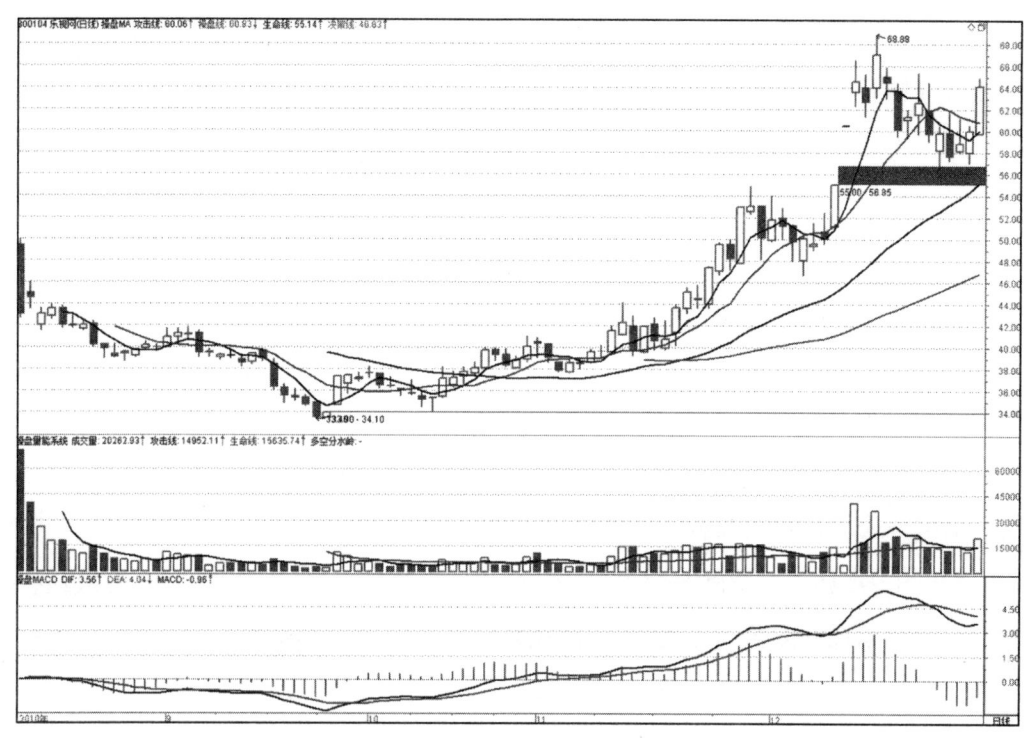

乐视网（300104）2010年8月~2010年12月日K线走势图

2011年，乐视网股本快速扩容，股价宽幅振荡。2011年证券市场的大环境还处于较悲观的状态下，创业板震荡下跌，乐视网在这样的环境下走出了宽幅振荡行情。

2011年1月20日：同华谊兄弟签订19部电视剧的网络播放权协议。

2011年3月18日：股票期权激励方案，行权价格为64.32元。

2011年4月16日：使用募集资金4000万元对外联合投资电视剧获取网络版权，前期使用8000万元购买版权和服务器。

2011年5月12日：鉴于2010年业绩表现良好，2014年的权益分配方案为在总股本10000万股的基础上每10股送红股2股，派送1.5元现金，同时每10股转增10股，分红后的总股本为22000万股。

2011年5月12日：对2014年的权益方案进行行权。

2011年6月18日：现金400万元对北京易联伟达科技有限公司进行增资，增资后占其注册资本的51%。

2011年6月29日：半年业绩预增公告，同期利润增长85%~90%，但是基本每股收益降低35.87%~37.56%。

2011年7月15日：股东贾跃芳将其持有的乐视网有限售条件流通股1100万股质押给上海国际信托有限公司，为贾跃芳向上海国际信托有限公司申请信托融资进行质押保证。

2011年7月26日：向天津子公司增加注册资本5000万元，用于购买大约百余部电影以及数百集的电视剧节目，预计在未来一到两年内该笔资金将全部投入使用。

2011年8月6日：以现金2000万元对东阳九天影视传播有限公司进行增资，增资后取得该公司7.5%的股权。

2011年9月16日：贾跃亭将其持有的乐视网有限售条件流通股2200万股质押给上海国际信托有限公司，为其向上海国际信托有限公司申请个人信托融资进行质押保证。

2011年9月29日：第三季度业绩预增公告，第三季度净利润同期增长70.23%~78.75%，基本每股收益同期降低40%~36.92%。

2011年10月18日：乐视网和土豆网合资设立新公司，乐视网占总股本的51%。

2011年10月18日：同土豆网签订重大视频平台搭建协议，土豆网每年要支付给乐视网5000万元的保底盈利分成。

2011年11月30日：贾跃亭再次质押股权2200万股，累计质押股份4400万股，占贾跃亭持有乐视网股份总数的42.73%，占公司总股本的20%。

2011年12月28日：以价值25702.11万元的网络传播权独占专有许可使用权向乐视网（天津）信息技术有限公司增资。

2011年12月28日：发布2011年盈利预增的公告，盈利增长78%~90%。

以上是乐视网2011年全年的重要事件，全年整体盈利预增，全年实施多个投资项目，和上下游产业达成多项重大合作协议，通过分红送配的方式实现股本快速扩张，属于典型的蓄势待发的成长型企业。上一节对乐视网历史业绩做过详细分析，在此基础上再回顾其历史点滴时的感受难免会有所不同。

在2011年一个又一个利好消息的刺激下，乐视网并没有走出一致看多的大多头行情,而是以宽幅振荡为主,虽然股价的重心有所抬高,但是对于投资者来说不具备吸引力。

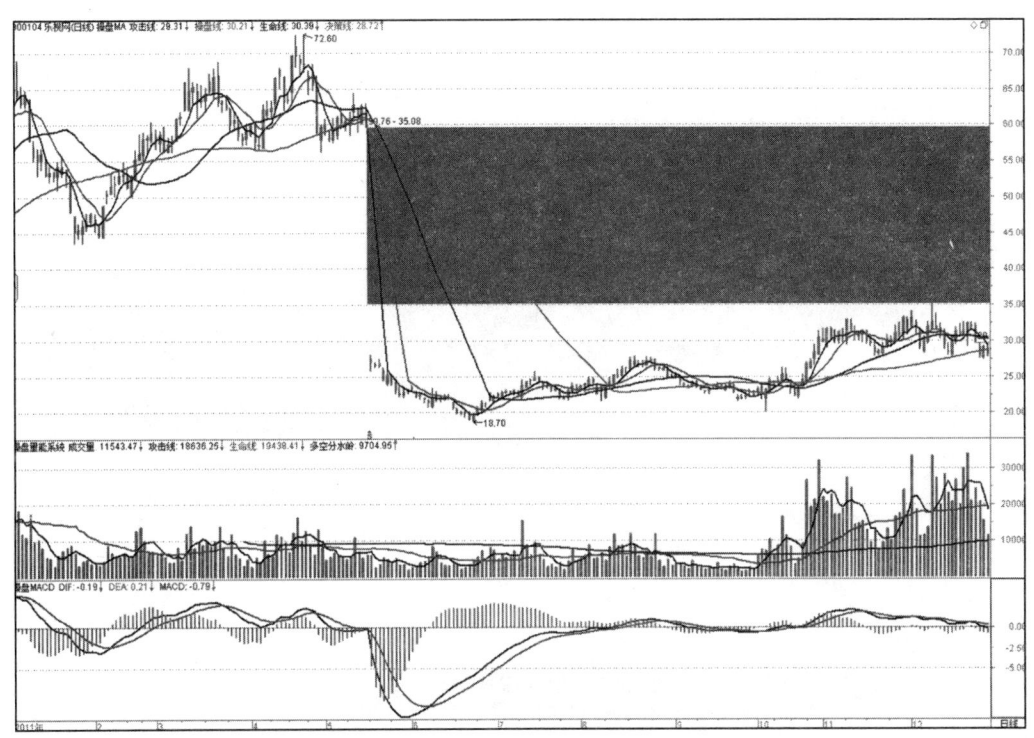

乐视网(300104)2011年1月~2011年12月日K线走势图

2012年,大环境不稳定,乐视网继续运筹帷幄。

2012年1月12日:同央视国际网络有限公司达成长期战略合作协议。

2012年3月3日:同361度服饰公司签订4年广告订单的框架协议,总价值为1亿元。

2012年2月7日:同网易签订了3年的订单,价值1亿元。

2012年4月7日:贾跃亭将其持有的有限售条件流通股968.57万股质押给山西信托有限责任公司,735万股质押给中铁信托有限责任公司,用于个人投资,累计质押股份6103.57万股,占他持有乐视网股份总数的59.27%,占公司总股本的27.74%。

2012年5月23日:同中国联通达成战略合作协议。

2012年，除了上半年快速地完成了几个大合同外，乐视网就没有什么大动作了。上半年在公司业务积极拓展的背景下股价走出了两个强势上涨的波段，但在进行除权后没有持续性实质利好的配合。此时，创业板整体走势也不够强势，尤其在2012年后半年，创业板整体快速下杀，这是创业板行情爆发式上涨前的最后洗盘。乐视网和创业板的走势是相互影响的，从乐视网整个公司的规划上不难看出，乐视网的公司战略是配合创业板整体走势的。

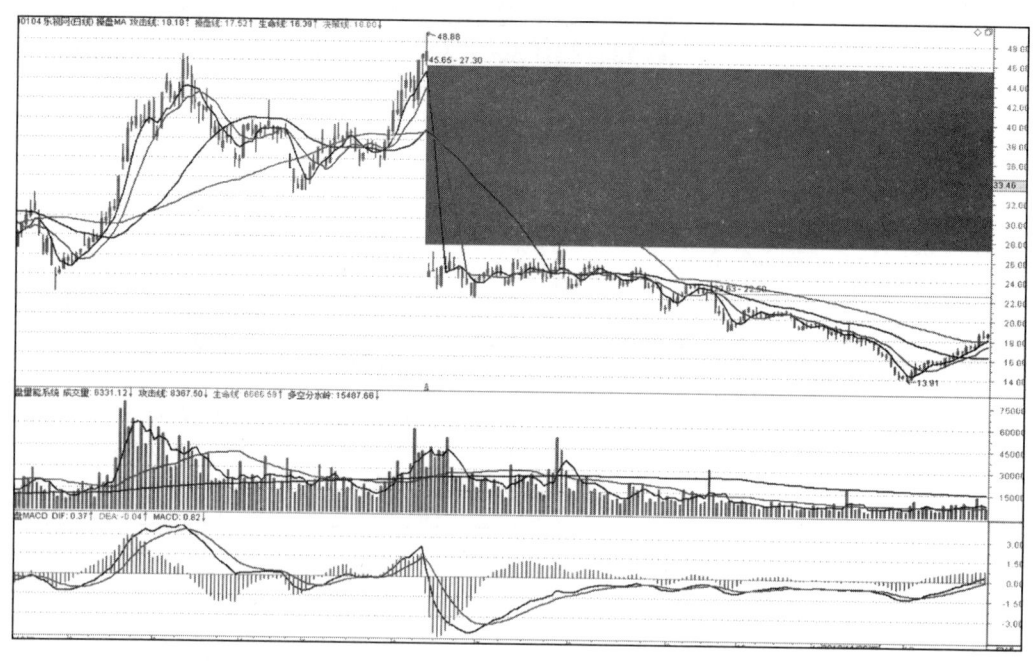

乐视网（300104）2012年1月~2012年12月日K线走势图

2013年，乐视网出现频繁的股权质押，股价疯狂地上涨。

2013年2月8日：贾跃亭将其持有的有限售条件流通股1200万股质押给东莞信托有限公司，用于个人投资，累计质押股份127967830股，占他持有乐视网股份总数的65.39%，占公司总股本的30.61%。

2013年3月8日：贾跃亭将其持有的有限售条件流通股1360万股质押给上海东方证券资产管理有限公司，用于个人投资，累计质押股份141567830股，占他持有乐视网股份总数的72.33%，占公司总股本的33.87%。

2013年4月2日：贾跃亭将其持有的有限售条件流通股1200万股质押给东莞信

托有限公司，用于个人投资，累计质押股份153567830股，占他持有乐视网股份总数的78.47%，占公司总股本的36.74%。

2013年4月9日：贾跃亭将其持有的有限售条件流通股1080万股质押给山西证券股份有限公司，用于个人投资，累计质押股份164367830股，占他持有乐视网股份总数的83.98%，占公司总股本的39.32%。

2013年4月19日：贾跃亭将质押给中铁信托有限责任公司的有限售条件流通股1396.5万股解除质押，仍处于质押状态的股份150402830股，占其所持有乐视网股份的76.85%，占公司总股本的35.98%。

2013年4月23日：贾跃亭将质押给山西信托有限责任公司的有限售条件流通股18402830股解除质押，仍处于质押状态的股份13200万股，占其所持有乐视网股份的67.45%，占公司总股本的31.58%。

2013年5月16日：贾跃亭将其持有的有限售条件流通股1990万股质押给山西证券股份有限公司，用于个人投资，累计质押股份15190万股，占他持有乐视网股份总数的77.61%，占公司总股本的36.34%。

2013年7月8日：半年业绩预期比上年同期增长25%~30%。

2013年8月7日：贾跃芳将其持有的乐视网有限售条件流通股1000万股质押给平安信托有限责任公司，用于个人投资，累计质押股份4971万股，占她持有乐视网股份总数的99.35%，占公司总股本的6.26%。

2013年8月29日：贾跃芳将质押给上海国际信托有限公司的无限售条件流通股3971万股解除质押，仍处于质押状态的股份1000万股，占其所持有乐视网股份的19.99%，占公司总股本的1.25%。

2013年9月10日：筹划重大资产重组事项公告。

2013年9月16日：贾跃芳将其持有的无限售流通股3500万股质押给平安信托有限责任公司，用于个人投资，累计质押股份4500万股，占她持有乐视网股份总数的89.94%，占公司总股本的5.64%。

2013年9月24日：同上海易迅达成战略框架合作协议。

2013年10月9日：贾跃亭质押给上海国际信托有限公司的高管锁定股份3971万股已于2013年9月24日办理了解除质押登记手续，贾跃亭质押给上海国际信托有限公司的高管锁定股份3971万股已于2013年9月30日办理了解除质押登记手续，仍然处于质押状态的股票占其所持有乐视网股份的56.26%，占公司总股本的26.20%。

2013年10月15日：第三季度业绩预告，比上年同期增长35%~45%。

2013年10月17日：为全资子公司提供连带责任的担保贷款，额度为3000万元。

2013年11月27日：贾跃芳质押给平安信托有限责任公司的无限售条件流通股份1100万股已于2013年11月25日在中国证券登记结算有限责任公司深圳分公司办理了解除质押登记手续，仍然处于质押状态的股份占其所持有乐视网股份的67.95%，占公司总股本的4.26%。

2013年12月6日：贾跃亭通过深圳证券交易所与信达证券股份有限公司进行股票质押式回购交易，数量为1340万股，时间为一年。

2013年12月11日：调整现金及发行股份购买资产并募集配套资金方案的公告。

2013年12月26日：贾跃亭质押给上海国际信托有限公司的高管锁定股份3971万股已于2013年12月24日办理了解除质押登记手续，仍处于质押状态的股份占其所持有乐视网股份的49.83%，占公司总股本的23.20%。

2013年是乐视网全面爆发的一年，有人说乐视网成就了创业板，也有人说创业板成就了乐视网，总之是你中有我，我中有你，两者相互借力。投资者对于上文详细列明的乐视网在2013年全年的质押行为有何感想？

2013年是创业板腾飞之年，虽然较美国2001年科技股的爆发晚12年，但是爆发的力度并不比当年美国的科技股差，最大的共同点是为市场带来了前所未有的巨大泡沫。从乐视网2013年全年的走势中可以看出，它展现了真正龙头的强势，在不复权的情况下股价从17.61元涨到52.05元，前复权后股价从4.2元涨到23.59元，上涨了5倍，2013年创业板的整体涨幅是82.73%。如果你是一位理性的投资者，在2013年对乐视网的基本面有深度研究后，你会买它的股票吗？

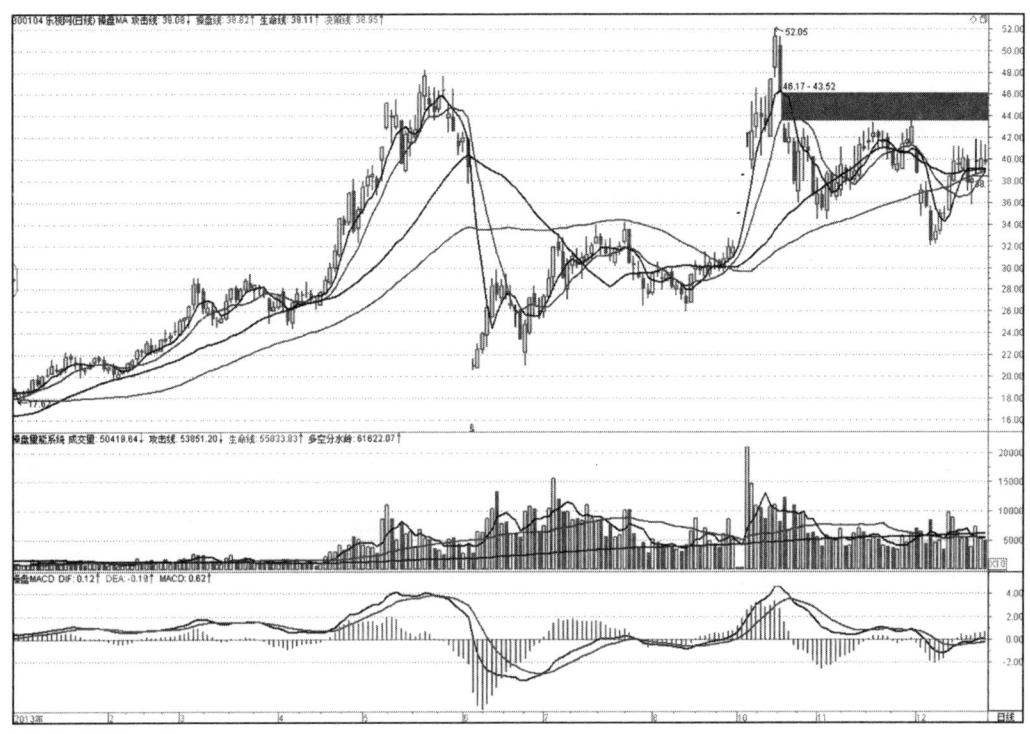

乐视网（300104）2013年1月~2013年12月日K线走势图

2014年，繁荣之后的休憩。享尽了2013年的繁华后，乐视网在2014年展开了阶段性调整，在创业板整体上涨12.83%的背景下2014年全年下跌了20.51%。同2013年一样的是，管理层在资本市场依旧活跃，质押不断，项目越来越多。截至2014年12月11日，实际控制人贾跃亭共持有乐视网股份371856695股，占公司总股本的44.21%，其中已质押股份272794500股，占其所持有乐视网股份的73.36%，占公司总股本的32.43%，而贾跃亭的姐姐贾跃芳在一个月内卖出自己持有乐视网的全部股份，将其所得作为公司周转的现金流。

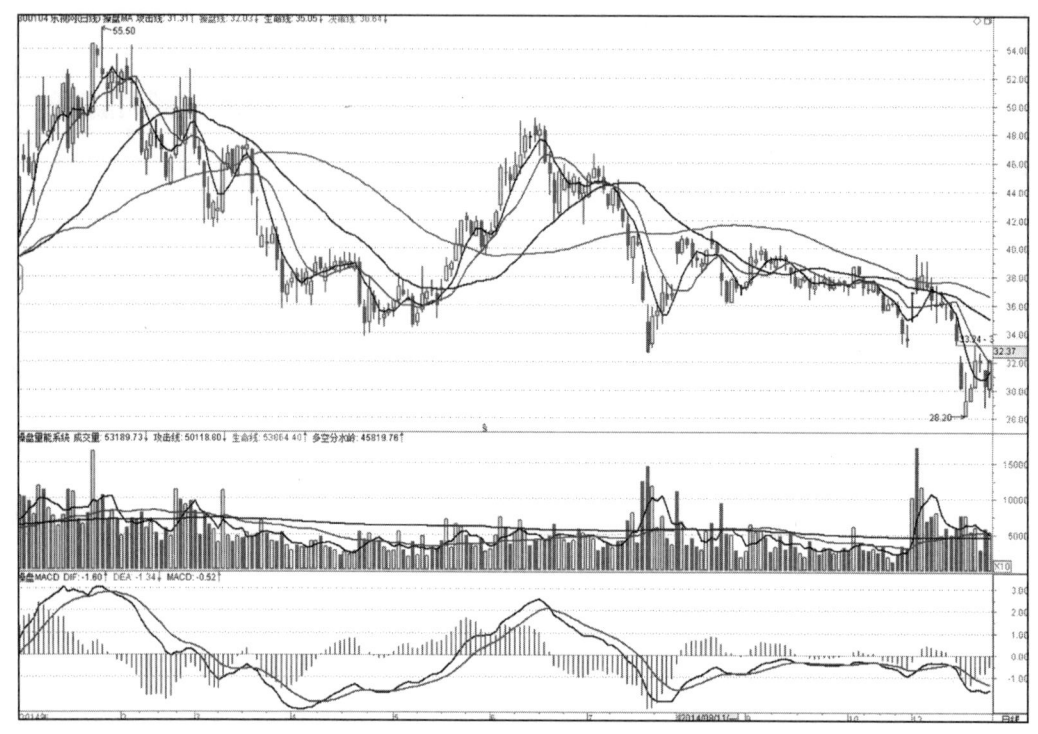

乐视网（300104）2014年1月~2014年12月日K线走势图

2015年，上帝欲使其灭亡必先使其疯狂。2013年的资本快速运转过程，可以看作特殊环境下"牛股"的预演，尤其在一个大趋势来临的时代，必然会带来财富大变革的机会。2015年，在A股市场全面爆发的背景下，上市公司全面上涨，尤其是有炒作潜力的个股会成为上涨行情的领头羊，但是同真正的大牛市不同的是，2015年牛市末期最疯狂的上涨是配资的杠杆效应推起来的，当泡沫膨胀到足够大的时候，破灭也是飞快的。

乐视网的股价最高点是在2015年5月13日，除权之后股价冲高无力，整体下行，较创业板的见顶时间有所提前，这也充分展现出了牛股最典型的特征：先于指数上涨、强于指数上涨、先于指数见顶。整个证券市场的泡沫被戳破属于系统性风险，乐视网的股价系统性上涨、系统性下跌，和大部分上市公司一样，只是表现得更为强势而已。

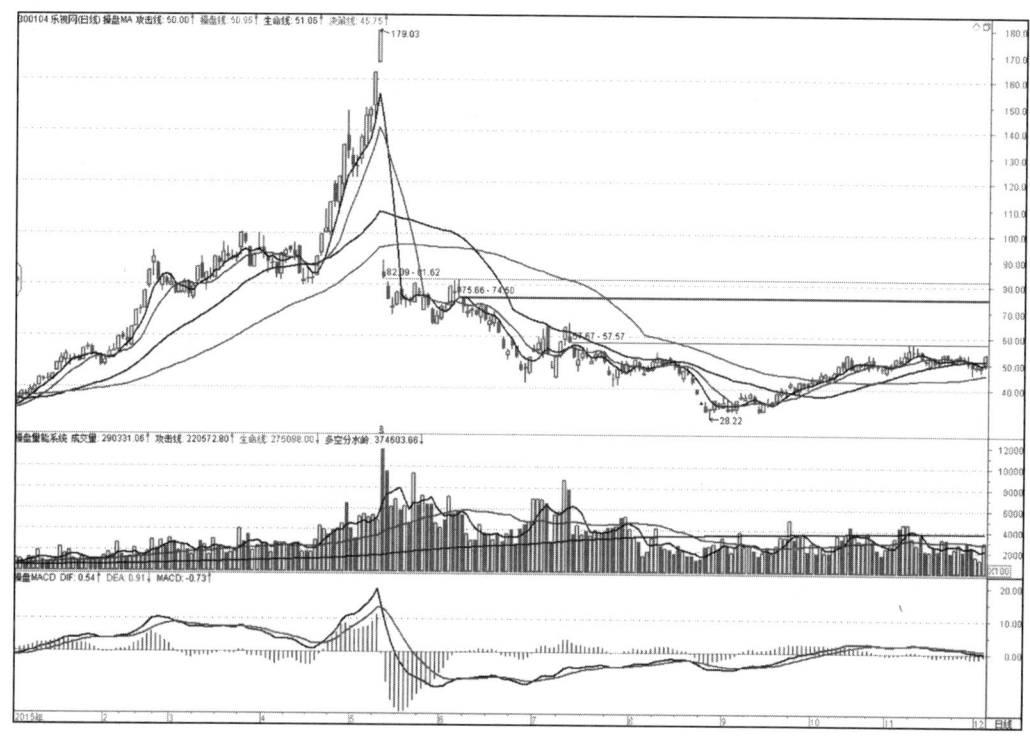

乐视网（300104）2015年1月~2015年12月日K线走势图

第三节　如今的没落

2015年后半年，乐视网的最大跌幅达到了60.69%，创业板指的跌幅为52.96%，前期上涨远远强于创业板指，此时下跌幅度和创业板指相差不多，显然是强于市场平均水平的，随后便展开了反弹，但是龙头的神威早已不在。2015年12月4日乐视网因重大重组事件停牌，停牌时间长达半年，在此期间避开了熔断的杀跌行情，但是让乐视网的大小股东们郁闷的是，复牌之后虽然没有补跌，但是股价进入极度萎靡状态，持续下跌。

早在2013年乐视网就已经暴露出了严重的资金问题，控股股东一再质押，甚至为了融资不断采用质押式回购的方式。企业为了扩张不断融资是很常见的，但是问题是公司规模的扩张并没有带来利润的增长，这就要对扩张的真实性和价值有所怀疑了。

2016年11月，乐视网资金链问题一再加重，先是拖欠巨款传闻，紧跟着贾跃亭发布公开信承认乐视面临资金链问题，还祸不单行地被爆出证监会前官员涉嫌受贿受审，当庭承认曾帮助乐视网上市。11月23日，乐视汽车工厂停工，拖欠数百万美元工程款。贾跃亭四处奔走找人救场，但是在股权大比例质押的情况下被爆质押的股票即将面临爆仓的风险，乐视体育裁员20%，子公司老总离职。大家一致认为，乐视网不出消息就是好消息，因为在如此风雨飘摇的背景下利好也会被视为利空。

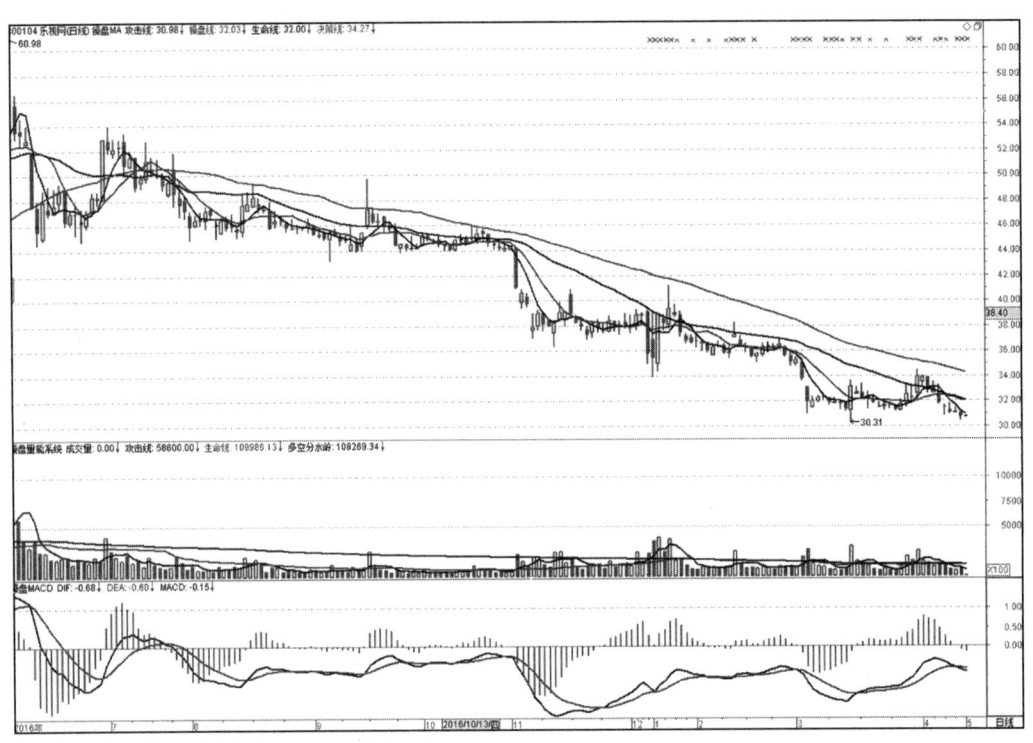

乐视网（300104）2016年6月~2017年5月日K线走势图

2016年第三季度和第四季度，基金纷纷以亏损状态套利乐视网，而万般无奈的是参与了乐视网定增的大佬们。2014年8月8日，乐视网发布融资45亿元的定向增发预案，锁定期为3年，参与此次定向增发的大佬们为乐视控股出资10亿元，认购28768699股；中信证券出资5亿元，认购14384349股；蓝巨投资出资15亿元，认购43153049股；宁波久元出资10亿元，认购28768699股；金泰众和出资5亿元，认购14384349股，发行价为34.76元。乐视网在2016年8月4日公布的定增方案中显示，2016年通过定向增发的方式融资48亿元，发行价为45.01元，认购方为财通基金管理有限公司、章建平、嘉实基金管理有限公司和中邮创业基金管理有限公司。

2017年4月14日，乐视网收盘于30.68元，在整个市场再度进入低迷区间时选择避险是明智的，所以乐视网再次公告因重大重组事宜选择停牌。此时距离2014年定增解禁还有3个月，但是股价已经跌破发行价13.69%；距离2016年定增解禁也还有3个月，但是已经跌破发行价30%。

下表是2017年5月18日乐视网在行业中的排名，虽然总市值在行业中还是名列前茅，但是毫无竞争优势的毛利率很难让投资者对其未来充满期待。轻资产的科技类公司在市净率上不能处在行业的领先位置，就更加说明其强大的市值并没有实质性支撑。

2017年5月18日行业综合排名

	总市值	净资产	净利润	市盈率	市净率	毛利率	净利率	ROE
乐视网	612亿	148亿	1.25亿	122.60	4.49	27.17%	-0.01%	1.21%
文化传媒（行业平均）	149亿	50.4亿	1.02亿	36.49	2.96	30.79%	12.85%	8.11%
行业排名	2|79	3|79	18|79	56|79	54|79	53|79	65|79	49|79
四分位属性	高	高	高	较高	较高	较低	低	较低

特别提示1

本书完成之际，乐视网还处在停牌状态，但是市场上关于乐视网的各种消息不断，一会儿有新的融资项目，一会儿更换总经理，但是无论如何挣扎都改变不了其强弩之末的现状。在对乐视网上市以来的点滴进行解剖的过程中，投资者一定会有强烈的疑问：像乐视网这样的公司怎么会涨得那么凶？是的，这就是证券市场带给投资者的一个疑问，也是巴菲特不买科技股的原因。因乐视网获利也好亏损也罢，更重要的是投资者要认清一个事实，推动股价上涨的内因是什么？当这个内因的动力不足时该如何全身而退。

! 特别提示2

人在特定的时间、空间看问题会存在局限性，当你能够从高处和长远的角度看时，很多事情就会变得简单而有节奏。一个人要想得到更多奋斗和拼搏的机遇，就一定不要去计较生活中的烦琐之事。珍惜当下，以大格局的眼光去看待事物，就很容易分清轻重缓急，从而可以更高效地完成任务，以更加开放包容的心态去为人处世。

当你以正确的投资心态操作股票，从追涨杀跌的恶战中抽离出来，关注未来的大势而不是明天的涨跌时，你会渐渐感受到炒股是一件让人的身心都得以快乐和平和的事情。

? 思考题

1. 驱动乐视网上涨的动因是什么？
2. 如果再遇到类似于乐视网的上市公司，你该如何操作？
3. 你是否具备读懂上市公司所讲故事的能力？
4. 上市公司的资本运作对你的投资决策有什么影响？
5. 基本面和技术面矛盾时该如何权衡？

思考题答案

在本书一些章节的最后留下了一些问题，读者翻看此页的目的一定是迫不及待地寻找答案来了。非常遗憾地告诉您，这一页给不了您想要的答案，哪怕是我们见面也无法给您明确的答案。或者您可以选择向一些在这个市场上已经有很深造诣的前辈来提问，但是笔者敢保证他们也无法给您一个标准的答案，因为对于这些问题，每个人都会有不同的答案。

那么，怎么样才能找到属于我们自己的答案？只有通过学习，对这个市场有了充分的研究和洞察并建立了自己的交易体系和交易模型之后，才会得出答案。而且，我们还要解决思维层面上的问题。股市犹如战场，要想成为赢家，一定要养成强者的思维——主力思维。

无数的投资者在这个市场前仆后继，有些甚至在这里摸爬滚打了几十年，但是依然不知道每次交易为什么赚钱、为什么亏钱。时间只是增加股龄，却没有改变他们在这个市场中追涨杀跌的散户思维，更没有站在主力运作股票的高度，斟酌每次交易决策是否顺时顺势。

江氏操盘体系是在市场中经过了无数次实战印证的。愿意同笔者一起将这套体系进行拓展的同人越来越多，大家都认为我们应该帮助更多想在这个市场中劈风斩棘的有缘人，所以我们会将江氏操盘体系全部的内容通过图书、培训等多种方式发扬光大。阅读"江氏操盘实战金典"丛书不一定保证您在这个市场上大有所为，但是一定会让执着于这个市场的您少走弯路。

这是一个需要有前辈指引方向的战场，更是一个需要自己潜心研究、做好充分战前规划和部署的战场。愿本系列丛书能够帮您在股票投资这条道路上有所斩获。

后 记

当您看到后记时,即使还没来得及对本书的内容进行深度研读,也一定有了初步了解。我们这套丛书,是为期望长久在市场中有所斩获的投资者和操盘手准备的,越是深入研读,对您认识这个市场和走近这个市场越有帮助。但是大家要明白一个道理,持续、稳健地盈利是需要长时间基础知识的沉淀和操作经验的积累才会实现的,绝非一蹴而就。任何想要在市场中快速一夜暴富的思想都是幼稚的,"流星容易恒星难",很多投资者都是抱着先赚点钱再学习的态度,殊不知没有渔网,能够捕到鱼的概率小之又小。

2016年和2017年上半年,整个A股在低位横盘,中小板和创业板却在低位一再创新低,而且走出了典型的蓝筹股护盘式上涨、小盘股跳楼式下跌的分化。在全球证券市场向好的背景下,A股的走势和中国GDP第二大国的头衔实在不太匹配,然而,"塞翁失马,焉知非福"?A股在27年里一直处于跌跌撞撞的摸索状态,虽然有所发展,但是有些制度还不太健全,真正强势的证券市场必然需要健全的、保证优秀的上市公司的监管制度,我们国家的监管层正在做这项工作,黎明前的黑暗往往是最难熬的。

从2015年大盘走出5178的高点之后,整个证券市场进行了一次大洗牌,市场的运行模式都在变化。一些机构的操盘手越来越年轻,从之前的60后、70后逐渐向80后甚至90后转变,思维方式更加活跃和激进,市场上爱学习的股民越来越多,所以经常会形成一致性的支撑和压力,而主力就是要破坏这种支撑和压力。

学习股票,可分为"术""法""道"三个层次。如果投资者的学习只是停留在"术"的层面,就很难应对市场的变化。这也是很多投资者在学习了一些交

价值爆点：牛股挖掘利器

后 记

易模式后有一段时间可以盈利，但是换一段行情之后就开始亏损的原因，只有晋升到"法"和"道"的层面，才有能力应对市场的千变万化。

最后，非常感谢北京大学中国金融研究中心证券研究所吕所长在百忙之中抽出时间为本书作序，感谢我的助手曲君洁对我们培训的材料进行整理和归纳，并从市场中搜集了最新的案例，才使得本书顺利出版。同时，也要感谢我的父母和我的爱人贾红秀、女儿孙艺玮和儿子孙乾翔对我从事这个行业的支持；感谢基金团队的杨玲丽、李文捷、袁红兵、倪润道、尹一茜等对实盘案例的提供；感谢姚龙、郑华峰对本书的宝贵建议；感谢四川人民出版社人文出版中心主任王定宇编审的精心策划，副主任何佳佳编辑优秀的文案撰写，副编审何秀兰老师细致的文字加工。更要感谢阅读完本书的您，如果您对本书有任何意见或者建议，欢迎同我们联系，我及我们团队的所有成员欢迎您的指正。

我们的使命

帮助亿万投资者树立正确的投资理念,远离投资失败的痛苦,实现财富稳健增长!

我们的愿景

提高中国人的财商,为每一个中国家庭培养一名合格的财富管理经理。

我们的宗旨

为客户提供实战、实效、实用的投资教育培训,为客户创造价值是我们永远的追求。

江氏操盘课程体系

江氏精品课

1. 趋势天机3天2晚
2. 短线操盘真经3天1夜
3. 牛股起涨十大模型3天1夜
4. 牛股操盘八大秘笈3天1夜
5. 股市立论与财富革命3天2晚
6. 操盘学3天
7. 短庄套利模型3天2晚
8. 黄金大阳线2天1晚
9. 黄金分割2天
10. 涨停套利模型3天
11. MACD趋势之道1天
12. 趋势天机精品班3天2晚

江氏弟子班

1. 黄金K线3天2晚
2. 形态天机3天
3. 波浪理论3天2晚
4. 黄金解套3天
5. 波段与量能天机3天2晚

6. 盘口定乾坤3天

7. 波段结构天机3天

8. 五维六法3天

9. 交易心理与神修7天

嫡传弟子班
（包含所有江氏弟子班课程和6次密训交流会）

1. 道氏理论10天6晚

2. 高级均线与操盘训练5天

3. 作量法则3天

4. 高级盘口3天

5. 操盘智慧3天

6. 基本面分析与调研5天

2019.5.24~5.26好人好股孙清(江海)老师《股市立论与财富革命》

20181103-1105中和应泰好人好股江海老师《黄金K线》大合影

江氏操盘　海纳百川　携手江氏　势不可挡

　　"江氏操盘"是创始人江海老师历经20年、数位江氏团队核心成员历经数年打磨而成的一套A股完整的、成熟的、具有实盘交易价值的操盘体系。如今，江氏人遍布全球各地，有数以万计的学员、逾400名弟子。然而，我们坚信，这只是开始！

　　对于技术，"江氏操盘"是海纳百川的，它以趋势理论为立足点，诠释了股价运行的核心逻辑，融汇了国内外一系列经典的投资工具。对于A股，更是专注于它的特征——政策市和主力市，形成了独特的主力资金追踪系统，足以应对牛熊的轮回。

　　对于人，"江氏操盘"是海纳百川的，它博大精深的内涵不仅能够解决任何一位交易者在操作上的问题，还帮投资者找回了藏在心底的正知、正念、正行。它的焦点在于投资方法，它的胸襟可以包容众人。它接受每一位善用体系、立志从无知走向卓越的投资人和交易者。好的教育不仅是给予知识，且能使人为人！

　　"江氏操盘"弟子是江氏操盘体系的中坚力量。每一位江氏人都是体系的构筑者，是大家的齐心协力让体系日益完善，是大家的坚定不移才让更多的投资者在证券市场中披荆斩棘。每一位江氏人都是体系的捍卫者，我们把系统作为我们的信仰，把系统的发扬和传承作为我们的使命！

　　虽然我们每个人都是一个微不足道的个体，但是我们愿意将我们所有的能量汇聚在"江氏操盘"这套系统上：一群人、一套系统、一个信念、一辈子！